New Wun Ching Developmental Publishing Co., Ltd.

New Age · New Choice · The Best Selected Educational Publications—NEW WCDP

第**9**版

智慧財產權概論

徐振雄——著

NINTH
EDITION

Intellectual Property Law :
An Introduction

　　第九版主要是根據最新的法令修訂，期能提供讀者明瞭修正後的法律動態：《著作權法》(111.6.15)、《商標法》(112.5.24)、《專利法》(111.5.4)、〈專利法施行細則〉(109.6.24)、《智慧財產及商業法院組織法》(112.4.26)、《營業秘密法》(109.1.15)。

　　本書鑑於智慧財產權與社會變遷的關係，曾於前幾版增加有關學術倫理與著作權單元，這部分適度提供學生在撰寫論文或利用著作時，能夠在著作合理使用的基礎上，引用或利用著作，避免觸法。而另一方面也提醒有關學術倫理的自律規範，避免引起道德上的爭議。增訂以來，欣見師生頗有迴響討論。此次修訂，仍然保留該單元，防免不當研究行為的發生。同時，也保留有關網域名稱搶註在商業倫理與商標法上的議題討論，以貼近資訊網路生活的實際。

　　另外，《營業秘密法》的部分未有變動，亦即有關偵查內容秘密保持命令機制，該法明定檢察官偵辦營業秘密案件，必要時得核發偵查保密令，對接觸到偵查營業秘密內容之人，課與保密義務，防免二次洩密，達到速偵速結的目的，排除企業因偵查或審理過程營業秘密遭再度洩密的疑慮，以周全對營業秘密的保護。

　　感謝新文京開發出版股份有限公司，讓本書能隨著新修正的法律規定而修訂，也謝謝學校、社會各界採用，使智慧生活與法律深植公民社會。然本書若仍有疏漏，尚祈請讀者能不吝提供意見指正，俾供下次修訂時參考。

徐振雄 於桃園

chhsu@mail.vnu.edu.tw

　　這本《智慧財產權法》應該是筆者撰寫有關法律學的教科書中，最難定稿的一本。主要的原因是近年來《著作權法》、《專利法》、《商標法》修正仍頻，往往剛蒐集資料撰成初稿，又遇到法律的修訂，或有時等待若干重要議題之修法程序，以致更易數稿。直迄去年，《著作權法》有關 ISP 民事免責事由修正，自知拖欠數年的稿件，不能再等待法律頻繁的修正，而耽誤智慧財產通識法學的普及，遂決定將此書定稿出版，俾便有心學習智慧財產權法的學生、社會大眾參考。

　　對於「智慧財產權法」是否適宜作為通識課程的名稱，學界有不同意見。有認為「智慧財產權法」課程，範圍略窄，不適合作通識課程。但筆者認為如果「智慧財產權法」不宜於通識課程開設，反面解釋，則應放置於非通識課程，然一般法律系並無修習此一「智慧財產權法」，而是單獨選修《著作權法》、《商標法》、《專利法》或《營業秘密法》等專法。又，與智慧財產權相關系科，如商業設計系科可能選修《著作權法》，理工領域系科可能選修《專利法》，商業管理系科可能選修《商標法》或《營業秘密法》。果是，則該專法當非如通識課程所強調的跨域與多元、融貫的精神，而是趨向專業領域要求的法律知識。不過，實際上，這些系科卻未必開設如上課程，則一旦將此課程從通識課程除去，顯然將使未開設相關智慧財產法域課程的同學，失去學習智慧財產權法的機會。或云，可於一般生活與法律等法律通識課程中講授討論，但實際上「生活與法律」或「法學緒論」課程，多為法律意義、法源、法律效力、法律形式（六法）及重要法律，或輔以案例討論，此雖有助於建立法律思維，但卻不能作為否定開設「智慧財產權法」提供同學通識選修的理由。

　　這本書旨在先建立起有關智慧財產權法的基礎法律概念，即《著作權法》、《商標法》、《專利法》及《營業秘密法》之法學素養，期望教師能爰課程設計理念，有效連結智慧財產權法與其他知識領域的事物判斷，相得益彰於理論與實際的綜合知識能力。例如：探尋智慧財產權法的演進（從工業產權到文化產業／從物理空間的規範到數位網路空間／從屬地主義到國際條約／法律全球化、知識經濟到知識科技管理）、規範（法規範／社會規範與倫理／著作抄襲、商標混淆誤認、專利侵權）及對其可能的批判，尤其是側重於智慧財產權的財產價值與公共領域的衝突（如數位著作權與公共領域／合理使用的程度），甚至是人權的衝突（如專利與基因／強制授權問題）或網域名稱與商標權的衝突及解決機制等等。此書雖然是以「智慧財產權法」為課程架構，但對於上述議題仍能有所開展與討論。例如：著作權給予著作權人一定期間的保護，是否會影響到資訊使用的自由；資料庫中的個人資料是否會因為資料庫享有編輯著作或特別權利，而使個人資料隱私受到侵犯。又如專利的權利排他性，是否會使某些取得醫藥專利權者，反而會影響到健康權及環境權的公共利益。另外，自由軟體運動／開放原始碼運動 (free software movement/open source movement)，創意共享／創用 CC(creative commons)等有關公益與私權的權衡，以及《商標法》中的商標仿冒、《營業秘密法》中的保密協議與競業禁止等，對於同學工讀與未來就業應該認知的法律規範及商業倫理的意義，也是重要且值得討論的。凡此，教師可在課堂中運用案例、對話或分組討論，使智慧財產權法更貼近學生的日常生活。

　　從筆者過去於數所大學講授智慧財產權法的實際教學經驗，如果能讓同學從法的價值規範去思辯社會生活中所出現的種種智慧財產權法議題，往往會有更多的腦力激盪，可有教學相長之效，但其前提仍是要先建立起有關「智慧財產權法」的基本法律體系概念，否則容易

淪為直覺式的回應，並無助於實際生活案例的自我解題能力，此為本書較著重於法律概念闡釋的原因。同時，為了能立即檢索「智慧財產權法」的基本法律術語與概念，在本書目次中採取檢索式的方法，讀者可以從目次標題中選擇想瞭解的法律術語或基本概念來加以研讀。這種方式，雖然是以法條排序與註釋為主軸，但相信對掌握與理解智慧財產權的法律概念仍有所幫助，亦有助建立起較完整的法律體系。

在法條體例上，本書採法律+條文的簡略書寫方式，如《著作權法》第 1 條簡寫為（著 1），第 2 條第 2 項第 2 款，則書為（著 2 II ②），其他法律類推之。另，又顧及學期週次的安排，在目次中亦標示可採行的各週或各講範圍，提供教師實際授課之參考。最後，感謝新文京圖書公司給予筆者撰書出版的機會，讓「智慧財產權法」不致在「通識法學‧法學通識」課程中缺席，惟書中難免疏漏，還期望各方不吝指正，而臻周全。

徐振雄 於桃園
chhsu@mail.vnu.edu.tw

CONTENTS / 目錄

CHAPTER **03** 商標法 103

目錄

CHAPTER **04** 專利法 **189**

CHAPTER 01

智慧財產權法
的基本概念

● ● ●

1-1　智慧財產權與國際條約的界定

1-1.1　意　義

「智慧財產權」（Intellectual Property Right, IP 或 IPR），中國大陸稱為「知識產權」，**指國家對於人類智慧活動所創造出具有社會財產價值的成果，制定法律賦予（創設）該利益得受到法律保護的權利**[1]，也就是人們就其智慧活動的成果，依法享有其利益的權利。其權利來源，一般有兩種說法：

(1) 源於自然權利：此說根據自然權利論，認為財產權為天賦人權，先於國家法律而存在，法律之所以保護智慧財產權，僅是事後承認而已。

(2) 國家賦予權利：此說根據權利創設論，認為智慧財產權最早產生於國家賦予人民的專利特權，以及著作出版為公會壟斷的事實。因此，智慧財產權與一般的財產權來源不同，它是國家制定出法律後，才具有法律上保護的權利依據。

「智慧財產權」一詞雖然為社會通用語詞，但不可忽略其仍具有**人格權**的性質。**所謂「人格權」，指附著於個人人格上不可分的權利**[2]。在

---

[1] 謝銘洋教授認為智慧財產權，指法律對於人類運用精神力所創造的成果，以及對產業之正當競爭秩序所為的保護。羅明通認為智慧財產權係指：人類運用智慧從事創作活動所得之結晶而以法律加以保障的權利。趙晉玫認為智慧財產權是指：法律賦予財產權保護的心智創作品，有別於動產或不動產，一般認為是無體財產。請分別參閱謝銘洋，《智慧財產權之基礎理論》，臺北：作者自版，2001 年 6 月，頁 9。羅明通，《著作權法論》，臺北：台英國際商務法律事務所，2002 年 1 月，頁 1。趙晉枚等，《智慧財產權入門》，臺北：元照，2008 年 9 月，頁 4。

[2] 《民法》第 18 條：「人格權受侵害時，得請求法院除去其侵害；有受侵害之虞時，得請求防止之。前項情形，以法律有特別規定者為限，得請求損害賠償或慰撫金。」第 194 條：「不法侵害他人致死者，被害人之父、母、子、女及配偶，雖非財產上之損害，亦得請求賠償相當之金額。」第 195 條第 1 項：「不法侵害他人之身體、健康、名譽、自由、信用、隱私、貞操，或不法侵害其他人格法益而情節重大者，被害人雖非財產上之損害，亦得請求賠償相當之金額。其名譽被侵害者，並得請求回復名譽之適當處分。」

智慧權上，即指人對其依附於智慧活動之創作或發明，具有與人格不可分的權利。如著作人格權、發明人的姓名表示權（專 7 IV），或是著作人對其著作享有的公開發表權等。所以，隨便將他人文章上的姓名刪去或改成自己的姓名，不道德地侵害真正文章著作人表示其姓名的權利，就是一種對著作人格權的侵害。又如專利發明人、創作人，商標的設計人的姓名，也具有人格權的性質。這也是有些人將智慧財產權稱為「智慧權」、「智識權」、「知能權」的原因[3]，以避免社會大眾以為法律只保護財產權而不保護人格權的誤解。

1-1.2　建立世界智慧財產權組織公約的界定

1967 年 7 月 14 日《保護工業智慧財產權巴黎公約》（Paris Convention for The Protection of Industrial Property, 以下簡稱《巴黎公約》）及《保護文學和藝術著作伯恩公約》（The Berne Convention for the Protection of Literary and Artistic Works, 以下簡稱《伯恩公約》）[4] 會員國，在斯德哥爾摩簽訂了《建立世界智慧財產權組織公約》(Convention Establishing the World Intellectual Property Organization, WIPO)，該公約揭示：「為了鼓勵創作活動，期待提升全球對智慧財產權的保護，在完全尊重聯盟各成員獨立性的同時，期待使此一為保護工業財產權及文學藝術創作而設立的聯盟現代化，並提升其運作效率。」簡言之，WIPO 的成立，是藉助各國間的合作，及其他國際組織的協力，來共同促進全球智慧財產權的保護。

根據該組織公約第 2 條第 8 款規定，所謂「智慧財產權」是指下列相關權利：

---

[3] 蔡明誠，〈智慧財產權的概念〉，載於陳家駿等，《智慧財產權管理教戰守則》，臺北：資策會科法中心，2000 年 8 月，頁 110。

[4] 《巴黎公約》於 1883 年 3 月 20 日簽訂。《伯恩公約》於 1886 年 9 月 9 日簽訂。

(1) 演藝人員之表演、錄音物以及廣播。

(2) 人類之任何發明。

(3) 科學上之發現。

(4) 產業上之新型及工業設計。

(5) 商標、服務標章，以及商業名稱與表徵。

(6) 防止不公平競爭。

(7) 其他在工業、科學、文學或藝術領域，由精神活動所產生的權利。

　　根據 WIPO 的界定，可以看出智慧財產權的範圍，包括了著作及相關權利／鄰接權（表演、錄音物、廣播）、專利（發明、新型、設計／新式樣）、商標、反不正當競爭（防止不公平競爭），而廣泛包括工業、科學、文學或藝術領域。此精神活動所產生的權利，雖點出智慧財產權的核心意義，但相較於「世界貿易組織」(World Trade Organization, WTO) 之《與貿易有關的智慧財產權協定》(The Agreement on Trade-Related Aspects of Intellectual Property Rights, TRIPS)，似乎還是過於廣泛。

1-1.3 WTO「與貿易有關的智慧財產權協定」的界定

　　1993 年 WTO《與貿易有關的智慧財產權協定》的緣起，是在 1986 年《關稅暨貿易總協定》(General Agreement on Tariffs and Trade, GATT) 所召開之「烏拉圭回合」(Uruguay Round) 談判，各國協議將智慧財產權列入議題，此後經歷 7 年，終於在 1993 年底通過《與貿易有關的智慧財產權協定》，並於 1996 年 1 月 1 日開始生效，是目前國際共同保護智慧財產權態樣最為廣泛的單一多邊協定。

　　TRIPS 指出：「咸認為因應仿冒品國際貿易，有必要制定多邊架構之原則、規定及規律；咸認智慧財產係屬私權；咸認智慧財產權保護，包括發展及技術目標，係一國之政策目標；咸認低度開發國家會員於執行國內法律及規則時，應有最大彈性之特殊需求，俾有助建立良好可行的技術基礎；強調藉有力承諾，透過多邊程序解決與貿易有關智慧財產權問題的糾紛，…」，而本於過去的《巴黎公約》、《伯恩公約》、《羅馬公約》[5]及 1989 年《積體電路智慧財產權條約》(Intellectual Property in Respect of Integrated Circuits, IPIC Treaty)的基礎，使會員國都能遵守該協定。

　　TRIPS 所稱的「智慧財產權」在其第 2 篇中規範，包括：

(1) 著作權及相關權利(Copyright and Related Rights)

(2) 商標(Trademarks)

(3) 地理標示(Geographical Indications)

(4) 工業設計(Industrial Designs)

(5) 專利(Patents)

(6) 積體電路電路布局(Layout-Designs (Topographies) of Integrated Circuits)

(7) 未經揭露資訊的保護(Protection of Undisclosed Information)

(8) 與授權契約有關之反競爭行為的防制(Control of Anti-Competitive Practices in Contractual Licences)

---

[5]　《羅馬公約》(Rome Convention)即 1961 年之《保護表演人、錄音物製作人及廣播機構之國際公約》(The International Convention for the Protection of Performers, Producers of Phonograms and Broadcasting Organizations)，只有《伯恩公約》與《世界著作權公約》(Universal Copyright Convention)的會員國始可加入《羅馬公約》。

由於 TRIPS 歷經數次國際談判，同時也吸納過去《巴黎公約》、《伯恩公約》、《羅馬公約》的經驗，對於國際智慧財產權提供具體規範建議，並架構出政府間多邊預防與爭端解決措施，影響極大。所以，一般論及智慧財產權的界定時，多以 TRIPS 中的規範內容為智慧財產權法制範圍的參考。

1-1.4　智慧財產權法的意義

根據有關智慧財產權的國際條約，可以得知智慧財產權主要涵蓋兩個範圍：一是人為創造力，即利用人類精神力所創造出的成果。包括著作權、專利、商標；二是市場秩序，即有關市場的正當競爭秩序[6]。在我國《港澳關係條例》第 37 條就提到「專利、商標或其他工業財產權」，而在第 36 條則是有關著作權的規定。另，我國《貿易法》第 2 條第 2 項規定，貿易的貨品，包括附屬其上之商標權、專利權、著作權及其他已立法保護之智慧財產權[7]。

TRIPS 對智慧財產權的界定範圍，除了著作及相關權利、專利、商標、地理標示(Geographical Indication)[8]、積體電路電路布局之外，也包括未經揭露資訊的保護（營業秘密），以及與授權契約有關的反競爭行為的防制（公平交易），亦即禁止從事交易的人或團體（事業）以不正當競爭的手段，如以虛偽不實的表徵、不實廣告、搭售、獨家交易或對專利授權商品的價格、授權的市場有所限制等等，這些除了妨礙自由競爭外，也違背公平競爭的原則，亦為我國《公平交易法》所規範[9]。所以，《公平交易法》也被納入廣義的智慧財產權法。

---

[6]　謝銘洋，《智慧財產權之基礎理論》，頁 5-8。

[7]　鄭中人，《智慧財產權法導讀》，臺北：五南，2004 年 4 月，頁 6。

[8]　Geographical Indication 也譯為「產地標示」，即產品源自某地區的標示，如果源自某地區的產品具有一定信譽或品質時，非該產區的同類商品就不能不實標示該產地。例如，非產自波爾多(Bordeaux)的葡萄酒，就不能標示為波爾多葡萄酒，以避免誤導消費者。

[9]　《公平交易法》第 45 條：「依照著作權法、商標法或專利法行使權利之正當行為，不適用本法之規定。」反面解釋，即是不當行使上述權利，仍應受到《公平交易法》的規範。

　　所以，智慧財產權的種類甚多，往往因為社會變遷而逐漸擴展其種類與內容，而在我國法律形式上，主要是指《專利法》、《商標法》、《積體電路電路布局保護法》、《植物品種及種苗法》等因申請登記後始受保護的權利，或如《著作權法》、《營業秘密法》等因特定之行為本身自然發生而受保護的權利，以及依《公平交易法》禁止他人從事不公平競爭行為，而受保護的權利[10]。

　　是以，「智慧財產權法」並不是單獨立法的法典形式，而是有關保護智慧財產權之法律的總稱，其可大致區分為：

(1) 狹義的智慧財產權法： 指與智慧財產權直接相關的法律形式。如《著作權法》、《商標法》、《專利法》、《營業秘密法》等，這些法律也被視為是智慧財產權的基礎法律。

(2) 廣義的智慧財產權法： 指除了狹義的智慧財產權法之外，凡與智慧財產權相關的法律均屬之。亦即除了《著作權法》、《商標法》、《專利法》、《營業秘密法》等狹義的智慧財產權法之外，還包括《光碟管理條例》、《積體電路電路布局保護法》、《植物品種及種苗法》、《公平交易法》等與智慧財產權相關的法律。

1-2　智慧財產權的性質

1-2.1　無形性

　　「無形性」指智慧財產權係人類智慧的活動，這種活動雖然不占有一定物理空間，但仍具有財產上的利益，為一種無體財產權

---

[10]　司法院行政訴訟及懲戒廳，《智慧財產案件審理法新制問答彙編》，2008 年 6 月，頁 8。

(intangible property rights)，具有無形性(intangible nature)。智慧活動雖屬無形，但經過勞動所創作出來的形式，卻往往需要附著於一有體物(tangible object)，如著作物、發明物、商標附著物等等，不過，這種表現形式乃占有一定物理空間而得受人支配、持有之物，故為一種物權，並非智慧財產權本身。

1-2.2 權利的賦予性

「權利的賦予性」指智慧財產權乃是國家依照法定程序立法，賦予創作人在法律上所得主張的權利。例如，著作受到法律保護，在過去需要經過註冊程序，才受到保護，但現在採取「創作保護主義」，並不需要登記即可受到法律的保護。又如，專利與商標需要經過法定程序申請，經過審查，符合法定條件後，才給予專利權或商標權。

雖然，法律對於著作權、專利權、商標權、營業秘密等，都有規定類似物權法上的物上請求權，即對權利侵害者，得請求排除之，有侵害之虞者，得請求防止之。但智慧財產權畢竟不是物權，只能說是立法政策上使之具有類似物權之效力，而為法律上所賦予的另一種權利，所以其權利內容當依照相關法律規定，而不得任意擴大[11]。

1-2.3 期限性

「期限性」指法律保護智慧財產權乃兼顧個人權利與社會公益，因此設有權利保護的期間。例如：在我國，發明專利的保護期間是 20 年，新型專利是 10 年，設計專利是 15 年；自然人的著作財產權保護期間，是著作權人終身及死後 50 年；商標權為 10 年等（但得延展），而一般的財產權，原則上並無期間的限制。

---

[11] 周天泰，〈智慧財產權融資之法律問題初探〉，《萬國法律》，139 期，2005 年 2 月，頁 51。

1-2.4 公開性

「公開性」指除了營業秘密因性質使然不具公開性外,其他智慧財產,如專利、商標的申請程序,必須以書面提出,或附加說明書,早期公開揭露專利技術,或提出可識別的商標圖樣,而能免去重複投入研發能量,或在取得權利後有提出舉發、異議的機會[12]。所以,公開性也意味著智慧財產為公共資源的社會性。

1-2.5 不確定性

「不確定性」指智慧財產的研發投資,通常涉及種種主客觀因素,投入的研發資金,在市場上是否能得到相對回報或利潤並不確定。例如:雖投入大量人力物力與時間金錢進行研發,但在申請取得專利後,卻未必有行銷市場,又即使商品化後,也未必能夠回收當初所投入的資金。又如,在專利存續期間,始終存在被他人舉發而被撤銷專利的風險;或是,商標權期限屆滿卻未申請延展,導致商標權消滅。這些種種種因素都使得金融業者在接受智慧財產權作為擔保以為融資時,充滿了不確定的風險[13]。

1-2.6 公益性

「公益性」指智慧財產為個人智慧活動所為的創作,國家基於財產權必須保護個人權益,但也必須兼顧社會公共利益,使創作發明等知識利益能為社會共享,促進人類進步,故具有公益性質。如專利的強制授權[14]、商標的合理使用[15]、著作的合理使用[16]等。

---

[12] 吳嘉生,《智慧財產權之理論與應用》,臺北:五南,2002 年 10 月,頁 91。
[13] 周天泰,〈智慧財產權融資之法律問題初探〉,頁 52。
[14] 《專利法》第 87 條。
[15] 《商標法》第 36 條參照。
[16] 《著作權法》第 44 條至第 65 條參照。

1-2.7 屬地主義

「屬地主義」指一個國家的法律效力，僅及於其國家境內，而不及於其他國家。所以，若是依本國法律或在本國申請取得的智慧財產權，只能受到本國法律的保護，而無法使保護的效力及於其他國家。例如：在中華民國申請取得專利權，該專利僅受到我國《專利法》保護，若該專利在其他國家被人侵害，並無法在我國尋求權利救濟，除非專利權人也向其他國家依其專利法申請，並取得專利權，才有可能在該國得到專利保護。

另外，受到經濟全球化與知識經濟影響，智慧財產權也逐漸具有**法律全球化**或國際化的趨勢，如世界貿易組織會員國受到 TRIPS 的影響，而紛紛制訂或修正符合 TRIPS 規範意旨的法令。

1-3　智慧財產及商業法院

1-3.1　智慧財產及商業法院的設立與管轄案件

我國在 2002 年 1 月 1 日加入世界貿易組織後，為遵守 TRIPS 相關規範，致力於智慧財產權相關法律的修訂，以期符合國際條約的標準，同時為躋身經濟全球化體系，提供高科技產業健全的智慧財產保護，乃設立智慧財產法院[17]，以提升司法機關處理智慧財產案件的專業性與效率。

---

[17] 如日本在 2005 年於東京高等法院裁判所成立專門審理智慧財產案件的特別分院，美國在 1982 年設立聯邦巡迴上訴法院(Court of Appeals for the Federal Circuit, CAFC)，英國在 1977 年設立高等法院專利法庭，1990 年設立專利法院。韓國在 1998 年設立專利法院，新加坡在 2002 年設立智慧財產法院、泰國在 1997 年設立中央智慧及國際貿易法院。見《司法周刊》，1201 期，2004 年 9 月 9 日。

　　智慧財產法院的設立，主要目的在於**改善過去民、刑事訴訟與行政訴訟制度分軌進行所生之訴訟延滯問題**，將有關與智慧財產有關的民、刑事及行政訴訟集中由智慧財產法院管轄，依照智慧財產案件的特性，適用《智慧財產案件審理法》的特別規定，提升審判效率[18]。同時，也可以累積審理智慧財產案件的經驗，達成法官專業化的需求，並提升國家競爭力與經濟發展。

　　2007 年 1 月 9 日立法院三讀通過《智慧財產案件審理法》，同年 3 月 5 日，三讀通過《智慧財產法院組織法》，兩法於 2008 年 7 月 1 日施行[19]。2020 年為建立迅速、妥適及專業處理重大民事商業紛爭之審理程序，立法院於 1 月 15 日制定公布《商業事件審理法》，並修正《智慧財產及商業法院組織法》，定於 110 年 7 月 1 日施行，將商業法院併入智慧財產法院，更名為「智慧財產及商業法院」，使我國關於智慧財產及商業事件之司法解決機制邁入新的里程碑[20]。

　　智慧財產及商業法院依法掌理關於智慧財產之民事訴訟、刑事訴訟及行政訴訟，以及商業之民事訴訟與非訟事件[21]，其所管轄的案件如下：

(1) 依《專利法》、《商標法》、《著作權法》、《光碟管理條例》、《營業秘密法》、《積體電路電路布局保護法》、《植物品種及種苗法》或《公平交易法》所保護之智慧財產權益所生之**第一審及第二審民事事件**，及依商業事件審理法規定之商業事件。

---

[18] 司法院行政訴訟及懲戒廳，《智慧財產案件審理法新制問答彙編》，頁 8。

[19] 2007 年 3 月 28 日，總統令公布二法。施行日期，則依《智慧財產法院組織法》第 45 條及《智慧財產案件審理法》第 39 條規定，授權司法院定之。2007 年 5 月 6 日，司法院以院臺廳司一字第 0970010117 號及院臺廳行一字第 0970009972 號，定於 2008 年 7 月 1 日施行。

[20] 見智慧財產及商業法院，認識本院，https://ipc.judicial.gov.tw/tw/cp-184-354303-a3b66-091.html

[21] 《智慧財產及商業法院組織法》第 2 條。

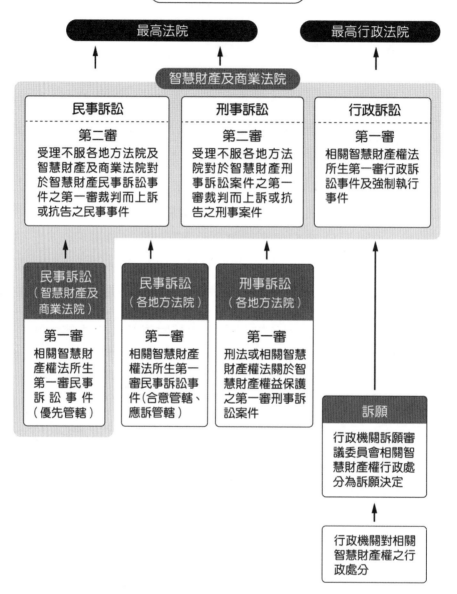

◆ 圖 1-1 智慧財產案件流程。參見司法院《認識法院》,(2022 年),頁 36。

https://www.judicial.gov.tw/Work/work18/mobile/index.html

(2) 因《刑法》第 253、254 條、第 317 條、第 318 條之罪或違反《商標法》、《著作權法》及《智慧財產案件審理法》第 72 條至第 74 條案件，不服地方法院依通常、簡式審判或協商程序所為之第一審裁判而上訴或抗告之刑事案件；《營業秘密法》第 13 條之 1、第 13 條之 2、第 13 條之 3 第 3 項及第 13 條之 4 之第一審刑事案件；《營業秘密法》之第二審刑事案件；《國家安全法》第 8 條第 1 項至第 3 項之第一審刑事案件。但少年刑事案件，不在此限。

(3) 因《專利法》、《商標法》、《著作權法》、《著作權集體管理團體條例》、《光碟管理條例》、《積體電路電路布局保護法》、《植物品種及種苗法》或《公平交易法》涉及智慧財產權所生之**第一審行政訴訟事件**及強制執行事件。

(4) 其他依法律規定或經司法院指定由智慧財產及商業法院管轄之案件[22]。

　　另外，為了提升司法透明度、解決定刑的問題，司法院亦於 2008 年 6 月 25 日公布〈智慧財產案件量刑參考要點〉，作為法官在量處智財罪犯刑度時的參考[23]。

1-3.2　民刑事訴訟與行政訴訟的法律概念

　　「智慧財產法院」成立的目的，主要是為了改善有關智慧財產案件在民、刑事訴訟與行政訴訟制度分軌進行所導致的訴訟延滯問題，亦即是為了提升司法審判的效率。司法審判屬於國家司法權具體行使，同時為了避免法官獨斷與損及當事人在憲法上的訴訟權利，乃有審級制度，使當事人在不服法院判決時，有機會向高一等級的法院提

---

[22]　《智慧財產及商業法院組織法》第 3 條。

[23]　https://law.judicial.gov.tw/FLAW/dat02.aspx?lsid=FL046410

出上訴或抗告，藉以審查下級法院判決是否合法、正當，以保障當事人權益。

以下即以民、刑事訴訟與行政訴訟，以及法院體系之概念，分別扼要說明[24]：

(1) 民事訴訟： 指人民就其私權爭訟請求法院依《民事訴訟法》之法定程序，以審判權的行使來確定當事人間的權利義務關係。我國民事訴訟的審理，基本上是採取有償主義與當事人進行主義，亦即當事人提起訴訟時，需繳納訴訟費用，而當事人為訴訟進行的主體，法官居於客觀的第三者而為審判。

(2) 刑事訴訟： 指法院為了確定刑事案件中的犯罪事實，依照《刑事訴訟法》進行追訴審判的程序，以制裁行為人。我國刑事訴訟的審理，基本上採取無償主義與職權／彈劾主義（兼採當事人主義）。所以，刑事訴訟的提起，不需要繳納裁判費；法院對於犯罪的審理，須經過檢察機關提公訴或由犯罪之被害人提起自訴。公訴案件中，檢察官係代表國家發動刑罰權，而為公訴案件的原告；自訴案件，是由犯罪被害人自任原告。被告則是刑罰權行使的對象；法官則代表第三人地位，在檢、辯、證詰問依法進行訴訟程序與做出最後裁判。

(3) 行政訴訟： 行政訴訟除法律規定外，主要是針對公法上的爭議。行政訴訟的種類可分為撤銷訴訟、確認訴訟與給付訴訟三種。「撤銷訴訟」是指人民因為中央或地方機關的違法行政處分，致有損害其權利或法律上的利益時，經依《訴願法》提起訴願而不服其決定，或提起訴願逾 3 個月不為決定，或延長訴願決定期間

---

[24] 我國的司法院為國家最高司法機關，行使的是司法權，包括民事、刑事、行政訴訟之審判、公務員之懲戒（憲 77）、解釋憲法、統一解釋法律及命令（憲 78），組成憲法法庭審理總統、副總統之彈劾及政黨違憲之解散事項（憲增 5 IV）。

逾 2 個月不為決定者，人民得向高等行政法院提起撤銷訴訟；「確認訴訟」指確認行政處分無效及確認公法上法律關係成立或不成立之訴訟，非原告有即受確認判決之法律上利益者，不得提起之；「給付訴訟」是指人民與中央或地方機關間，因公法上原因發生財產上之給付或請求作成行政處分以外之其他非財產上之給付，得提起給付之訴[25]。

1-3.3　法院體系與智慧財產法院的審級

為了保障人民訴訟權利與審級利益，民主法治國家的司法審判多有審級救濟制度。在我國司法院設各級法院、行政法院及懲戒法院[26]，所謂「各級法院」，即一般所稱之**普通法院，主要掌理審判民事、刑事及其他法律規定訴訟案件，並依法管轄非訟事件，而行政法院則掌理行政訴訟審判事務。**

(1) **普通法院體系**：原則上直轄市或縣（市）各設地方法院；省、直轄市或特別區域各設高等法院；最高法院設於中央政府所在地。而依其審判系統，不服地方法院之判決或裁定者，可上訴或抗告於高等法院；不服高等法院之判決或裁定者，可上訴或抗告於最高法院。因此，普通法院審級系統就被通稱為三級三審制[27]。

(2) **行政法院體系**：行政法院掌理全國行政訴訟的審判，目前分為兩級，即高等行政法院與最高行政法院。高等行政法院設於省、直轄市及特別區域。但其轄區狹小或事務較簡者，得合數省、市或

25　《行政訴訟法》第 2 條、第 4 條第 1 項、第 6 條第 1 項、第 8 條第 1 項參照。

26　《司法院組織法》第 6 條參照。

27　《法院組織法》第 8 條第 1 項、第 31 條、第 47 條參照。此外，依《法院組織法》第 14 條：「地方法院分設民事庭、刑事庭、行政訴訟庭，其庭數視事務之繁簡定之；必要時得設專業法庭。」故《行政法院組織法》第 7 條第 1 項第 3 款規定：高等行政法院高等行政訴訟庭管轄事件如下：「……三、不服高等行政法院地方行政訴訟庭第一審判決而上訴之事件。」

特別區域設一高等行政法院，其轄區遼闊或事務較繁者，得增設之；最高行政法院同最高法院，設於中央政府所在地[28]。

　　如上所言，智慧財產及商業法院的審級管轄，在智慧財產案件係為：①智財權益之第一、二審民事訴訟事件；②涉及智財之第二審刑事訴訟案件；③涉及智財之第一審行政訴訟及強執事件；④其他依法或經司法院指定管轄案件。在智慧財產法院成立之初，對同時掌理智財權益民事訴訟第一、二審制度的設計，是否會妨害人民在訴訟上的審級利益，有所疑慮？對此，司法院認為因智財法院在組織上為二審法院，管轄智財民事上訴事件。其同時管轄智財民事事件第一審訴訟，乃因專業性考量，且智財民事事件較之刑事案件複雜，其標的金額，又通常高於一般民事事件，為使當事人紛爭得到妥適之判斷，故有將智財民事事件第一審訴訟納入之必要；惟不採「專屬管轄」，故當事人向普通法院民事庭起訴並經判決者，上級審不得以此為廢棄原審判決。

　　雖然，司法院認為智財法院的設置並未侵害人民訴訟上的審級利益，不過根據監察院的調查報告指出這種情況與其他國家設置有智慧財產專業法院的立法例比較，仍應避免同一法院管轄第一、二審訴訟程序為宜，以免民眾產生訴訟審級權益受損之疑慮[29]。

---

[28]　《行政法院組織法》第 1 條、第 2 條、第 6 條參照。

[29]　李復甸，〈智慧財產法院現制檢討之建議〉，見
　　　http://fuldali.blogspot.com/2009/10/blog-post.html。

CHAPTER ⚖ **02**

著作權法

2-1　基本概念

2-1.1　著作原創性與著作權

　　「著作」指屬於文學、科學、藝術或其他學術範圍之創作（著 3 I ①）。**著作要受到《著作權法》保護，需符合原創性**(originality)**要件**[1]，即包括「原始性」與「創作性」。「原始性」指著作人是根據其智力活動所獨力完成的創作，而不是抄襲他人；「創作性」指能夠表達著作人精神活動的思想、情感或創意，其至少需要具有某種精神內涵。法院實務也認為《著作權法》上所稱之「著作」，必須是具有原創性之人類精神上創作，且達到足以表現出作者個性或獨特性之程度者而言[2]。例如，僅是利用電腦程式所為的制式繪圖或是利用傻瓜相機拍攝所得的照片，即可能被認為缺少作者個人的精神或感情特質，而被認為不具創作性。又一般書名或結構，因缺少文學、藝術、科學或其他學術範圍的創作內涵，而屬於一般名稱或普遍應用的篇章結構，應不受《著作權法》保障。但如果使用之書名已眾所周知，造成消費者有混淆誤認時，可適用《公平交易法》予以規範。至於，援用的結構篇章，實際上如果具有相當的特殊性，或其結構篇章體系之實質內容與該著作結構實質相同或類似，則已經構成表達的侵害，應構成侵權[3]。

---

[1] 臺北地方法院 90 年度自字第 782 號刑事判決：「…按《著作權法》所稱之著作，係著作人所創作之精神上作品，而所謂之精神上作品除須為思想或感情上之表現且有一定之表現形式等要件外，尚須具有原創性始可稱之，而此所謂原創性程度，固不如專利法中所舉之發明、新型、新式樣（設計）等專利所要求之原創性程度（即新穎性）要高，但其精神作用仍須達到相當程度，足以表現出作者之個性及獨特性，方可認為具有原創性，…無法表現該著作人性格之個性及獨特性…，應認該創作並不具有原創性，非屬《著作權法》上所稱之語文著作而受著作權法之保護。」

[2] 臺灣高等法院 84 年上字第 314 號民事判決。

[3] 羅明通，《著作權法論》，臺北：台英國際商務法律事務所，2002 年 1 月，頁 129-130、136。

　　著作權是著作人於著作完成時，**依法享有的著作人格權與著作財產權**。著作權在日常用語中或稱「版權」，如「版權所有，翻印必究」，但「**版權**」二字係依循日本翻譯 copyright 而來，中國大陸《著作權法》亦將著作權與版權作為同義語。在我國除過去的《電影法》中提及「版權」外[4]，《著作權法》中並未見此一名詞。因此，嚴格而言所謂「版權所有」，實係「**著作權所有**」之義。但要注意的是，儘管日常用語中「版權」與「著作權」互用，但法律用語上，還是要把著作權利明確化為宜。例如，某電影的版權賣給某代理商，實際上是指**將公開播送權授權給該代理商**，又如某書商取得英文小說在臺灣的中文發行版權，應是指該書商**取得在臺灣的中文翻譯的改作權及重製權的授權**。

　　保護著作權的目的，依照我國《著作權法》第 1 條規定：「為保障著作人著作權益，調和社會公共利益，促進國家文化發展，特制定本法」。可知，《著作權法》一方面在保障著作人財產上與人格上的權益，但另一方面站在人類知識共享的社會利益角度，過度的保障著作權人對社會文化發展亦有不利的影響，因此，**《著作權法》必須調和個人權利與社會公共利益**。例如：《著作權法》設有權利的存續期間；單純為傳達事實的新聞報導所作成的語文著作，不受《著作權法》保護；又如，著作的合理使用，以及錄有音樂著作之銷售用錄音著作發行滿 6 個月，欲利用該音樂著作錄製其他銷售用錄音著作者，得申請著作權專責機關許可強制授權之規定等（著 69）。

⁌⁌⁌ ————

4　舊《電影法》第 25 條：「電影片申請檢查時，應填具申請書，連同左列證件及檢查費，送請中央主管機關核辦：一、本國或國產電影片之版權證明，或外國電影片之發行權證明。二、內容說明。三、國外進口電影片之完稅證件。四、其他法令規定之文件。」目前有「版權」兩字者，多屬法規命令，如《大陸地區出版品電影片錄影節目廣播電視節目進入臺灣地區或在臺灣地區發行銷售製作播映展覽觀摩許可辦法》第 14 條、《金漫獎獎勵辦法》第 6 條，《高級中等學校教科用書審定辦法》第 15 條等。

2-1.2 創作保護主義與註冊登記主義

各國保護保障著作，在立法例上，有兩種方法：

(1)「創作保護主義」：指著作人於著作完成時享有著作權（著 10），不需要經過任何註冊或登記。所謂「著作完成」，並不以全部完成為必要，如果只是部分完成，但在客觀上已經具有保護價值，也屬於《著作權法》所保護的著作，得享有著作權[5]。

(2)「註冊登記主義」：指著作權的取得需以註冊登記作為要件。採取登記制度的好處是具有公示性與明確性，有助於著作權管理。但其缺點是任何著作都需要註冊始能取得著作權，不但無法妥善解決極大的著作數量負荷，另一方面對於來不及註冊登記的著作也顯得保護不足。

1886 年《伯恩公約》原本採取註冊登記主義，但後來在 1908 年修正時，改採創作保護主義[6]，此後各國紛紛採行創作保護主義，以使著作人能即時取得著作權，節省申請著作註冊登記的時間。

我國《著作權法》制訂於 1928 年，在 1985 年 7 月 10 日以前對著作保護採取註冊登記主義[7]。1985 年 7 月 10 日修正《著作權法》，順應國際趨勢，對本國人改採創作保護主義（但保留自願註冊制度），但對外國人仍採取註冊登記主義[8]。1992 年 6 月再修訂《著作權法》，廢除對外國人所採取的註冊登記主義，全面採取創作保護主義，不過當事

---

[5] 臺灣高等法院 91 年度上訴字第 1610 號刑事判決。

[6] 《伯恩公約》第 5 條第 2 項：「著作權的享有與行使，不得有形式要件之要求。」

[7] 1985 年修訂前的《著作權法》第 2 條規定：「著作物之註冊，由內政部掌管之。內政部對於依法令應受審查之著作物，在未經法定審查機關審查前，不予註冊。」

[8] 1985 年《著作權法》第 17 條第 1 項：「外國人之著作合於左列各款之一者，得依本法申請著作權註冊：一、於中華民國境內首次發行者。二、依條約或其本國法令、慣例，中華民國人之著作得在該國享受同等權利者。」

人仍得決定是否自願登記，但已非取得著作權的要件[9]，至 1998 年 1 月 21 日修正《著作權法》時，才完全廢除自願登記制度，**全面採取創作保護主義**[10]。

　　《著作權法》採取「創作保護主義」固然有助於著作人即時取得著作權，但其缺點即是遇到侵權糾紛時，往往難以舉證。所以，為了避免日後被控抄襲，著作權人最好能夠在著作上標示姓名、保留創作紀錄或過程（如草稿、草圖、存留未成品或失敗的創作）、出版證明或其他有利於權利主張的資料。在《著作權法》中為了著作人舉證方便，也規定：凡於著作原件或其已發行之著作重製物上或將著作公開發表時，以通常之方法表示著作人或著作財產權人之**本名或眾所周知之別名**，或著作發行日期及地點者，**推定為該著作之著作人**（著 13 I）。所以，不妨在完成著作後，標示自己的姓名及相關資訊，將該著作公開發表，或是以存證信函寄給自己，以為創作之證明，而能取得法律上推定效力的佐證。

2-1.3　思想與表達的二元論

　　「思想與表達的二元論」是指《著作權法》保護的著作權**僅及於該著作之表達，而不及於其所表達之思想、程序、製程、系統、操作方法、概念、原理及發現**（著 10 之 1）。詳言之，《著作權法》保護的是經過人類智慧活動而呈現其內容的表達形式，例如以文字來表達文

---

[9]　內政部 83 年度內著字第 8324019 號函：「…《著作權法》規定之著作權登記（註冊）制度僅為任意、存證性質，並非著作權之取得要件，…亦即有無為著作權登記（註冊）與是否取得著作權並無關連。」所以，在書籍版權頁、CD、DVD 包裝背面或網頁常見到的©2008.XXX，是因為在過去許多國家採取著作權標示取得制度所致。於今，只可視為是一種著作權聲明，已非著作權取得的條件。

[10]　不過，製版權仍應經過登記，始受到《著作權法》保護。《著作權法》第 79 條參照。

學著作、以符號表達圖畫或美術、雕刻[11]，只要能夠為人類所感知，無論有形、無形，或是否固著於某載體，均屬表達形式。

所以，同一個觀念或點子可以有不同的表達方式，如果將思想或概念告訴他人，而被他人以自己的方式加以表達，並沒有侵害著作權的問題，只要各種表達形式並非抄襲他人，都受到《著作權法》的保護。例如：甲乙兩人思想或構想相同，都以某一著名建築物為拍攝背景，即使地點、角度、風景布局相似，但都屬於各自原創的攝影著作。但如果是甲已拍攝該建築物，而乙覺得拍得不錯，未經甲同意就以相機翻拍該建築物照片，即是重製，若為發行營利使用，即構成侵權。

此外，思想與表達的二元論，雖然是《著作權法》的原則，但在日常社會中卻也可能出現**表達僅有一種方式**的情形，此即所謂「**思想／構想與表達不可分**」。例如：電影、小說中男女主角因戰爭離散，後來重新相聚雙方擁抱感人的情節，幾乎中外表達雷同，這時的表達形式幾乎為情節**所必要的場景**(the doctrines of merger and scènes à faire)，應不構成抄襲。

2-2　著作權與其他權利

2-2.1　製版權與著作權

「製版權」是針對**無著作財產權或著作財產權消滅之文字著述或美術著作**，經製版人就文字著述整理印刷，或就美術著作原件以影印、印刷或類似方式**重製首次發行，並依法登記者，製版人就其版**

---

[11]　鄭中人，《智慧財產權法導讀》，臺北：五南，2004 年 4 月，頁 68。

面，**專有以影印、印刷或類似方式重製之權利**。例如，出版社將中國古典文學《水滸傳》、《三國演義》、《紅樓夢》等已經不受《著作權法》保護的著作，將其重新排版印刷，經依法登記後可以取得製版權；或是對唐伯虎字畫真跡原件加以影印、印刷或類似方式重製首次發行，經依法登記後，取得製版權。不過要注意的是，製版權只是**禁止他人再利用其版面以影印、印刷或類似方式重製的權利**，不能禁止他人就文字著述，再自為重新排版印刷發行。

所以，「製版權」與「著作權」不同：

(1) 製版權是針對無著作財產權或著作權消滅的文字著述或美術著作。

(2) 製版權**自製版完成時起算存續 10 年**，以該期間屆滿當年之末日，為期間的終止。

(3) 製版權的讓與或信託，非經登記，不得對抗第三人。製版權登記、讓與登記、信託登記及其他應遵行事項的辦法，由主管機關定之（著 79）。

2-2.2　出版契約

著作權人得自行出版其著作，亦可與出版社簽訂出版契約。所謂「出版契約」指**出版者，謂當事人約定，一方以文學、科學、藝術或其他之著作，為出版而交付於他方，他方擔任印刷或以其他方法重製及發行之契約**。投稿於新聞紙或雜誌經刊登者，推定成立出版契約（《民法》第 515 條）。

出版係為著作的**重製及發行散布**，範圍上尚不及於其他著作權的內容，如公開口述、公開播送、公開上映、公開演出、公開展示、編輯、改作等權利。不過，由於現代數位技術發達，著作經過數位化或

本身即屬數位著作時,往往也透過網際網路向公眾發行(如電子書),此時須有重製及公開傳輸權的授權。一般而言,當事人可透過出版契約約定著作財產權歸屬,以釐清彼此的法律關係。

2-2.3 著作鄰接權

「著作鄰接權」(neighboring rights)**是指表演人(performers)、錄音物製作人(producers of phonograms)、廣播機構(broadcasting organization)所享有類似於(或鄰接於)著作權的權利**。著作鄰接權的特質,在於鄰接權人雖然並不是直接從事創作,但因為其表演、錄音製作或建置廣播所付出的心力勞力,才使得原創著作得到更大的迴響與市場利益。例如:表演人賣力演出音樂、舞蹈、戲劇,而使他人創作的音樂有更多人聆聽、舞蹈戲劇吸引更多人觀賞,使著作更有知名度;廣播機構製播成節目,影響更多的觀眾或聽眾;唱片公司將之灌錄成錄影帶、CD、DVD 獲得更大的行銷市場。假使表演人、錄音物製作人、廣播機構無法禁止其他人對其表演、錄音物、廣播內容,具有固著、重製、向公眾傳播、再廣播的權利,則對於這些投入資本從事文化產業的人,很可能會因為無從得到投資後的利潤回報,或沒有法律依據可以請求利用人支付相當報酬,而退出著作產業。

因此,著作鄰接權有保護之必要。1961 年的《羅馬公約》,即保護表演人、錄音物製作人及廣播機構的鄰接權;而 1996 年 WIPO 的《表演及錄音物國際條約》(WIPO Performances and Phonograms Treaty, WPPT)亦同。依我國《著作權法》規定,**表演人對既有著作或民俗創作之表演,以獨立的著作保護之。表演之保護,對原著作之著作權不生影響**(著 7 之 1),亦即使著作鄰接權同受《著作權法》的保護。

2-2.4　著作與著作物

　　「著作」與「著作物」在法律上的概念不同。**「著作」是指一種人類智慧活動的表達，而「著作物」則是指著作所附著之物。**《著作權法》給予著作人的權利，是著作人本於其思想創作，使其附著於某種特定的表達形式，而著作人對其著作的特定表達形式，享有法律上保護之利益。例如：畫家在紙上作畫，《著作權法》保護的是該畫家在畫紙上的**畫作表現，而不是畫作所附著的畫紙**。通常著作物包括**著作原件**，例如：小說原稿、底片、母帶等等；以及**著作重製物**，例如：小說原稿的影印本、底片沖洗出來的相片、由母帶轉製成 CD 等。

　　固然，人類智慧活動往往必須倚靠某種附著或固著方式，如附著於紙本、磁帶、磁片、光碟片、錄音帶、隨身碟、行動硬碟等載體，才能將著作內容表現出來，但在演說、舞蹈、戲劇、表演，即使未附著於某種載體（如錄音帶、錄影帶、底片）卻仍受《著作權法》保護。所以，如果將他人的演說、演唱會、音樂劇或舞蹈劇等表演，加以錄音、錄影、攝影，仍屬該著作的重製物。

2-2.5　著作權與著作物所有權

　　「著作權」與「所有權」不同。著作權是一種無體財產權，是一**種獨立於有形物之所有權以外**，而且與物之所有權無關的權利；而**所有權則屬於物權**，所有權人在法令限制範圍內得自由使用、處分其所有物並排除他人之干涉（民 765）。例如：我們購買某歌星的 CD，其實是以 CD，這個著作物為買賣契約的標的，其著作財產權並未隨同買賣契約而發生移轉。換言之，我們只是購得了 CD 的物之所有權，其著作權仍保留在音樂著作人或唱片公司，所以未經授權即不能將 CD 中的歌曲重製。同樣地，買 CD 也不等於可以將 CD 中的歌曲上網傳輸或在電臺播放，這都需要著作權人同意或授權始可。

此外，《民法》規定之「**在法令限制範圍內行使其所有權**」，在《著作權法》上的「散布權」，即是此所謂之「法令範圍限制內」，亦即**著作財產權人得基於散布權來限制所有權人轉讓或為其他散布著作物的行為**，如果著作物所有權人如果要出售或出租該著作物，仍須得到著作財產權人的同意，否則即是侵害其散布權。但如此一來，著作文化流通的目的勢必受到嚴重影響，因此遂有「權利耗盡原則」來加以調和[12]。

2-2.6　權利耗盡原則／第一次銷售原則

「權利耗盡原則」(doctrine of exhaustion)在美國法上稱為「**第一次銷售原則**」(the first sale doctrine)，是指著作財產權人對於合法重製物之散布權，於第一次出售或因其他原因移轉所有權予他人時即耗盡，此時合法重製物之所有人得自行出售、出租或為其他所有權讓與行為[13]。

在**中華民國管轄區域內**取得著作原件或其合法重製物所有權之人，得以**移轉所有權之方式散布之**。換言之，著作權人對著作物的散布權，僅止於在國內所為之第一次銷售行為，**銷售後取得著作物的所有權人**，即能本於所有權的權能，**自由使用、收益及處分該著作物**。例如：可以將購買的書籍為賣出、出借、出租，而不需要再得到著作權人的授權。但要注意者，錄音、電腦程式著作，著作原件或其合法重製物之所有人，並不得將之出租（著 29、60 I）。

另，**權利耗盡原則所耗盡者為「散布權」**，著作財產權人的其他著作財產權，如重製權、公開口述權、公開播送權等等，並不會因為首次銷售而耗盡。又我國《著作權法》所規定的方式僅限於「以移轉所有權之方式」散布，故**不得以輸入**方式散布[14]。

---

[12]　蔡如琪，〈著作權法上平行輸入影碟出租問題之研究〉，《法令月刊》，57 卷 2 期，2006 年 2 月，頁 74。

[13]　羅明通，《著作權法論》，頁 594。

[14]　蔡如琪，〈著作權法上平行輸入影碟出租問題之研究〉，頁 82。

2-3　著作權法保護的著作

　　依《著作權法》所保護的著作種類有 10 種（例示），另有就特殊保護的客體設有獨立保護的規定，如表演著作、衍生著作與編輯著作。茲分述如下[15]：

2-3.1　語文著作

　　「**語文著作」包括詩、詞、散文、小說、劇本、學術論述、演講及其他語文著作**。詳言之，語文著作包含語言著作與文字著作，語言著作如演講、口述、講道或其他相類性質行為的著作，且應具有原創性者，假若只是一般單純日常生活的對話、引述他人的口述內容則並非語言著作，不受《著作權法》保護。文字著作是以文字表現出的論述，如詩詞、小說、劇本，也包含得以文字轉換者，如點字、速記符號等。所以，於**課堂中出現的共同筆記，基本上並不是創作**，而是將他人演講或口述、板書的內容，抄錄於筆記本中，所以無論是錄音、逐字紀錄等，都應得到講者的同意或授權。

2-3.2　音樂著作

　　「**音樂著作」包括曲譜（樂曲、樂譜）、歌詞及其他之音樂著作**。所以，歌詞與樂譜均為獨立的音樂著作，各自享有著作權[16]。假若，作詞作曲乃基於共同創作音樂之目的，屬於共同著作，但如果是分別作詞作曲而結合成一音樂著作時，則屬於結合著作；又，歌詞如果不是為了音樂創作而寫，其本質屬於語文著作，如李後主的詞，其

---

[15]　《著作權法》第 5 條：「本法所稱著作，例示如下，…。前項各款著作例示內容，由主管機關訂定之。」故內政部乃訂定〈著作權法第 5 條第 1 項各款著作內容例示〉。另，本文諸多事例，部分係參考蕭雄淋，《著作權法論》，臺北：五南，2001 年 9 月，頁 87-112。

[16]　經濟部智慧財產局 2006 年 3 月 10 日電子郵件 950310 函釋。

並不會因為後來有人編了曲而轉變成音樂著作。反之，如果是即興為了音樂而作詞，若具備著作的原創性，當然屬於音樂著作。

2-3.3 戲劇、舞蹈著作

「戲劇、舞蹈著作」**包括舞蹈、默劇、歌劇、話劇或其他之戲劇、舞蹈著作**。戲劇舞蹈著作表達某種美感或情感，其本身即是著作，並不需要附著於其他有形的媒介。又**戲劇舞蹈著作與表演不同**，表演其實是將原戲劇、舞蹈或音樂著作的再現或再詮釋，其創作性與被詮釋的戲劇舞蹈著作的原創性不同，原本並不符合著作的定義，但因為表演人之演出往往是戲劇舞蹈著作受歡迎或有票房的因素，故有合理保護之必要。所以，世界智慧財產權組織/WIPO 的《表演與錄音物條約》（Performances and Phonograms Treaty, WPPT）即提倡保護表演人權利，**使表演也可以受到法律的保護**。

2-3.4 美術著作

「美術著作」**包括繪畫、版畫、漫畫、連環畫、素描、法書（書法）、字型繪畫、雕塑、美術工藝品及其他之美術著作**。實務上對美術著作（包括美術工藝品）須以是否具備美術技巧或鑑賞目的之表現為要件，如果作品並不是以美術技巧表現思想或情感者，即難認為是美術著作。又，如果完全是以模具或機械製造的作品，而不具備美術技巧的表現，自不屬於美術著作[17]。

另，漫畫中的老夫子、加菲貓等屬於美術著作，如果將之從平面改為立體模型，原理上屬於重製，仍屬侵害著作權的行為。

---

[17] 內政部臺(86)內著字第 8605535 號函。有論者區分美術著作為純美術與應用美術，前者如繪畫、書法等，後者如染織圖案，具有生活實用與產業利用之目的。在《著作權法》不規定應用美術，而僅規定美術工藝品，係取法於日本。見蕭雄淋，《著作權法論》，頁 92。

2-3.5　攝影著作

「攝影著作」包括照片、幻燈片及其他以攝影之製作方法所創作之著作。攝影著作具備思想活動的因素，如被攝影的對象、光線、角度、快門、沖洗、顯影等過程，都具有攝影者的原創性。所以，如果只是利用相機單純翻拍 A 所拍攝的照片、油畫或書法，其實是利用攝影方式予以重複製作（重製），並不具有原創性，其翻拍所得的照片為重製物。

如果是以市面上常見的傻瓜相機所拍攝的照片，有認為該照片是由相機自行設定程序產生，欠缺人類思維活動，並不是著作，但也有人認為，即使傻瓜相機不需要特別去設定光圈、快門，但取景角度、整體構圖仍是個人的構思，若具原創性，仍屬《著作權法》保護的攝影著作。

2-3.6　圖形著作

「圖形著作」包括地圖、圖表、科技或工程設計圖及其他之圖形著作。建築設計圖看起來似乎是有關工程設計的圖形著作，但因《著作權法》另有例示「建築著作」，所以**建築設計圖並非圖形著作**。

2-3.7　視聽著作

「視聽著作」包括電影、錄影、碟影、電腦螢幕上顯示之影像及其他藉機械或設備表現系列影像，不論有無附隨聲音而能附著於任何媒介物（如膠捲、視聽光碟、硬碟、影帶等）上之著作。視聽著作通常是結合語文、音樂、美術及其他著作而成。

2-3.8　錄音著作

「錄音著作」包括任何藉機器或設備表現系列聲音，而能附著於任何媒介物上（如 CD、唱片、錄音帶）之著作，但附隨於視聽著作

之聲音不屬之。附隨於視聽著作之聲音不屬於錄音著作，通常指電影拍攝現場的收音或配音，如電影屬於視聽著作，其中附隨錄製的演員對白（聲音），不另視作錄音著作。

不過，錄音著作的內容，往往是唱片公司錄製表演人的歌唱、彈奏樂器的聲音，而形成與原先音樂著作（譜曲作詞者）不同的消費市場。所以，如果背景音樂另有電影原聲帶者，該電影原聲帶仍是獨立的錄音著作。另，錄音著作既然是藉機器或設備錄製聲音，其製作過程如果只是一般的操作，創作性低，則不應列為保護對象。

2-3.9 建築著作

「建築著作」**包括建築設計圖、建築模型、建築物及其他之建築著作**。所以，建築物本身若具有原創性，如故宮、艾菲爾鐵塔、清真寺、教堂、特殊設計的庭園、拱橋、人工渠道等，即屬於建築著作。反之，建築物僅是一般社會生活常見到形式或通常實用的工事，如不具有特殊設計的民宅、集合式社區、鐵皮工廠、排水或灌溉用的水泥溝渠等，則非建築著作。

2-3.10 電腦程式著作

「電腦程式著作」**包括直接或間接使用電腦產生一定結果為目的所組成指令組合之著作**。電腦程式著作在外國立法例上有被視為是「**語文著作部分**」(literal elements)包括原始碼(source code)與目標碼(object code)[18]，在「**非語文著作部分**」(non-literal elements)，則包括電腦程式之結構、次序與組織(Structure, Sequence and Organization, SSO)。在我國是將電腦程式著作有別於語文著作，而為受獨立保護的著作種類。

---

[18] 有認為僅包括原始碼者，目標碼只是原始碼的重製物。見蕭雄淋，《著作權法論》，頁98。

著作類型	界定與例示	特有的著作財產權	共同的著作財產權
語文著作	詩、詞、散文、小說、劇本、學術論述、演講及其他語文著作。	公開口述權 公開演出權	重製權 公開播送權 改作權 編輯權 出租權 公開傳輸權 散布權
音樂著作	包括曲譜（樂曲、樂譜）、歌詞及其他之音樂著作。	公開演出權	
戲劇、舞蹈著作	包括舞蹈、默劇、歌劇、話劇或其他之戲劇、舞蹈著作。	公開演出權	
美術著作	包括繪畫、版畫、漫畫、連環畫、素描、法書（書法）、字型繪畫、雕塑、美術工藝品及其他之美術著作。	公開展示權	
攝影著作	包括照片、幻燈片及其他以攝影之製作方法所創作之著作。	公開展示權	
圖形著作	包括地圖、圖表、科技或工程設計圖及其他之圖形著作。		
視聽著作	包括電影、錄影、碟影、電腦螢幕上顯示之影像及其他藉機械或設備表現系列影像，不論有無附隨聲音而能附著於任何媒介物（如膠捲、視聽光碟、硬碟、影帶等）上之著作。		
錄音著作	包括任何藉機器或設備表現系列聲音，而能附著於任何媒介物上（如 CD、唱片、錄音帶）之著作，但附隨於視聽著作之聲音不屬之。	報酬請求權	
建築著作	包括建築設計圖、建築模型、建築物及其他之建築著作。		
電腦程式著作	包括直接或間接使用電腦產生一定結果為目的所組成指令組合之著作。		

2-3.11 表演著作[19]

「表演著作」實際上是指「**表演人對於既有著作或民俗創作之表演，以獨立之著作保護之**」。所謂「對既有著作或民俗創作之表演」，是指以演技、舞蹈、歌唱、彈奏樂器或其他方法加以詮釋。所以，球類田徑競賽，並不是表演著作。又，如果不是對既有著作或民俗創作之表演，則可能歸屬為「戲劇或舞蹈著作」。例如，魔術或特技如果其肢體展現具有原創性，且能重複演出者[20]。所謂「表演之保護，對原著作之著作權不生影響」，例如，演唱彈奏他人所寫的歌詞樂曲，為表演著作（但應取得該音樂著作之公開演出權的授權），其演出的表演與音樂著作**分別**具有著作權，表演著作的保護期間為自公開發表後 50 年，而音樂著作則是著作人之生存期間及其死亡後 50 年。

不同的表演人對相同的著作，常有不同的創意及詮釋，此個別的表演詮釋都是《著作權法》獨立保護的對象，其表演都可受到**獨立的個別保護**[21]。

2-3.12 衍生著作

「衍生著作」指**就原著作改作之創作，亦即是以翻譯、編曲、改寫、拍攝影片或其他方法就原著作另為創作者**。衍生著作，以獨立之著作保護之，且對原著作之著作權不生影響（著 3 I ⑪、6 I）。例如，翻譯英文書刊為中文版，將樂曲改編為其他演奏方式，改寫他人小說為劇本或將劇本改為小說，或將小說、劇本改作拍攝為電影等等。由於，翻譯、編曲、改寫為衍生著作，其保護對原著作之著作權不生影響，所以，衍生著作應取得原著作權人的授權。

---

[19] 嚴格言之，表演本身並不是著作，而是對既有著作所從事的一種表演詮釋，而受獨立之法律保護。惟一般仍以「表演著作」稱之。

[20] 章忠信，《線上音樂與影片之著作權問題》，臺北：經濟部智慧財產局，2008 年 3 月，頁 11。

[21] 2000 年 11 月 8 日(88)智著字第 89010021 號函。

不過，如果是將原先加密的著作予以解密後所得出的著作，或是將速記符號轉換為文字，原則上是一對一的轉換，具有同一性，該行為應屬重製，而非改作[22]。又如果是透過電腦網路辭典，將中文翻譯成英文，翻譯後的文字雖對原著作有所改變，但因缺少人類智慧活動的參與，而僅是電腦程式翻譯的結果，並不合於「另為創作」的著作原創性質，亦非改作。

2-3.13　編輯著作

「編輯著作」指就資料之選擇及編輯具有創作性者為編輯著作，以獨立著作保護之（著6、7、7之1）。編輯著作之保護，對其所收編著作之著作權不生影響。例如：主辦單位將個別作者的研討會論文，編輯成論文集，即是編輯著作；但因為對所收編之著作權不生影響，所以，主辦單位仍須取得各論文著作人的同意授權，始能編輯成書。如果，主辦單位要將論文納入電子資料庫，在網路上供人瀏覽，還須有公開傳輸權的授權。

至於，資料庫是否受到《著作權法》的保護？在學說及實務上認為資料庫，如果只是單純的社會事實或資料排列，因不具備原創性，不受保護。例如：股市資訊、氣象報告等事實性資料、工商名錄、同學名單、電話簿等。反之，如果**就資料的選擇及編排具有創作性者，可視為編輯著作而受《著作權法》的保護**。

由於，上述各種著作種類，僅為例示性質，亦即《著作權法》並不以保護上述著作為限，假若其他著作，具有文學、科學、藝術或其他學術範圍的原創性時，仍然受到保護。

---

[22] 蕭雄淋，《著作權法論》，頁100。

另須區辨者乃衍生著作與編輯著作是已經有了原著作，而後經過改作、選擇或編排而取得法律上的獨立保護。故這類著作其實應該**是一種創作方法，而不是著作種類**。例如，將小說拍成電影，是以改作為方法（的衍生著作），其著作種類仍是視聽著作；又如某歌星的 CD 精選集，雖是受法律保護的編輯著作，但其著作種類仍屬錄音著作[23]。

2-4　不受著作權法保護的客體

受《著作權法》保護之著作，須具有原創性、有表達的形式，且為文學、科學、藝術或其他學術範圍的創作。但有些著作因為原創性低，或是屬於政令宣導、單純新聞事實的報導，依《著作權法》並不受保護（著 9），其包括：

2-4.1　憲法、法律、命令或公文

憲法、法律、命令為國家機關根據一定程序制訂公布，對人民具有拘束力的規範；公文是指公務員職務上製作的文書、文告、講稿、新聞稿及其他文書。由於，法令公文具有公益性質，為避免妨害人民知的權利與政府資訊流通，因此不受《著作權法》保護，得自由利用。

2-4.2　中央或地方機關就前款著作做成之翻譯物或編輯物

政府機關為順利推行事務，往往將相關法令彙編成冊，或將公文整理歸納成書，或是翻譯法令、公文為其他語言，這些經過選擇編排或翻譯的著作，乃是原先法令、公文的彙整集合或改作而已，按理不

---

[23] 章忠信，《著作權法的第一堂課》，臺北：書泉，2004 年 8 月，頁 22。

受《著作權法》保護。但如果是私人就憲法、法律與命令等，自行選擇編排的著作或翻譯，如法律判解彙編、法規檢索資料庫，雖然就個別法律、命令或相關資料言，沒有著作權，但該判解彙編、資料庫如果符合《著作權法》**編輯著作**的條件，仍應受到保障。

2-4.3 標語或通用之符號、名詞、公式、數表、表格、簿冊或時曆

標語、通用符號、名詞、公式、數表、表格、簿冊、時曆，屬於社會生活使用的資訊。例如：「水深危險、禁止游泳」的標語、總統府、行政院等機關名詞、數學公式，或供現成登錄的財務表格、書狀簿冊、單純的日曆等等，這些文件因為原創性甚低，如果保護，反而有礙日常生活使用，因此並不受《著作權法》保護。

2-4.4 單純為傳達事實之新聞報導所做成之語文著作

憲法保障新聞自由，維護人民知的權利，因此對於單純傳達事實的新聞報導，《著作權法》特別規定不受保護。但要注意的是，不受保護者，**僅限於以語文著作報導之新聞事實**，如果是以攝影、錄影來報導新聞時，該攝影著作（新聞照片）、視聽著作（新聞畫面），仍受《著作權法》保護[24]。又，如果是將單純傳達事實的新聞報導匯集成冊，如具創作性，則**屬編輯著作而受保護**，但不能因此排斥他人作同樣的利用。

---

[24] 有論者認為此規定似不符合時代需求，因為現在是電子媒體主導的時代，新聞皆以影像、聲音與文字結合方式處理。鄭中人，《智慧財產權法導讀》，頁77。

2-4.5 依法令舉行之各類考試試題及其備用試題

　　「依法令舉行之各類考試」，例如國家公務員考試試題、駕照考試試題、中央或地方機關的僱員考試試題及其備用試題等，在解釋上**也包括**各級公私立學校所舉行之模擬考、複習考、隨堂測驗、期中考試及期末考題等[25]。但如果是就這些試題加以解答後，另編寫成試題分析一書，而符合編輯著作上就資料之選擇與編輯具創作性之要求，則仍以獨立著作保護。至於托福考試、多益考試，因不屬於依本國法令所舉行的考試，所以這些試題仍受到《著作權法》的保護。

2-5　著作人

　　「著作人」指**創作著作之人**。著作人完成有關文學、藝術、科學或其他學術領域的創作時，即受《著作權法》保護（創作保護主義），又因為創作屬於事實行為，所以不適用《民法》有關行為能力的規定，不論是未成年人、精神耗弱人所為的創作，均是著作人，而享有著作人格權與著作財產權（著 3 I ①②③）。

2-5.1 著作人的推定

　　著作人是創作著作之人，如果著作人確實可知，不致發生問題。但如果無法確知何人為著作人時，只好先憑藉著作物上的姓名或別

---

[25] 經濟部智慧財產局 2000 年 5 月 15 日(89)智著字第 89004016 號函釋：「關於各公私立高中舉行之模擬考、複習考、隨堂測驗，係依據高級中學學生成績考查辦法第 4 條規定辦理之考試。準此，該等考試試題，依首揭《著作權法》規定，即不得為著作權之標的。」另，智慧財產局於 2006 年 3 月 2 日邀請教育部、考選部及多位學者專家召開「研討各級學校之考試試題是否屬《著作權法》第 9 條第 1 項第 5 款之試題」機關會商會議。會議中決議認為大學期中、期末考試係依據《大學法》及各依據《大學法》第 28 條所規定得依大學學則規定所辦理，故其試題仍屬於依法令舉行之各類考試試題及其備用試題。

名。所以，《著作權法》便規定，著作之原件或其已發行之重製物上，或將著作公開發表時，**以通常之方法表示著作人之本名或眾所周知之別名者，推定為該著作之著作人**。此一規定，於著作發行日期、地點及著作財產權人之推定，準用之（著 13）。

所以，在書籍封面的著作人姓名、CD 包裝背面所載發行公司的名稱、攝影展照片的拍攝人姓名、電影片頭或片尾所載的製片人姓名、編劇、電影主題曲的作者姓名，或是常見到的 Copyright©2010 by 某人名／某公司的標示等等，即可憑藉該姓名，推定該人為著作人。不過，如果真實著作人，並不是如著作物上所標示的本名或別名之本人時，其他人**可舉出反證**推翻原先的推定。

2-5.2　因僱傭關係在職務上完成著作之著作人

《著作權法》對於因為僱傭關係或出資聘人的法律關係（委任或承攬）之著作人，設有特別規定。依第 11 條規定：「受僱人於職務上完成之著作，以該受僱人為著作人。但契約約定以僱用人為著作人者，從其約定。依前項規定，以受僱人為著作人者，其著作財產權歸僱用人享有。但契約約定其著作財產權歸受僱人享有者，從其約定。前二項所稱受僱人，包括公務員。」

例如，受僱於公司之工程師在職務上完成的工程設計圖（圖形著作），若無特別約定，該工程師即是著作人，享有著作人格權，而公司享有著作財產權。所以，公司並不能禁止工程師將該工程設計圖以其姓名公開發表。但也因為公司享有著作財產權，假若公司有所利用而公開發表時，該工程師亦不得限制其公開發表[26]。如果是公司與該

---

[26]　《著作權法》第 15 條第 3 項：「依第 11 條第 2 項及第 12 條第 2 項規定，由僱用人或出資人自始取得尚未公開發表著作之著作財產權者，因其著作財產權之讓與、行使或利用而公開發表者，視為著作人同意公開發表其著作。」

工程師另為約定，以公司為著作人，則公司即享有完整的著作權。要注意的是，在公務員為著作人，而著作財產權歸該公務員隸屬之法人享有的情形，公務員並不能因為其為著作人，而就其著作主張公開發表的權利（著 15 I 但）。

2-5.3 因出資關係完成著作之著作人

因出資關係所完成之著作，通常是基於委任或承攬的法律關係，由出資人委託受聘人完成某種特定業務。在《著作權法》第 12 條規定：「出資聘請他人完成之著作，除前條情形外，以該受聘人為著作人。但契約約定以出資人為著作人者，從其約定。依前項規定，以受聘人為著作人者，其著作財產權依契約約定歸受聘人或出資人享有。未約定著作財產權之歸屬者，其著作財產權歸受聘人享有。依前項規定著作財產權歸受聘人享有者，出資人得利用該著作。」

所以，在出資聘人的情形，依照《著作權法》係以受聘人為著作人，享有著作財產權，但出資人得利用該著作。如果受聘人的著作，實際上是職務上所完成者，則優先適用第 11 條的規定，因此在沒有另行約定的情況下，著作財產權係歸僱用人（出資人）所有，受聘人欲取得著作財產權，並無法依照第 12 條第 2 項取得著作財產權。此時，受聘人要取得著作財產權唯有透過第 36 條受讓著作財產權。上述情形，如下表：

型態	著作人	著作權歸屬
受僱人於職務上完成的著作(11)	原則上屬於受僱人。受僱人包括公務員。 但契約約定以僱用人為著作人者,從其約定。	著作財產權歸僱用人享有。 但契約約定著作財產權歸受僱人享有者,從其約定。
出資聘請他人完成之著作(12)	除職務上完成著作外,以該受聘人為著作人。 但契約約定以出資人為著作人者,從其約定。	1. 受聘人為著作人者,著作財產權依契約約定歸受聘人或出資人享有。 2. 未約定時,著作財產權歸受聘人享有[27]。

2-5.4 共同著作人

「共同著作」指二人以上共同完成之著作,其各人之創作,不能分離利用者,為共同著作(著 8)。因此,共同著作需為二人以上共為創作,主觀上應有共同創作的合意,客觀上有個人創作的部分,且無法個別分離利用。例如,甲、乙兩人共同參與實驗,並將結果共同發表學術論文;或者學生撰寫論文時,指導教授不但指導論文大綱、斧正內容,而且還參與文字修正,假若對研究發現具有不可分離利用的性質時,應為共同著作。但如果著作有分離利用的可能,例如,指導教授只是提供資料、意見或撰寫方向,而整篇論文是由學生獨力撰寫完成時,則應以學生為獨立著作人;又,記者進行新聞專訪,往往是依據採訪稿提問,而受訪者回答,在一般情況,提問與回答應是記者與受訪者的各自創作,但假若該採訪產生不能分離利用的創作結果(整體呈現的採訪稿),也可以認為是共同著作。

---

[27] 另依照《著作權法》,以上規定適用於 1998 年 1 月 23 日以後完成的著作(著 111),在此之前所完成的著作,依照舊法規定判斷著作人及著作財產權的歸屬。

另，假若甲、乙、丙三人，為出版《智慧財產權法論》一書，而就分配章節的部分，各自撰寫成著作權法、專利法、商標法，應屬「**結合著作**」。這種情形，如兒童繪本，以童詩與插圖**結合為繪本**的著作類似。不過，如果事前經過協調，統一格式、撰寫風格，使全書整體風貌格調一致時，仍屬共同著作。至若，有共同著作人卻未將其列名或者註明來源出處，不但有違著作倫理，亦屬侵害他人著作人格權的行為。

2-5.5 外國人為著作人

外國人為著作人，受到我國《著作權法》保護，除同樣採取創作保護主義，不須至主管機關登記註冊外，依照國際互惠原則，外國人如果合於我國《著作權法》第 4 條的規定，外國人的著作即可受到保護，其條件為：

(1) 於**中華民國管轄區域內首次發行**，或於中華民國管轄**區域外首次發行後 30 日內，在中華民國管轄區域內發行者**。但以該外國人之本國，對中華民國人之著作，**在相同之情形下**，亦予以保護且經查證屬實者為限。

(2) 依條約、協定或其本國法令、慣例，中華民國人之著作得在該國享有著作權者。

由於，我國在 2002 年 1 月 1 日起，已經正式成為 WTO 的會員，依照 TRIPS，WTO 會員與我國有互惠關係，外國人著作可受到我國《著作權法》的保護。至於，加入 WTO 前的外國人著作，除上述各條件外，尚須注意第 4 條但書的規定，也就是如果經過立法院通過的條約、協定或特別規定，也可以使外國人著作受到保護。如 1993 年 7 月 16 日美國與我國簽訂的《北美事務協調委員會與美國在臺協會著作權保護協定》。

2-5.6　中國大陸、港澳地區的人民

　　臺灣與中國大陸的關係，目前主要是依據《臺灣地區與大陸地區人民關係條例》（以下簡稱兩岸關係條例）規範。所謂「大陸地區」是指：臺灣地區以外之中華民國領土（兩岸 2 ②）。所以，大陸地區在法理上仍屬於我國司法權所轄。但實際上，中國大陸並非事實主權統治區域，因此在著作權的保護上，仍必須考慮兩岸間之平等互惠原則。

　　大陸地區人民之著作權或其他權利在臺灣地區受侵害者，其告訴或自訴之權利，以臺灣地區人民得在大陸地區享有同等訴訟權利為限（兩岸 78）。而根據中國大陸全國人民代表大會常務委員會第八次會議，在 1994 年 7 月 5 日所頒布之〈關於懲治侵犯著作權的犯罪的決定〉，臺灣人民的著作在中國大陸受到侵害時，可以提起刑事訴訟。因此，大陸地區人民亦得在臺灣提起刑事訴訟。

　　又，基於法律的屬地主義，有關兩岸著作權之保護亦應適用此一原則，而不論侵害行為是否在臺灣地區或大陸地區或其他第三地而有不同。例如：臺灣人民在大陸地區重製受我國《著作權法》保護的著作，雖僅在大陸地區銷售，但受侵害人可在大陸提起刑事訴訟外，也可以在我國提起刑事訴訟，並受我國法律處罰[28]。

　　至於，有關臺灣與香港、澳門涉及著作權的保護，依據《香港澳門關係條例》[29]規定：香港或澳門居民或法人之著作，合於下列情形之一者，在臺灣地區得依《著作權法》享有著作權（港澳 36）：

---

[28]　《臺灣地區與大陸地區人民關係條例》第 75 條：「在大陸地區或在大陸船艦、航空器內犯罪，雖在大陸地區曾受處罰，仍得依法處斷。但得免其刑之全部或一部之執行。」

[29]　有關香港部分自 1997 年 7 月 1 日施行，涉及澳門部分，則自 1999 年 12 月 20 日施行。

(1) 於臺灣地區首次發行，或於臺灣地區外首次發行後 30 日內在臺灣地區發行者。但以香港或澳門對臺灣地區人民或法人之著作，在相同情形下，亦予保護且經查證屬實者為限。

(2) 依條約、協定、協議或香港、澳門之法令或慣例，臺灣地區人民或法人之著作得在香港或澳門享有著作權者。

2-6 著作人格權

著作權的內容，包括著作人格權、著作財產權。人格權是權利人享受自己人格上利益的權利，是繫於一身專屬且不可分離的權利。著作人格權**指著作人與其著作具有緊密關係，該著作得體現該人的人格價值與智慧活動**。著作人格權主要包括公開發表權、姓名表示權、同一性保持權或禁止變更權。

著作人格權，不得讓與或繼承（著 21）。著作人死亡或消滅者，關於其著作人格權的保護，**視同生存或存續**，任何人不得侵害（著 18）。所以，著作人格權無保護期限，不會因為著作人死亡而消滅。例如：杜甫寫的詩，不會因為杜甫去世或超過著作權保護期間，就說那詩不是杜甫寫的。

不過，法律也考慮到社會公共利益與文化發展，如果一利用行為之性質及程度、社會之變動或其他情事可認為**不違反該著作人之意思者**，不構成侵害（著 18 但）。對著作人格權侵害者，依法應負刑事責任（著 93 ①），惟屬告訴乃論（著 100）。

2-6.1　公開發表權

　　著作人就其著作享有公開發表的權利（著 15 I），亦即著作人得**以發行、播送、上映、口述、演出、展示或其他方法向公眾公開提示著作內容的權利**（著 3 I ⑮），著作人可選擇不公開或任意選擇時間、地點、方式，公開其著作。但在某些情形也可能無法確知著作人是否有公開發表的意願，為避免爭議，《著作權法》列有根據某些事實，來「推定」著作人同意公開發表其著作的規定（著 15 II）：

(1) 著作人將其尚未公開發表著作之著作財產權讓與他人或授權他人利用時，因著作財產權之行使或利用而公開發表者。

(2) 著作人將**尚未公開發表之美術著作或攝影著作之原件或重製物讓與**他人、受讓人將該原件或重製物公開展示。

(3) 依《學位授予法》撰寫之**碩士、博士論文，著作人已取得學位**。

　　另外，《著作權法》對公務員為著作人的公開發表權設有限制，亦即公務員因職務上或受聘完成的著作，雖為著作人，但其著作財產權歸公務員隸屬的法人享有時，不享有公開發表的權利（著 15 I 但）。

　　其次，在僱傭關係、出資聘人的關係，僱用人或出資人自始取得尚未公開發表著作之著作財產權，因為轉讓、行使或利用行為，而公開發表該著作時，**視為**著作人（受僱人或受聘人）同意公開發表其著作（著 15 III）。但如果出資人並沒有取得著作財產權，卻又要利用時，倘還需要受聘人另行同意，似乎違背彼此間的聘任關係，因此《著作權法》規定，出資人因利用該著作而公開發表該著作時，視為受聘人同意公開發表其著作（著 15 IV）[30]。

---

[30] 詹炳耀，《智慧財產權新論》，臺北：華立圖書，2005 年 6 月，頁 105。

2-6.2 姓名表示權

著作人的姓名表示權是指：**著作人在著作原件或其重製物上或於著作公開發表時，有表示其姓名、別名或不具名的權利**。例如：張三可以用筆名李四，公開發表文章或是匿名發表。就著作所生之衍生著作，也同樣具有這種姓名表示權。例如，將倪匡小說改編成電影或電視劇時，仍須表明倪匡；《哈利波特》的中文版，仍需要將原作者 J. K. Rowling 標示出來。

在日常生活中，除非著作人有特別表示或違反社會使用慣例，否則**著作利用人可以使用自己的封面設計，並加冠設計人或主編者的姓名或名稱**。例如：設計人在自己設計的學術論文集封面上加上自己的姓名，或在封面加上主編者姓名；又如果依照著作利用之目的及方法，於著作人的利益無損害之虞，且不違反社會使用慣例時，也**可以省略著作人的姓名或名稱**（著 16 III、IV）。

但要注意，公務員職務上或受聘完成的著作，公務員雖為著作人，但著作財產權歸屬其隸屬的法人享有時，該公務員**不享有公開發表權外，也不具有姓名表示權**（著 16 II）。

2-6.3 禁止變更權

「禁止變更權」是指**著作人享有禁止他人以歪曲、割裂、竄改或其他方法改變其著作之內容、形式或名目致損害其名譽之權利**（著17）。因為禁止對他人著作的內容、形式或名目做出變更致損害其名譽，故也稱之為**「著作完整權」**或**「禁止不當變更權」**。例如：將電影中的人物對白，另行配音、剪接，歪曲原本對白的意思、割裂劇情的連貫，致對電影公司或編劇、製作人、配音的名譽有所損害時，即屬侵害著作人的禁止變更權。此外，一般常聽到的「戲謔仿作」或「詼諧仿作」(parody)，就是利用原著作內容直接變更，藉以嘲諷著

作本身；或是利用改作的著作，使社會大眾聯想到社會公共議題，藉以提高議題討論的能見度；或是利用著作改作來單純搞笑等。這些戲謔仿作如果損害著作人的名譽或姓名表示權，損及原著作在經濟上利益或潛在市場價值時，將有侵權之虞。

另外，在一般報紙或雜誌社中的徵稿文字中常有「本刊具有刪改權」。如果報社或主編是為了管理報紙或雜誌的篇幅而刪減稿件，並沒有因此影響原作者所要表達的意思，應無損害名譽之虞。但如果經過刪改後的內容，已經發生實質變化，變更了作者原意，致影響社會對該作者聲譽上的評價，則仍屬對著作人格權的侵害。

2-7　著作財產權

2-7.1　重製權

「重製權」是著作財產權中重要的權利，其行為在日常語言多表述為「拷貝」、copy 或「**燒**」一片 CD。所謂「**重製**」，**是指以印刷、複印、錄音、錄影、攝影、筆錄或其他方法直接、間接、永久或暫時之重複製作**。於劇本、音樂著作或其他類似著作演出或播送時予以錄音或錄影；或依建築設計圖或建築模型建造建築物者，亦屬之（著 3 I ⑤）[31]。另，《著作權法》也保護表演著作，表演人**對其表演專有以錄音、錄影或攝影重製**其表演之權利。因此，如以筆錄（素描）的方法記錄表演人的肢體語言（手勢、舞蹈、演技），似不需要得到表演人同意。

---

[31] 不過有論者認為將平面表現的著作立體化，或將立體表現的著作平面化，不是複製，而是改作，從而《著作權法》將建築設計圖完成建造建築物者，認為是重製，反而會混淆建築著作與圖形著作。鄭中人，《智慧財產權導讀》，頁 87。

2003 年《著作權法》修訂，增列「暫時性重製」是為了因應數位時代所設。所謂「暫時性重製」是指**專為網路合法中繼性傳輸，或合法使用著作，屬於技術操作過程中必要之過渡性、附帶性而不具有獨立的經濟意義**。所謂「網路合法中繼性傳輸」包括網路瀏覽、快速存取或其他為達成傳輸功能之電腦或機械本身技術所不可避免的現象（著 22 III、IV）。換言之，暫時性重製**不適用**重製權的規定，但不包括電腦程式的灌入（重製）（著 22）。

2-7.2 公開口述權

「公開口述權」是指**以言詞或其他方法向公眾傳達其語文著作內容的權利**（著 3 ⑥、23）。例如：說書、相聲、朗讀詩詞等。只有語文著作有公開口述權，其他種類的著作並沒有這種權利。

2-7.3 公開播送權

「公開播送權」是指**基於公眾直接收聽或收視為目的，以有線電、無線電或其他器材之廣播系統傳送訊息之方法，藉聲音及影像，向公眾傳達著作內容的權利**。例如：電視臺、廣播電臺所播送的節目。由原播送人**以外之人**，以有線電、無線電或其他器材之廣播系統傳送訊息之方法，將原播送之聲音或影像向公眾傳達者，亦屬之（著 3 ⑦）。例如，有線電視臺取得友臺節目的同意，再轉播（播送）給公眾觀賞。

百貨公司將電臺公開播送甲音樂著作人的著作，再用自己的擴音機（廣播系統）放給在店內的消費者聆聽，則這種行為是公開播送，還是公開演出？主管機關認為百貨公司接受電臺訊息，再將其內容利用擴音機播放給顧客欣賞，此時從事播送該音樂著作的行為者，是電臺，而非百貨公司，所以百貨公司利用擴音機傳送，並不是公開播

送，不需要取得公開播送的授權。但是，該百貨公司的行為，依照
《著作權法》規定，係屬於以演技、舞蹈、歌唱、彈奏樂器**或其他方
法向現場以外的公眾傳達著作內容，而為公開演出**。所以百貨公司雖
單純接收訊息，但**使用擴音機再為傳送，即屬以其他方法**向現場以外
的公眾傳達著作內容，仍須取得音樂著作人授權，始得公開演出[32]。
但學說上，則認為百貨公司以擴音機再為傳送，應屬於**再公開播送**的
問題，性質上仍然屬於公開播送，不應該因為改為擴音機傳送，即變
更性質為公開演出[33]。

　　另外，表演人對其未經重製的表演，享有公開播送其表演的權
利，但如果**將表演重製後或公開播送後之表演**，則不得再主張公開播
送權（著 24）。例如：在現場演唱的表演人，僅能主張在現場演唱會
的公開播送權（現場轉播），如果將演唱會公開播送的聲音或影像錄
影重製後（再公開播放），或公開播送後（重播），表演人即無法再行
主張公開播送權。

2-7.4　公開上映權

　　「公開上映權」是指以**單一或多數視聽機或其他傳送影像之方
法，於同一時間向現場或現場以外一定場所之公眾傳達其內容的權利**
（著 3⑧）。著作人專有公開上映其視聽著作之權利（著 25）。所謂
「現場或現場以外一定場所」包括電影院、俱樂部、錄影帶或影碟片
播映場所、旅館房間、供公眾使用之交通工具或其他供不特定人進出
之場所（著 3 II），只有視聽著作才有公開上映權。

---

[32] 內政部著委會(80)內著字第 8116816 號函。

[33] 羅明通，《著作權法論》，頁 476-478。

2-7.5 　公開演出權

　　「公開演出權」是指**以演技、舞蹈、歌唱、彈奏樂器或其他方法向現場之公眾傳達著作內容的權利。以擴音機或其他器材，將原播送之聲音或影像向公眾傳達者，亦屬之**（著 3 ⑨）。有公開演出權的著作，僅限於**語文、音樂或戲劇、舞蹈著作**（著 26 I）。另，表演人專有以擴音機或其他器材公開演出其表演的權利。但將表演重製後或公開播送後，再以擴音機或其他器材演出者，不在此限（著 26 I、II）。

　　所以，錄音著作與表演著作都涉及到公開演出權。表演著作是表演人詮釋原有著作的重現，係與著作相關或鄰接於著作，在《著作權法》中賦予表演著作人對其著作有以錄音、錄影或攝影重製其表演的權利，亦有就其未經重製的表演有以擴音機或其他器材公開演出其表演的權利[34]。而錄音著作經公開演出者，錄音著作人得請求公開演出之人，**支付使用報酬**（著 26 III）。例如：在百貨公司、餐廳、賣場等公共場所播放錄音帶、唱片、CD，被播放的錄音帶、唱片、CD 的錄音著作人，可以請求播放人，支付使用報酬，此即**錄音著作公開演出之使用報酬請求權**[35]。這種使用報酬請求權屬於《民法》上的債權關係。換言之，如果使用該錄音著作公開演出者，沒有依照錄音著作人的請求而支付該項報酬，並不發生侵害著作權的民事損害賠償責任。

2-7.6 　公開傳輸權

　　「公開傳輸權」是指**以有線電、無線電之網路或其他通訊方法，藉聲音或影像向公眾提供或傳達其內容的權利**，包括使公眾得於其各

---

[34] 錄影技術問世後，現場表演可以存錄重播，消費者不必非看現場表演不可，但這會影響表演人的收入，甚至就業機會。所以，為保護表演人，給予類似著作權的權利。鄭中人，《智慧財產權法導讀》，頁 75-76。

[35] WPPT 第 15 條：錄音物製作人對其錄音物之公開傳達應享有適當之報酬請求權(equitable remuneration)。

自選定之時間或地點，以上述方法接收著作內容（著 3 ⑩）。著作人專有公開傳輸其著作的權利，但表演人的公開傳輸權較受限制，僅就其經**重製於錄音著作之表演**，專有公開傳輸的權利（著 26 之 1）。

　　公開傳輸與公開口述、公開演出、公開上映、公開播送等單向、同步的傳達著作內容的方式有所差異。易言之，任何人可以在任一時間、地點，接觸到任何人於網路上所提供的各種著作內容。所謂「向公眾提供」，不以利用人實際上確有傳輸或接收行為為必要，只要其**處於可得傳出或接收的狀態**為已足。例如：將著作儲存於網路伺服器，隨時可供他人下載的狀態，而不論他人是否果真下載，即屬公開傳輸。

2-7.7　公開展示權

　　「公開展示權」是指**向公眾展示其著作內容的權利**。不過，只適用在**尚未發行之美術與攝影著作**（著 27）。依據《著作權法》規定，美術著作或攝影著作原件或合法重製物之所有人或經其同意之人，得公開展示該著作原件或合法重製物。公開展示之人，為向參觀人解說著作，得於說明書內重製該著作（著 57）。

　　所以，對於已經發表的美術或攝影著作，例如，在網頁上公開自己的攝影或美術作品，卻沒有註明「非經授權、禁止轉載」的聲明，即等於一種公開展示，若有人將該作品超連結至其他網站，則無侵害公開展示權。因此，有論者就認為如此一來，美術或攝影著作人將其作品散布，就失去公開展示權，相當不合理[36]。

---

[36]　鄭中人，《智慧財產權法導讀》，頁 89。

2-7.8 改作權

「改作權」是指**以翻譯、編曲、改寫、拍攝影片或其他方法就原著作另為創作的權利**（著 3 ⑪）。著作人專有就其著作改作成衍生著作的權利。但表演不適用之（著 28）。就原著作改作之創作為衍生著作，以獨立之著作保護之。衍生著作之保護，對原著作之著作權不生影響（著 6）。

網路上常有網友發揮 kuso 精神，如將無間道電影改作成搞笑的情節與對白，雖然是博君一笑，但嚴格言之，除非合乎合理使用的規定（如改作後，仍具有新創性，其反諷對話亦未影響電影在市場上的商業利益），否則即屬未經授權而擅自改作，侵害著作財產權，假若因此使片商名譽受損，亦構成對其著作人格權（破壞著作內容的同一性）的侵害。

2-7.9 編輯權

著作人專有就其著作編輯著作的權利。但表演不適用之（著 28）。所謂編輯著作是指**就資料的選擇及編排具有創作性的著作**。所以，編輯人即使花費諸多心血，辛勤流汗地選擇、編排著作，但如果未能達到創作性（即法律獨立保護編輯著作的要件），仍舊無法受到《著作權法》保護。例如：事實性的資料庫、工商名錄、電話簿、氣象資料等。

另，編輯著作是以選擇、編排為方法的創作，因此編輯的性質應該屬於一種**重製**他人著作或資料的行為，被選擇的著作如有著作權，必須取得入選著作之著作權人同意。因此，有認為編輯權不是個獨立的權利，而係屬重製權的範疇[37]。

---

[37] 鄭中人，《智慧財產權法導讀》，頁 90。

2-7.10 　出租權

　　著作人除本法另有規定外，專有**出租其著作**之權利。表演人就其經重製於**錄音著作之表演**，專有出租之權利（著 29）。出租也屬於散布的型態，但並不是以移轉所有權的方式為之。著作原件或其合法重製物之所有人，得出租該原件或重製物。**但錄音著作及電腦著作，不適用之。**如果是附含於貨物、機器或設備之電腦程式重製物，隨同貨物、機器或設備合法出租且**非該項出租之主要標的**物者，則仍得出租（著 60）。

2-7.11 　散布權

　　著作人專有**以移轉所有權之方式，散布其著作之權利。表演人就其經重製於錄音著作之表演，專有以移轉所有權之方式散布之權利**（著 28-1）。所謂「散布」是指**有體物**的散布，不問有償或無償，將著作之原件或重製物，如光碟、錄音帶、影碟、紙張文件，而依買賣、贈與、出租、出借的方式，**提供公眾交易或流通**（著 3 I ⑫）[38]。

　　另，在中華民國管轄區域內取得著作原件或其合法重製物所有權之人，得以移轉所有權之方式散布之（著 59 之 1）。例如：著作人將自己的著作，賣給在臺灣的甲，甲取得著作原件的所有權，甲可以再賣給乙，並不需要得到原著作人的同意。

2-7.12 　輸入權

　　著作人享有輸入授權重製之重製物、著作原件或其重製物的權利。輸入未經著作權人或製版權人授權重製之重製物或製版物者（著

---

[38] 在網際網路上提供著作給公眾交易或流通，似乎亦為一種散布，但實際上卻因為不是著作之原件或重製物，故非《著作權法》上意義的「散布」。

87 ③）、未經著作權人同意而輸入著作原件或其重製物者，**視為侵害著作權**（著 87 ③、④）。

輸入權是否為著作財產權，有不同看法。實務上認為《著作權法》第 87 條第 4 款的規定，即一般所謂的「禁止真品平行輸入」的規定，其立法目的在賦予著作人市場區隔的權利，使著作人在外國製造的商品，不論國內是否有代理商，任何人若要輸入國內，都需要經過著作人的同意始可，否則視為侵害著作權。不過，這種情況，似乎過於嚴格。所以，2003 年修法時，為了調和著作財產權人之散布權與著作重製物所有人之物權，特別增訂了散布權耗盡原則，即：「在中華民國管轄區域內取得著作原件或其合法重製物所有權之人，得以移轉所有權之方式散布之。」只不過修訂後的條文，**所採取的是國內耗盡原則**，而非全球（國際）耗盡[39]，其結果仍維持原有嚴格限制著作的平行輸入，只不過是對回銷（先出口再進口）的著作物網開一面[40]。

另外，輸入後可否再行出租？此種情形，如果能主張「為供輸入者個人非散布之利用或屬入境人員行李之一部分而輸入著作原件或一定數量重製物者」（著 87 之 1 I ③）而為**合法重製物**時，則可適用《著作權法》第 60 條，出租該著作物。反之，如果違反第 87 條的規定，則為**違法輸入，不得出租**，如果是故意侵害，則構成《著作權法》第 92 條之罪。

---

[39] 「國內耗盡原則」通常會搭配禁止平行輸入的規定，亦即只有在國內首次流通的著作物才會喪失散布權，如果未經同意而輸入在國外首次流通的著作物，著作權人在國內的散布權並未消失，仍然可以行使散布權而禁止平行輸入。但若採「國際耗盡原則」，則縱使著作物是在國外首次銷售，散布權仍歸於消滅，自不能禁止他人平行輸入。請參閱蔡如琪，〈著作權法上平行輸入影碟出租問題之研究〉，《法令月刊》，57 卷 2 期，2006 年 2 月，頁 74。

[40] 劉孔中，〈公平法與智慧財產權法的衝突與調和〉，《月旦法學雜誌》，104 期，2004 年 1 月，頁 99。

所以，如果從國外輸入真品，除合乎免責規定外（著 87 之 1），最好還是不要有任意散布、販賣[41]或出租[42]的營利行為，否則該行為還是會受到處罰。

2-8　著作財產權的存續期間

2-8.1　自然人為著作人的著作

(1) 著作財產權，除《著作權法》另有規定外，存續於著作人**之生存期間及其死亡後 50 年**。著作於著作人死亡後 40 年至 50 年間首次公開發表者，著作財產權之期間，自**公開發表時起存續 10 年**（著 30）。

(2) 別名著作或不具名著作之著作財產權，存續至**著作公開發表後 50 年**。但可證明其著作人死亡已逾 50 年者，其著作財產權消滅。此一規定，於著作人之別名為眾所周知者，不適用之（著 32）。

(3) **攝影、視聽、錄音及表演**之著作財產權存續至**著作公開發表後 50 年**。但可證明其著作人死亡已逾 50 年者，其著作財產權消滅（著 34）。

2-8.2　法人為著作人的著作

法人為著作人之著作，其著作財產權存續至其**著作公開發表後 50 年**。但著作在創作完成時起算 50 年內未公開發表者，其著作財產權存續至**創作完成時**起 50 年（著 33）。

---

[41] 最高法院 88 年度臺非字第 17 號判決，認為轉售違法。

[42] 最高法院 87 年度臺非字第 397 號判決，認為出租合法輸入之真品並不違法。

2-8.3 共同著作

共同著作之著作財產權，存續至**最後死亡之著作人死亡後 50 年**。又由於法人也可以為著作人，為避免著作財產權存續期間因為著作人為自然人或法人而長短不一，產生分歧，其著作權期間應依《著作權法》第 30 條或第 33 條之規定計算，並類推適用第 31 條的規定，存續至**最後屆滿之期間為止**[43]（著 31）。

著作類型	期間存續的原則規定	但書規定
自然人的著作（攝影、視聽、錄音及表演之著作除外）	著作人之生存期間及其死亡後 50 年。	著作於著作人死亡後 40 年至 50 年間首次公開發表者，著作財產權之期間，自公開發表時起存續 10 年。
別名著作或不具名著作	存續至著作公開發表後 50 年。	著作人死亡已逾 50 年者，其著作財產權消滅。
攝影、視聽、錄音及表演之著作	存續至著作公開發表後 50 年。	著作人死亡已逾 50 年者，其著作財產權消滅。
法人的著作	存續至著作公開發表後 50 年。	著作在創作完成時起算 50 年內未公開發表者，其著作財產權存續至創作完成時起 50 年。
共同著作	存續至最後死亡之著作人死亡後 50 年。	
著作人格權無期間限制，永遠存續。		

---

[43] 經濟部智慧財產局 2000 年 3 月 13 日(89)智著字第 89001367 號函。

2-8.4　存續期間的計算方式

　　第 30 條至第 34 條所定存續期間，**以該期間屆滿當年之末日為期間之終止**。即是以著作權期間屆滿當年的年底（12 月 31 日）為期間的終止日。繼續或逐次公開發表之著作，依公開發表日計算著作財產權存續期間時，如各次公開發表能獨立成一著作者，著作財產權存續期間自各別公開發表日起算。如各次公開發表不能獨立成一著作者，以能獨立成一著作時之公開發表日起算；如繼續部分未於前次公開發表日後 3 年內公開發表者，其著作財產權存續期間自前次公開發表日起算（著 35）。

2-9　著作財產權的讓與

　　著作財產權的讓與是指**著作人得將其著作財產權的全部或部分讓與他人或與他人共有。著作財產權之受讓人，在其受讓範圍內，取得著作財產權**。著作財產權讓與之範圍依當事人之約定，其約定不明之部分，**推定為未讓與**（著 36）。所以，著作財產權具有可分性，著作人得以契約約定全部或一部的讓與，讓與的範圍，應以當事人立約的真實意思為準，如果約定不明時，推定為未讓與，以保護著作人。例如：甲可以在契約中約定將所有的著作財產權讓與乙，但也可以保留部分著作財產權，如保留公開演出權、公開上映權，但讓與重製權、公開傳輸權給乙，如果讓與公開播送權給乙，在契約中約定不明時，推定為未讓與。

　　著作財產權的讓與，可分別情形為：

(1) 限定特定著作財產權的讓與：例如著作人專就重製權為讓與。

(2) **限定地域而讓與**：例如，美國好萊塢電影商採分區讓與模式，給臺灣某電影商取得在臺灣的公開播送權、公開上映權，而保留其他地區，如在大陸地區公開播送的權利。

(3) **限定語言而讓與**：例如，國外書商將英文小說翻譯為中文版、法文版、日文版，分別讓與給不同的出版社。

(4) **限定時間而讓與**：例如，伴唱帶業者將著作財產權讓與給 KTV 業者 3 年，期間屆滿則權利回歸原權利人。

所以，著作人要讓與著作財產權時，最好有書面契約的約定，以釐清雙方的權利義務。而當某種著作財產權讓與給他方時，他方即為受讓人，取得著作財產權，原著作權人則喪失處分著作財產權的權能，**此與授權不同**。「授權」是著作人將著作財產權授權給他方，他方在**授權範圍內**利用該著作，而原著作人雖然在著作財產權上受到限制，但不會因此喪失著作財產權。

2-10　著作財產權的授權

利用他人著作，除非該著作屬於「孤兒著作」，**即該著作權人不明或失聯，利用人找不到著作權人洽商授權事宜**[44]，否則即應取得授權。根據《著作權法》規定，著作財產權人得授權他人利用著作，其授權利用之地域、時間、內容、利用方法或其他事項，依當事人之約定，其約定不明之部分，**推定為未授權**。授權不因著作權人嗣後將其著作財產權讓與或再為授權而受影響（著 37 I、II）。

---

[44] 雖然利用人使用孤兒著作，著作權人未必知道，即使知道也未必會控以著作侵權。就算主張著作侵權，利用人可能也會主張合理使用。但假若因為著作利用的權利不穩定，而使利用人不願承擔合理使用的風險，那麼對著作文化產業言，恐怕會造成知識傳布的障礙，這些都造成著作授權的難題。盧文祥，〈著作採用創新授權機制衍生價值共享之探討〉，《政大智慧財產評論》，5 卷 1 期，2007 年 4 月，頁 5-6。

　　著作財產權的授權，有非專屬授權、專屬授權、強制授權與法定授權。

2-10.1　非專屬授權

　　「非專屬授權」(non-exclusive license)是指**雙方在授權契約中約定，被授權人非經著作財產權人同意，不得將其被授與之權利再授權給第三人利用**（著 37 III）。換言之，被授權人並未取得獨占地位，著作財產權人得重複授權給其他人利用，但如果被授權人要再授權給其他人（次授權），仍須取得著作財產權人的同意。

　　例如：著作財產權人甲與乙簽訂非專屬授權契約，甲仍然可以相同的權利，再授權給丙，而乙除非經過甲的同意，否則不能將被授權的權利再授權給其他人利用。

2-10.2　專屬授權

　　「專屬授權」(exclusive license)是指**獨占且排它的授權**，**雙方在授權契約中約定著作財產權人不得再授權第三人，以相同條件利用該著作**。易言之，在專屬授權的特約中，被授權人享有獨占利用權，其在被授權範圍內，得以著作財產權人的地位行使權利，並得**以自己名義**為訴訟上的行為。著作財產權人在專屬授權範圍內，不得行使權利（著 37 IV）。因此，在專屬授權的情形，著作財產權人若同意被授權人可以再為授權給其他人，可以在授權契約中**事先約定次授權**的同意。

　　例如：著作財產權人甲與乙簽訂專屬授權契約，則甲不得再授權給丙、丁、戊利用該同一著作，若甲違約，則乙可依債務不履行向甲請求損害賠償。若甲乙雙方有事先約定再次授權的概括同意，則乙得再授權給其他人。

2-10.3　強制授權

「強制授權」（compulsory license)是指在某種正當需要的條件下，**著作利用人得向主管機關提出申請，並給付使用報酬後，即可利用該著作，而不需要向著作財產權人取得授權。**

目前，《著作權法》僅針對**音樂著作**設有強制授權的規定[45]，亦即錄有音樂著作之銷售用錄音著作發行滿 6 個月，欲利用該音樂著作錄製其他銷售用錄音著作者，經申請著作權專責機關許可強制授權，並給付使用報酬後，得利用該音樂著作，另行錄製。音樂著作強制授權許可、使用報酬之計算方式及其他應遵行事項之辦法，由主管機關定之[46]（著 69）。以強制授權利用音樂著作，主要是考慮著作人在本國之正當需求，而非干涉市場經濟或圖利著作利用人，因此不得將其錄音著作之重製物銷售至中華民國管轄區域外（著 70）。另為了兼顧公共利益，著作利用人取得強制授權之許可後，發現其申請有虛偽情事者，著作權專責機關應撤銷其許可；若未依著作權專責機關許可之方式利用著作者，著作權專責機關應廢止其許可（著 71）。

由於，強制授權是根據《著作權法》強制授權給著作利用人，著作人僅能得到金錢上的報酬，而無法拒絕。在開發中或未開發國家往往為了保護本國著作產業，承認重製權與翻譯權的強制授權，但強制授權的極端，卻往往是犧牲著作權人的經濟利益，對整體的著作權保護未盡公平。反之，如果是站在著作權人優勢地位，妨害公共利益，也甚為不妥。例如：某德國醫藥公司，兩度向具有藥品銷售資訊資料庫的著作權人（廠商），請求使用資料庫的授權，但卻被拒絕。後來經歐盟執委會議決，認為該著作權人係**濫用著作權優勢地位**，進而裁

---

[45] 在 1992 年修訂的《著作權法》第 67 條、第 68 條，尚規定有翻譯權的強制授權，至 1998 年修訂《著作權法》時廢止。

[46] 經濟部智慧財產權局頒訂有〈音樂著作強制授權申請許可及使用報酬辦法〉。

決強制授權，使該醫藥公司得使用藥品資訊資料庫[47]。因此，強制授權事項應該在著作權人與公共利益間，謀求平衡。

2-10.4　法定授權

「法定授權」(statutory license)是指依照《著作權法》明定在某種情況下得利用他人已經公開發表的著作，並不需要事先經過著作人的同意，也不需要向政府申請授權，但需要支付使用報酬。

例如：《著作權法》第 47 條規定：「為編製依法規應經審定或編定之教科用書，編製者得**重製、改作或編輯**已公開發表之著作，並得公開傳輸該教科用書。前項規定，除公開傳輸外，於該教科用書編製者編製附隨於該教科用書且專供教學之人教學用之輔助用品，準用之。前二項情形，**利用人應將利用情形通知著作財產權人並支付使用報酬**；其使用報酬率，由主管機關定之。」

「法定授權」與「合理使用」不同，法定授權需要支付使用報酬，且可能為營利使用，合理使用則通常不需要支付使用報酬，亦非營利上使用；「法定授權」與「強制授權」也不同，法定授權是利用人向著作人支付使用報酬，**並不需要經過主管機關許可**，利用人使用該著作並非侵害著作權，而是由著作人取得**債權上的報酬請求權**。所以，如果利用人並未向著作權人支付使用報酬，應負債務不履行的民事責任。而強制授權，則需要主管機關的許可後，並給付使用報酬後，始得利用。

另外，為避免社會大眾動輒因為著作「二次利用」或「二次播送」行為，引致刑罰。2010 年《著作權法》修訂第 37 條第 6 項，規定有下列情形之一者，不適用第 7 章的規定（即無刑事處罰）。但屬於著作權集體管理團體管理之著作，不在此限：

---

[47] 李素華，〈智財權人拒絕授權構成優勢地位濫用－歐洲法院確立判斷標準〉，《科技法律透析》，16 卷 7 期，2004 年 7 月，頁 11-12。

(1) 音樂著作經授權重製於電腦伴唱機者，利用人利用該電腦伴唱機公開演出該著作。

(2) 將原播送之著作**再公開播送**。

(3) 以擴音器或其他器材，將**原播送之聲音或影像向公眾傳達**。

(4) 著作經授權重製於廣告後，由廣告播送人就該廣告為公開播送或同步公開傳輸，向公眾傳達（著 37 VI）。

2-11 著作財產權的行使與消滅

2-11.1 著作財產權的行使

著作財產權的行使在共同著作各著作人的應有部分，依共同著作人間之約定定之；無約定者，**依各著作人參與創作之程度定之**。各著作人參與創作之程度不明時，推定為均等。共同著作之著作人拋棄其應有部分者，其應有部分由其他共同著作人依其應有部分之比例分享之，此一規定，於共同著作之著作人死亡無繼承人或消滅後無承受人者，準用之（著 40）。

共有之著作財產權，非經著作財產權人全體同意，不得行使之；各著作財產權人非經其他共有著作財產權人之同意，不得以其應有部分讓與他人或為他人設定質權。各著作財產權人，無正當理由者，不得拒絕同意。共有著作財產權人，得於著作財產權人中選定代表人行使著作財產權。對於代表人之代表權所加限制，**不得對抗善意第三人**（著 40 之 1）。

著作財產權人投稿於新聞紙、雜誌或授權公開播送著作者，除另有約定外，**推定僅授與刊載或公開播送一次之權利**，對著作財產權人

之其他權利不生影響（著 41）。例如，投稿報社論壇，如果沒有其他約定，則報社僅取得刊載一次的授權，如果該報社還需要彙編成其他文章選集，還是需要再取得投稿人的授權。

2-11.2 著作權利的消滅

著作財產權因存續期間屆滿而消滅。於存續期間內，有下列情形之一者，亦同：

(1) 保護期間屆滿。

(2) 著作財產權人死亡，其著作財產權依法應歸國庫者。

(3) 著作財產權人為法人，於其消滅後，其著作財產權依法應歸於地方自治團體者。

著作財產權消滅之著作，除本法另有規定外，任何人均得自由利用（著 42），此即一般所謂落入「公共領域」(public domain)之著作，不再受《著作權法》保護。

2-12 著作財產權的限制與合理使用的判斷基準

2-12.1 合理使用的意義

「合理使用」(fair use)是指在合理的範圍內，**得使用他人已經公開的著作，而不構成對著作權的侵害**。國際間所以承認合理使用，主要是考慮公共利益與個人權利間的平衡。有關「合理使用」的法律性質有如下三種看法：

(1) 權利限制說：認為法律固然保障著作人的著作財產權，但同時也兼顧社會公共利益。所以，法律容許在某些情況下，即使他人未

經著作人同意授權，仍可使用其著作，不構成侵權，亦即是對著作財產權人的合理限制。

(2) 侵權行為阻卻說：認為未經著作財產權人同意而使用其著作，本質上屬於侵權行為，只不過法律上對此種行為予以違法阻卻，而不構成侵權行為。

(3) 使用者權利說：認為法律賦予他人得未經著作財產權人同意而使用其著作，已經考慮著作人的個人利益與公共利益的合理均衡，所以，使用人實際上是行使法律所定的合理使用的權利。

從《著作權法》的目的言，是為了兼顧個人權利與公共利益的平衡，亦即在法律保護個人的權利下，也能夠維持知識共享的理念。因此，將合理使用當成不法侵權的本質，而後再以法律特別規定阻卻之，其實反而使合理使用的本質在「合理合法」或「合理卻不法」當中搖擺，未能釐清合理使用的本質；而「使用者權利說」法律賦予權利，讓未經得到著作財產權人授權之人，能因此獲得合法使用的權利主張，但這種觀點，似乎又使著作財產權人的權利陷於不穩定，因為他人反而能因為法律賦予的合理使用權來對抗著作財產權人。

所以，從權利的一貫性、穩定性言，「合理使用」應當是**法律對著作財產權的一種限制**，使著作權人在法律規定的一定範圍內，**不能主張他人侵害其著作財產權**[48]。所以，利用人的合理使用行為本為合法，即非侵權行為的阻卻，且合理使用也並非得主張使用的權利，而是著作人的**著作財產權**受到了限制，致不能主張他人侵權。我國《著作權法》第 3 章第 4 款標題為「著作財產權之限制」，從第 44 條至第

---

[48] TRIPS 第 13 條規定：「各成員對專有權作出的任何限制或例外規定，應限於某種特殊情況，且不會對作品的正常利用相衝突，也不會不合理地損害權利持有人的合法利益。」此即所謂「三階段測試原則」(three-step test)，也就是：①限定於特殊情況。②未與著作的正常利用相衝突。③沒有不合理地侵害著作權人的合法權利。

64 條條文中對某些特定情況，又多出現「在合理範圍內，得…」的文字，即是我國《著作權法》中有關合理使用的規定。

另，著作之合理使用，不構成著作財產權之侵害（著 65 I），其僅對著作人的著作財產權有所限制，**對著作人的著作人格權不生影響**（著 66），不會因為沒有明示出處（姓名表示），將原本符合著作財產權合理使用的行為，變成侵權行為。

2-12.2　著作合理使用的判斷基準

雖然，《著作權法》已經列舉了若干合理使用的情形，但社會大眾利用著作的行為卻是千奇百怪，如果利用行為有造成著作財產權侵害之虞時，極可能產生爭議。所以《著作權法》在第 65 條第 1 項規定「著作之合理使用，不構成著作財產權之侵害」的概括條款，在第 2 項則規定著作之利用是否合於第 44 條至第 63 條所定之合理範圍或其他合理使用之情形，應審酌一切情狀，尤應注意下列事項，以為判斷之基準：

(1) 利用的目的或性質，包括係為商業目的或非營利教育目的。

(2) 著作的性質。

(3) 所利用對質量及其整個著作所占之比例。

(4) 利用結果對著作潛在市場與現在價值的影響。

著作權人團體與利用人團體就著作之合理使用範圍達成協議者，得為上述判斷之參考。協議過程中，得諮詢著作權專責機關之意見（著 65 III、IV）。

實務上，法院應就上述四款判斷基準，全部一一加以審視，以決定是否構成合理使用。另在學說上引起討論者，乃是第 65 條第 1 項既然已經規定著作之合理使用，不構成著作財產權之侵害。但在第 91 條第 3 項又規定「著作僅供個人參考或合理使用者，不構成著作權侵

害」，那麼「個人參考」是否為「合理使用」之外的另一種免責理由。換言之，如果個人在合理的範圍內重製他人著作，而供自己研究、教學使用，固然要看是否合於《著作權法》中有關合理使用的規定。但如果是個人為了使用自己所有的著作物，可否基於**供自己個人參考為理由**而備份，並主張這也是一種合理使用？例如：我已經購買了一片合法的 CD，但是我在旅遊、出差或開車時也希望能夠聽到這些歌曲，那麼我可不可以複製成 MP3 或 CD，以避免原本的 CD 毀損，同時也方便隨時都可以聽到我喜歡的歌曲？

依照著作權與著作物的區別，取得 CD 物之所有權，並不代表也取得了 CD 錄音著作及音樂著作權，所以理論上並不能擅自重製這些歌曲。但是，我已經有一片合法購買的 CD，重製的原因是僅供自己個人使用，沒有營利或其他散布的行為，也不影響該著作的市場價值，所以即使不合乎《著作權法》所列出的「合理使用」條款，但似乎也可以主張「個人參考」或「個人使用」並沒有侵害著作權。

不過，智慧財產局還是堅持：「第 91 條第 4 項（現為第 3 項）所謂『僅供個人參考』僅在強調既有第 44 條至第 65 條合理使用條文中，與個人參考有關之事項，並未擴大既有合理使用條文之範圍，故**並未在既有合理使用制度之外，另行創設一個刑事免責之範圍**」、「第 91 條第 4 項『僅供個人參考』之規定（現為第 3 項），乃屬合理使用之**例示規定**，本身並未擴大或限縮第 44 條至第 65 條合理使用之範圍，於判斷有無違反第 91 條之 1、第 92 條、第 93 條及第 94 條規定時，仍應判斷有無第 44 條至第 65 條規定，構成合理使用，以決定其是否違反各該條規定。」

智慧財產局所稱「僅供個人參考」是在**強調第 44 條至第 65 條合理使用條文中，與個人參考有關之事項**，其情形可列表如下：

未擁有著作物所有權的個人使用	1. 個人研究之用：供公眾使用之圖書館、博物館、歷史館、科學館、藝術館、檔案館或其他典藏機構，應閱覽人供個人研究之要求，重製已公開發表著作之一部分，或期刊或已公開發表之研討會論文集之單篇著作，每人以一份為限。但不得以數位重製物提供之（著 48 I ①）。 2. 供個人非營利之用：供個人或家庭為非營利之目的，在合理範圍內，得利用圖書館及非供公眾使用之機器重製已公開發表之著作（著 51）。
擁有著作物所有權的個人使用	1. 供個人自行使用：合法電腦程式著作重製物之所有人得因配合其所使用機器之需要，修改其程式，或因備用存檔之需要重製其程式。但限於該所有人自行使用（著 59 I）。 2. 供個人非散布利用：為供輸入者個人非散布之利用或屬入境人員行李之一部分而輸入著作原件或一定數量重製物者（著 87 之 1 I ③）。

2-13　合理使用的類型

　　根據《著作權法》，著作供個人參考或合理使用者，並不會構成對著作權的侵害（著 91 III），其可類型化如下：

2-13.1　基於政府機關運用為目的之合理使用

(1) 因立法或行政目的，重製、翻譯他人著作：中央或地方機關，因立法或行政目的所需，認有必要將他人著作列為**內部參考資料**時，在合理範圍內，得重製他人之著作。但依該著作之種類、用途及其重製物之數量、方法，有害於著作財產權人之利益者，不在此限（著 44）。例如：立法機關為立法上的參考，將他人著作印製後發給立法機關人員，列為內部參考資料。

(2) **因司法程序使用目的，重製、翻譯他人著作**：專為司法程序使用之必要，在合理範圍內，得重製他人之著作。但依該著作之種類、用途及其重製物之數量、方法，有害於著作財產權人之利益者，不在此限（著 45、44）。例如：當事人在法院審理時，為準備言詞辯論而影印法律教科書上的論述作為法庭上的主張。

2-13.2 基於教育目的之合理使用

(1) **因學校授課目的，重製、改作、散布他人著作**：依法設立之各級學校及其擔任教學之人，為學校授課目的之必要範圍內，得重製、公開演出或公開上映已公開發表之著作。前項情形，經採取合理技術措施防止未有學校學籍或未經選課之人接收者，得公開播送或公開傳輸已公開發表之著作（著 46 I、II）。例如：教師為準備講義，製作教材，影印他人發表的文章，將他人發表的圖表或照片做成幻燈片；或者將廣播節目錄下來，將電視節目轉錄成錄影帶，或是遠距教學、線上學習時，已採取合理技術措施防止未有學校學籍或未經選課之人接收，連結網站中的短片、音樂或貼文照片作為授課教材等等。但不能超過合理範圍，例如將整本書影印給同學。又，為學校授課目的而利用他人著作時，亦得改作、散布該著作（著 63 II、III）。此外，依法設立之各級學校或教育機構及其擔任教學之人，為教育目的之必要範圍內，得公開播送或公開傳輸已公開發表之著作。但有營利行為者，不適用之。前項情形，除符合前條第二項規定外，利用人應將利用情形通知著作財產權人並支付適當之使用報酬（著 46-1）。

(2) **因編製教科書目的，重製、編輯他人著作**：為編製依法規應經審定或編定之教科用書，編製者得重製、改作或編輯已公開發表之著作，並得公開傳輸該教科用書。例如，編製音樂教科書所附的

錄音帶、教師手冊、教學媒體、教具等。又，除公開傳輸外，於該教科用書編製者編製附隨於該教科用書且專供教學之人教學用之輔助用品，準用之。利用人應將利用情形通知著作財產權人並支付使用報酬。使用報酬率，由主管機關定之（著 47）。又此種利用他人著作的情形，亦得散布該著作（著 63 III）[49]。

(3) **為教學目的之引用、翻譯、散布**：為報導、評論、教學、研究或其他正當目的之必要，在合理範圍內，得引用已公開發表之著作（著 52），但應該明示其出處，並就著作人之姓名或名稱，除不具名著作或著作人不明者外，應以合理之方式為之（著 64）。「引用」通常是**自己已經有著作**，而在其著作中使用他人著作的一部分或全部，如果只有他人的著作，則可能構成抄襲，並非合理使用。

(4) **為增進身體障礙者福利目的的重製或利用、翻譯、散布**：中央或地方政府機關、非營利機構或團體、依法立案之各級學校，為專供視覺障礙者、學習障礙者、聽覺障礙者或其他感知著作有困難之障礙者使用之目的，得以翻譯、點字、錄音、數位轉換、口述影像、附加手語或其他方式利用已公開發表之著作。前項所定障礙者或其代理人為供該障礙者個人非營利使用，準用前項規定。依前二項規定製作之著作重製物，得於前二項所定障礙者、中央或地方政府機關、非營利機構或團體、依法立案之各級學校間散布或公開傳輸（著 53）。

---

[49] 雖然條文上有「合理範圍內」，但合理使用一般並不需要特別去支付使用報酬。而且這種情況也不需要由政府許可，亦非強制授權，而是由政府所定費率支付著作權人，性質上為法定授權的一種。

(5) 供法令舉辦考試試題的重製、翻譯、散布：中央或地方機關、依法設立之各級學校或教育機構辦理之各種考試，得重製已公開發表之著作，供為試題之用。但已公開發表之著作如為試題者，不適用之（著 54）。例如：學校舉辦期中考試時，老師將他人文章取一段作為中翻英的試題，或是將他人語言錄製下來，作為聽力測驗的題目。另，大學學測（教育機構舉辦的入學考試）將網路上的文章作為試題，只要不是直接引用他人編著的試題，原則上都可以主張合理使用。

2-13.3　基於學術研究為目的之合理使用

(1) 典藏機構收藏著作的重製、翻譯、散布：供公眾使用之圖書館、博物館、歷史館、科學館、藝術館、檔案館或其他典藏機構，於下列情形之一，得就其收藏之著作重製之：一、應閱覽人供個人研究之要求，重製已公開發表著作之一部分，或期刊或已公開發表之研討會論文集之單篇著作，每人以一份為限。但不得以數位重製物提供之（著 48 I①）。而且圖書館等文教機構為研究利用（重製或引用）他人著作時，亦得翻譯、散布該著作（著 63 I、III①②③）。

(2) 已公開發表著作摘要的重製、翻譯、散布：中央或地方機關、依法設立之教育機構或供公眾使用之圖書館，得重製下列已公開發表之著作所附之摘要：①依《學位授予法》撰寫之碩士、博士論文，著作人已取得學位者。②刊載於期刊中之學術論文。③已公開發表之研討會論文集或研究報告（著 48 之 1），亦得翻譯、散布該著作（著 63 II、III）。

(3) **為研究目的之引用、翻譯、散布**：為報導、評論、教學、研究或其他正當目的之必要，在合理範圍內，得引用已公開發表之著作（著 52）。但應該明示其出處，並就著作人之姓名或名稱，除不具名著作或著作人不明者外，應以合理之方式為之（著 64），亦得翻譯、散布該著作（著 63 I、III）。

2-13.4　基於保存文化、藝術資產為目的之合理使用

(1) **就典藏機構保存著作的重製、散布**：供公眾使用之圖書館、博物館、歷史館、科學館、藝術館、檔案館或其他典藏機構，基於避免遺失、毀損或其儲存形式無通用技術可資讀取，且無法於市場以合理管道取得而有保存資料之必要者；或就絕版或難以購得之著作，應同性質機構之要求者；**數位館藏合法授權期間還原著作之需要者**，得就其收藏之著作重製之（著 48 I ②③④），亦得散布該著作（著 63 III）。

(2) **美術或攝影著作的展示及重製、散布**：美術著作或攝影著作原件或合法重製物之所有人或經其同意之人，得公開展示該著作原件或合法重製物。前項公開展示之人，為向參觀人解說著作，得於說明書內重製該著作，亦得散布該說明書（著 57、63 III）。此處的「公開展示」**指未公開的美術及攝影著作**，對於已經公開發表過的美術及攝影著作，原著作人已無公開展示權，因此任何人均得公開展示。

(3) **戶外場所長期展示美術著作或建築著作的利用、散布**：於街道、公園、建築物之外壁或其他向公眾開放之戶外場所長期展示之美術著作或建築著作，除下列情形外，**得以任何方法利用**、散布該著作：①以建築方式重製建築物。②以雕塑方式重製雕塑物。③

為於本條規定之場所長期展示目的所為之重製。④專門以販賣美術著作重製物為目的所為之重製（著 58、63III）。例如，在美術館前，販賣複製的美術圖畫或雕塑品，即不能主張合理使用。

2-13.5 基於資訊流通為目的之合理使用

(1) **因時事報導而利用、翻譯、散布著作**：以廣播、攝影、錄影、新聞紙、網路或其他方法為時事報導者，在報導之必要範圍內，得利用其報導過程中所接觸之著作（著 49、63 I、III）。例如：記者採訪某畫家所舉辦的畫展，拍攝到會場所展出的畫作，或報導音樂會，拍攝到宣傳海報等。另所謂「時事報導」，應包含單純報導及推論或判斷等要素，如果不加以揀選或整理，而全部照錄，則屬重製，而非報導[50]。

(2) **以機關或公法人公開發表著作的重製、公開播送、公開傳輸或翻譯、散布**：以中央或地方機關或公法人之名義公開發表之著作，在合理範圍內，得重製、公開播送或公開傳輸、散布（著 50、63 I、III）。

(3) **為報導、評論、教學、研究目的之引用或翻譯、散布**：為報導、評論、教學、研究或其他正當目的之必要，在合理範圍內，得引用已公開發表之著作（著 52），亦得翻譯、散布該著作，但**應該明示其出處**，並就著作人之姓名或名稱，除不具名著作或著作人不明者外，應以合理之方式為之（著 63 III、64）。

(4) **廣播或電視台對著作的錄音或錄影**：廣播或電視，為公開播送之目的，得以自己之設備錄音或錄影該著作。但以其公開播送業經著作財產權人之授權或合於本法規定者為限。前項錄製物除經著作權專責機關核准保存於指定之處所外，應於錄音或錄影後 6 個

---

[50] 臺灣高等法院 85 年度上訴字第 4501 號刑事判決。

月內銷毀之（著 56）。但如果沒有銷毀，《著作權法》並無刑事
處罰規定。

(5) 社區共同天線播送著作：為加強收視效能，得以依法令設立之社
區共同天線同時轉播依法設立無線電視臺播送之著作，不得變更
其形式或內容（著 56 之 1）。

**(6) 新聞紙、雜誌或網路揭載時事問題論述的轉載、公開播送或公開
傳輸、翻譯、散布**：揭載於新聞紙、雜誌或網路上有關政治、經
濟或社會上時事問題之論述，得由其他新聞紙、雜誌轉載或由廣
播或電視公開播送，或於網路上公開傳輸。但**經註明不許轉載、
公開播送或公開傳輸者，不在此限**（著 61）。此「轉載」，並無
利用範圍的限制，全部或一部均可，應明示其出處（著 64），且
亦可以翻譯轉載之。另本條是對時事論述之合理使用，與「單純
為傳達事實之新聞報導所做成之語文著作」，不受保護（著 9 I
④），規範目的不同。

(7) 政教上的公開演說或機關公開陳述的利用、翻譯、散布：政治或
宗教上之公開演說、裁判程序及中央或地方機關之公開陳述，任
何人得利用之。但專就特定人之演說或陳述，編輯成編輯著作
者，應經著作財產權人之同意（著 62）。例如，總統談話、政治
人物發表政見、宗教人士傳道等，都可以錄音、錄影、攝影、公
開播送或公開上映等。

2-13.6 基於非營利為目的之合理使用

(1) 個人或家庭非營利目的之重製、改作：供個人或家庭為非營利之
目的，在合理範圍內，得利用圖書館及非供公眾使用之機器重製
已公開發表之著作（著 51），亦得改作該著作（63 II）。

(2) **非營利目的之公開口述、公開播送、公開上映、公開演出或翻譯他人已公開發表之著作**：非以營利為目的，未對觀眾或聽眾直接或間接收取任何費用，且未對表演人支付報酬者，得於活動中公開口述、公開播送、公開上映或公開演出他人已公開發表之著作（著 55）。例如：社交上的慈善會、義賣會、學校園遊會、科學展覽、同學會、同鄉會、郊遊等。此種利用他人著作者，亦得翻譯該著作（著 63 I）。

2-13.7 合法電腦程式著作重製物之所有人的修改或重製之合理使用

合法電腦程式著作重製物之所有人得因配合其所使用機器之需要，修改其程式，或因備用存檔之需要重製其程式。但限於該所有人**自行使用**。所有人因滅失以外之事由，喪失原重製物之所有權者，除經著作財產權人同意外，應將其修改或重製之程式**銷毀**之（著 59）。如果未能銷毀，將被處新臺幣 5 萬元以下罰金（著 96）。

2-13.8 基於著作流通為目的之合理使用

(1) **移轉所有權之散布（散布權利耗盡）**：在中華民國管轄區域內取得著作原件或其合法重製物所有權之人，得以移轉所有權之方式散布之（著 59 之 1）。原本著作人專有以移轉所有權的方式，散布其著作之權利（散布權），所以，如果是**盜版者擅自散布盜版品**（即非法重製物），將構成對著作人散布權的侵害。但法律上為平衡散布權與物權，又採取「散布權耗盡原則」，亦即所取得的是著作原件或合法重製物，所有權人可本於物權（所有權）移轉的行為，將該著作散布出去，而不構成侵權。例如：將自己買來的正版光碟，在網路上販賣，屬於合理使用，並不構成對著作

人之散布權的侵害。但如果是買到出租店販賣的出租光碟，因片商對光碟仍保有所有權，所以無本條的適用，而出租店僅是授權出租光碟，同樣沒有所有權，其販賣出租光碟的行為，將構成侵權。

(2) 合法著作重製物的出租權：著作原件或其合法著作重製物之所有人，得出租該原件或重製物。**但錄音及電腦程式著作，不適用之**。附含於貨物、機器或設備之電腦程式著作重製物，隨同貨物、機器或設備合法出租且非該項出租之主要標的物者，則不適用前述但書的規定（著 60）。

2-14 權利管理電子資訊與防盜拷措施

2-14.1 權利管理電子資訊

「權利管理電子資訊」是**指於著作原件或其重製物，或於著作向公眾傳達時，所表示足以確認著作、著作名稱、著作人、著作財產權人或其授權之人及利用期間或條件之相關電子資訊；以數字、符號表示此類資訊者，亦屬之**（著 3 ⑰）。例如：使用電腦軟體時，在螢幕上呈現的視窗訊息，包括軟體版本、使用者、授權條件、期間，或是網頁上呈現的著作權聲明或版權聲明等。

著作權人所為之權利管理電子資訊，**不得移除或變更**。但在某些情形，屬於技術上必要者，則不在此限，包括：

(1) 因行為時之**技術限制**，非移除或變更著作權利管理電子資訊，即不能合法利用該著作。

(2) 錄製或傳輸系統轉換時，其**轉換技術**上必要之移除或變更。

另，明知著作權利管理電子資訊，業經非法移除或變更者，不得散布或意圖散布而輸入或持有該著作原件或其重製物，亦不得公開播送、公開演出或公開傳輸（著 80 之 1）。

2-14.2　防盜拷措施

「防盜拷措施」是指**著作權人所採取有效禁止或限制他人擅自進入或利用著作之設備、器材、零件、技術或其他科技方法**（著 3 ⑱），亦即包括「限制進入」(access control)與「限制利用」(copy control)兩種型態的科技保護措施。所謂「進入」指使用、收聽、收看、閱覽著作的行為，而「利用著作」，指依照《著作權法》第 22 至第 29 條所定涉及著作財產權之行為[51]。著作權人採取禁止或限制他人擅自**進入**著作之防盜拷措施，未經合法授權不得予以破解、破壞或以其他方法規避之（著 80 之 2 I）。所謂破解、破壞或以其他方法規避，包括將已鎖碼(encrypt)者予以解碼(decrypt)，將已混波(scramble)者予以解波(descramble)，或於網際網路上，破解權利人所採行的註冊制度及**其他使原來有效之防盜拷措施歸於無效的規避行為**。

例如，一般安裝電腦軟體，在螢幕上出現要求輸入安裝序號或其他資訊，這些資訊即是電腦業者為防止其軟體被盜拷的科技保護措施。如果有人破解該電腦安裝序號，即是非法破解他人之防盜拷措施。甚者，將破解後的電腦安裝序號上載於網際網路中，任由需要者下載利用，亦屬於違反防盜拷措施的行為。而下載者利用該電腦序號將電腦軟體重製於自己電腦的行為，除侵害他人著作之重製權外，以非法取得之破解安裝序號安裝軟體，也同樣屬於違犯防盜拷措施的行為。

---

[51]　章忠信，〈九十三年新修正著作權法之析疑〉，《萬國法律》，139 期，2005 年 2 月，頁 9。

不過，為兼顧公共利益與科技研究、相容性分析所需，下列情形不適用之（著 80 之 2 III）：

(1) 為維護國家安全者。

(2) 中央或地方機關所為者。

(3) 檔案保存機構、教育機構或供公眾使用之圖書館，為評估是否取得資料所為者。

(4) 為保護未成年人者。

(5) 為保護個人資料者。

(6) 為電腦或網路進行安全測試者。

(7) 為進行加密研究者。

(8) 為進行還原工程者。

(9) 為依第 44 條至 63 條及第 65 條規定利用他人著作者。

(10)其他經主管機關所定情形。

上述各款之內容，由主管機關定之，並定期檢討（著 80 之 2 IV）。據此，經濟部智慧財產局於 2006 年 3 月 23 日公布〈著作權法第 80 條之 2 第 3 項各款內容認定要點〉，並明訂至少每 3 年檢討一次。

依該要點第 13 點，上述所謂「其他主管機關所定情形」，包括：①為查明防止進入網域、網站之商業性過濾電腦程式所阻絕之網路位址名單者。但專為保護電腦或電腦系統，或單純為防止接收電子郵件，而由電腦程式所阻絕的網路位址名單，不在此限。②因電腦程式之硬體鎖故障、損壞或淘汰，致無法進入該程式者。③因電腦程式或數位內容產品所使用之格式業已淘汰，須使用原有媒介或硬體始能進入該程式或產品者。④以電子書型式發行之語文著作，其所有之版

本，包括被授權機構所採行之數位版本，因採用防止電子書啟動讀取功能之接觸控制裝置，使銀幕讀取裝置以特定格式表現，致盲人無法閱讀時，為達成讀取功能者。但如果只是無故輸入他人帳號密碼或破解他人使用電腦的保護措施，則另有《刑法》第 358 條處罰。因為，《著作權法》對於這種情形，並未有刑罰處罰的規定。

「權利管理電子資訊」與「防盜拷措施」，主要是在數位環境中，權利管理電子資訊極容易遭到移除或變更，使其完整性受到破壞，此不但不利接觸使用數位資訊者取得正確資訊，亦不利著作權人。而防盜拷措施，則是為因應生活中普遍存在的破解數位著作的加密措施。這些加密措施是為了管理著作、行銷策略或以保護技術方法為目的，對於著作權人**具有相當的經濟利益**[52]。所以，《著作權法》在 2003 年修訂時，便參酌國際條約相關規定予以規範。

2-15　著作權集體管理團體與著作權審議及調解委員會

2-15.1　著作權集體管理

《著作權法》的立法目的揭示要「保障著作人著作權益，調和社會公共利益，促進國家文化發展」。因此，《著作權法》一方面保障著作權，另一方面也規定對著作權的限制，此無非是希望能達到促進國家文化發展的目的。簡言之，促進著作流通利用乃是著作權的核心[53]。

---

[52] 利用還原工程而公布軟體漏洞資訊是否成立著作侵權？基本上即是凸顯資安研究界與軟體業者於市場實際或潛在利益所可能造成影響的緊張關係。可參閱吳兆琰，〈從國外案例談軟體漏洞資訊公布與著作權防盜拷措施〉，《科技法律透析》，2005 年 6 月，頁 9-12。

[53] 賴文智、王文君，〈Web 2.0 環境對著作權法制的再思考〉，《智慧財產權月刊》，119 期，2008 年 11 月，頁 16。

如何促進著作流通利用，兼顧著作人權益與社會公益，使利用人不致隨時在違法侵權的陰影中，便有賴著作權管理。

著作權管理，一般而言就是授權制度，依照個人或團體區分，可為「個別管理」與「集體管理」。「個別管理」，是利用人自行向著作權人取得授權，而得合法利用（通常是重製、改作）著作；而「集體管理」，則多涉及各種著作權的無形利用，如公開演出、公開播送等[54]。詳言之，著作財產權人為行使權利、收受及分配使用報酬，經著作權專責機關之許可，得組成著作權集體管理團體。專屬授權之被授權人，亦得加入著作權集體管理團體，其許可的設立、組織、職權及其監督、輔導，另以法律定之（著 81）。

依《著作權集體管理團體條例》[55]規定，「著作權集體管理團體」（簡稱集管團體），**指由著作財產權人組成，依本條例許可設立，辦理集管業務，並以團體之名義，行使權利、履行義務之社團法人。**「著作權集體管理業務」（以下簡稱集管業務），**指為多數著作財產權人管理著作財產權，訂定統一之使用報酬率及使用報酬分配方法，據以收取及分配使用報酬，並以管理人之名義與利用人訂定授權契約之業務。**在授權契約上有：

(1) 個別授權契約：指集管團體與利用人約定，集管團體將其管理之特定著作財產權授權利用人利用，利用人支付使用報酬之契約。

(2) 概括授權契約：指集管團體與利用人約定，集管團體將其管理之全部著作財產權授權利用人在一定期間內，不限次數利用，利用人支付使用報酬之契約。

---

[54] 賴文智、王文君，〈Web 2.0 環境對著作權法制的再思考〉，頁 13。

[55] 2010 年 2 月 10 日修正之第 30 條第 2~6 項規定，自 2012 年 2 月 10 日施行。

另，著作財產權人與集管團體約定「管理契約」，由集管團體管理其著作財產權，並將所收受使用報酬分配予著作財產權人之契約。集管團體執行集管業務，得向著作財產權人收取管理費。

2-15.2 著作權審議及調解委員會

著作權專責機關應設置著作權審議及調解委員會，辦理下列事項（著 82）：

(1) 第 47 條第 4 項規定使用報酬率之審議。

(2) 著作權集體管理團體與利用人間，對使用報酬爭議之調解。

(3) 著作權或製版權爭議之調解。其涉及刑事者，以告訴乃論罪之案件為限。

(4) 其他有關著作權審議及調解之諮詢。

著作權專責機關應於調解成立後 7 日內，將調解書送請管轄法院審核。法院應盡速審核調解書，除有違反法令、公序良俗或不能強制執行者外，應由法官簽名並蓋法院印信，除抽存一份外，發還著作權專責機關送達當事人。法院未予核定之事件，應將其理由通知著作權專責機關（著 82 之 1）。調解經法院核定後，當事人就該事件不得再行起訴、告訴或自訴。經法院核定之民事調解，與民事確定判決有同一之效力；經法院核定之刑事調解，以給付金錢或其他代替物或有價證券之一定數量為標的者，其調解書具有執行名義（著 82 之 2）。民事調解經法院核定後，有無效或得撤銷之原因者，當事人得向原核定法院提起宣告調解無效或撤銷調解之訴。前項訴訟，當事人應於法院核定之調解書送達後 30 日內提起之（著 82 之 4）。

2-16　侵害著作權的民事救濟

2-16.1　侵害著作人格權的救濟

　　侵害著作人格權的民事救濟，權利人可主張以下請求權：

(1) 侵害禁止請求權：著作權人或製版權人對於侵害其權利者，得請求排除之，有侵害之虞者，得請求防止之（著 84）。

(2) 損害賠償請求權：侵害著作人格權者，負損害賠償責任。雖非財產上之損害，被害人亦得請求賠償相當之金額（著 85）。非財產上的損害賠償，是因自然人受到精神上的痛苦，故得向法院主張，由法院依據實際情況定之，侵害著作人格權所生財產上的損害賠償，依《民法》第 216 條的規定。

(3) 回復名譽請求權：被害人並得請求表示著作之姓名或名稱，或更正內容或其他回復名譽之適當處分（著 85 II）[56]。

(4) 銷毀或其他處置請求權：因為侵害著作人人格權而為請求時，對於侵害行為作成之物或主要供侵害所用之物，得請求銷毀或為其他必要之處置（著 88 之 1）。

(5) 判決書登載請求權：被害人得請求由侵害人負擔費用，將判決書內容全部或一部登載新聞紙、雜誌（著 89）。

---

[56] 請參見釋字 656 號：民法第 195 條第 1 項後段規定：「其名譽被侵害者，並得請求回復名譽之適當處分。」所謂回復名譽之適當處分，如屬以判決命加害人公開道歉，而未涉及加害人自我羞辱等損及人性尊嚴之情事者，即未違背憲法第 23 條比例原則，而不抵觸憲法對不表意自由之保障。但在 111 年度憲判字第 2 號判決，主文一：民法第 195 條第 1 項後段規定：「其名譽被侵害者，並得請求回復名譽之適當處分。」所稱之「適當處分」，應不包括法院以判決命加害人道歉之情形，始符憲法保障人民言論自由及思想自由之意旨。司法院釋字第 656 號解釋，於此範圍內，應予變更。

2-16.2 侵害著作財產權的救濟

2-16.2.1 請求權的類型

(1) 侵害禁止請求權：著作人或製版權人對於侵害其著作財產權者，得請求排除之，有侵害之虞者，得請求防止之（著 84）。

(2) 損害賠償請求權：因故意或過失不法侵害他人之著作財產權或製版權者，負損害賠償責任。數人共同不法侵害者，連帶負賠償責任（著 88 I）。

(3) 銷毀或其他處置請求權：因為侵害著作財產權而為請求者，對於侵害行為作成之物或主要供侵害所用之物，得請求銷毀或為其他必要之處置（著 88 之 1）。

(4) 判決書登載請求權：被害人得請求由侵害人負擔費用，將判決書內容全部或一部登載新聞紙、雜誌（著 89）。

2-16.2.2 視為侵害著作權

有下列情形之一者，除本法另有規定外，視為侵害著作權或製版權（著 87）：

(1) 以侵害著作人名譽之方法利用其著作者。

(2) 明知為侵害製版權之物而散布或意圖散布而公開陳列或持有者。

(3) 輸入未經著作財產權人或製版權人授權重製之重製物或製版物者。

(4) 未經著作財產權人同意而輸入著作原件或其國外合法重製物者[57]。

---

[57] 《著作權法》第 87 之 1 條：「有下列情形之一者，前條第 4 款之規定，不適用之：(1)為供中央或地方機關之利用而輸入。但為供學校或其他教育機構之利用而輸入或非以保存資料之目的而輸入視聽著作原件或其重製物者，不在此限。(2)為供非營利之學術、教育或宗教機構保存資料之目的而輸入視聽著作原件或一定數量重製物，或為其圖書館借閱或保存資料之目的而輸入視聽著作以外之其他著作原件或一定數量重製物，並應依第 48 條規定利用之。(3)為供輸入者個人非散布之利用或屬入境人員行李之一部分而輸入著作原件或一定數量重製物

(5) 以侵害電腦程式著作財產權之重製物作為營業之使用者。

(6) 明知為侵害著作財產權之物而以移轉所有權或出租以外之方式散布者，或明知為侵害著作財產權之物，意圖散布而公開陳列或持有者。

(7) 未經著作財產權人同意或授權，意圖供公眾透過網路公開傳輸或重製他人著作，侵害著作財產權，對公眾提供可公開傳輸或重製著作之電腦程式或其他技術，而受有利益者。

(8) 明知他人公開播送或公開傳輸之著作侵害著作財產權，意圖供公眾透過網路接觸該等著作，有下列情形之一而受有利益者：

① 提供公眾使用匯集該等著作網路位址之電腦程式。

② 指導、協助或預設路徑供公眾使用前目之電腦程式。

③ 製造、輸入或銷售載有第一目之電腦程式之設備或器材。

　　前項第 7 款、第 8 款之行為人，採取廣告或其他積極措施，教唆、誘使、煽惑、說服公眾利用者，為具備該款之意圖[58]。

者。(4)中央或地方政府機關、非營利機構或團體、依法立案之各級學校，為專供視覺障礙者、學習障礙者、聽覺障礙者或其他感知著作有困難之障礙者使用之目的，得輸入以翻譯、點字、錄音、數位轉換、口述影像、附加手語或其他方式重製之著作重製物，並應依第五十三條規定利用之。(5)附含於貨物、機器或設備之著作原件或其重製物，隨同貨物、機器或設備之合法輸入而輸入者，該著作原件或其重製物於使用或操作貨物、機器或設備時不得重製。(6)附屬於貨物、機器或設備之說明書或操作手冊隨同貨物、機器或設備之合法輸入而輸入者。但以說明書或操作手冊為主要輸入者，不在此限。前項第 2 款及第 3 款之一定數量，由主管機關另定之。」

[58] 民國 108 年 4 月立法院修正第 87 條的原因，主要是近年來部分市售的機上盒或 APP 應用程式，提供民眾方便連結至侵權網站觀看非法影音內容，甚者有業者藉機收取月租費牟取暴利，損害合法業者的權益，也影響數位文創產業的發展。因此，修正條文增列下列三種侵權行為的態樣，以為規範：(1)提供公眾使用匯集該等著作網路位址之電腦程式：例如將匯集非法影音網路連結的 APP 應用程式（俗稱追劇神器）上架到 Google Play 商店、Apple Store 等平臺或其他網站給民眾下載使用。(2)指導、協助或預設路徑供公眾使用前目之電腦程式：例如機上盒雖然沒有內建前述的 APP 應用程式，但卻提供指導或協助民眾安裝；或是在機上盒內提供預設路徑，供民眾安裝使用。(3)製造、輸入或銷售載有第一目之電腦程式之設備或器材：例如：製造、進口或是在市面上銷售內建此類 APP 應用程式的機上盒。明知銷售的機上

▶ 2-16.2.3　損害賠償的計算

因故意或過失不法侵害他人之著作財產權或製版權者，負損害賠償責任。數人共同不法侵害者，連帶負賠償責任（著 88 I）。損害賠償，被害人得依照下列規定**擇一請求**：

(1) **請求具體損害賠償**：依照《民法》第 216 條請求，亦即損害賠償，除法律另有規定或契約另有訂定外，應以填補債權人**所受損害及所失利益**為限。依通常情形，或依已定之計劃、設備或其他特別情事，可得預期之利益，視為所失利益（民 216）。

(2) **請求差額**：被害人不能證明其損害時，得以其行使權利依通常情形可得預期之利益，**減除**被侵害後行使同一權利所得利益之差額，為其所受損害（著 88 II ① 但）。

(3) **請求銷售總利益**：請求侵害人因侵害行為所得之利益（著 88 II ②）。

(4) **請求銷售總價額**：但侵害人不能證明其成本或必要費用時，以其侵害行為所得之**全部收入**，為其所得利益（著 88 II ② 但）。

(5) **請求法院酌定損害賠償**：如被害人不易證明其實際損害額，得請求法院依侵害情節，在新臺幣 1 萬元以上 100 萬元以下酌定賠償額。如損害行為屬故意且情節重大者，賠償額得增至新臺幣 500 萬元（著 88 III）。

盒可供民眾連結侵權內容而仍繼續販售，也會觸法。參見智慧財產局，即時新聞，09:47https://www.moea.gov.tw/MNS/populace/news/News.aspx?kind=1&menu_id=40&news_id=83857（2019/04/16）

金錢賠償	計算方法	
擇一行使	1. 依照《民法》第216條請求。	但被害人不能證明其損害時，得以其行使權利依通常情形可得預期之利益，減除被侵害後行使同一權利所得利益之差額，為其所受損害。
	2. 請求侵害人因侵害行為所得之利益。	但侵害人不能證明其成本或必要費用時，以其侵害行為所得之全部收入，為其所得利益。
請求法院酌定	如被害人不易證明其實際損害額，得請求法院依侵害情節，在新臺幣1萬元以上100萬元以下酌定賠償額。如損害行為屬故意且情節重大者，賠償額得增至新臺幣500萬元。	

2-16.3 損害賠償請求權的消滅時效

侵害著作人格權（著 85）、侵害著作財產權（著 88）之損害賠償請求權，自請求權人知有損害及賠償義務人時起，2 年間不行使而消滅。自有侵權行為時起，逾 10 年者亦同（著 89 之 1）。

另侵害權利管理電子資訊與防盜拷措施，依《著作權法》規定違反第 80 條之 1 或第 80 條之 2 規定，致著作權人受損害者，**負賠償責任**。數人共同違反者，負連帶賠償責任（著 90 之 3 I）。

2-16.4 網路服務提供者的民事免責事由

過去，我國《著作權法》對網路服務業者所提供的服務或設備侵害他人著作權之法律責任問題，並未有所明訂。原本在 2000 年 8 月所提《著作權法》修正草案條文第 87 條之 2，對「網路服務業者之著作權侵害免責規定」曾作出規範，但該條文於各界仍有爭議的情況下，最後修法時並未予以增列[59]，以致形成對網路服務提供者

---

[59] 原提出之修正草案第 87 條之 2：「提供電子傳播網路服務或設備之人，有下列情形之一者，對於他人利用其服務或設備侵害著作權之行為，不負著作權侵害責任：就他人所放置而自己

(Internet Service Provider, ISP)之法律責任，仍須依具體個案適用相關法律。

2008 年 9 月行政院提出《著作權法》部分條文修正草案，在其總說明中指出：「網路科技之發展，固有利著作更為廣泛利用，惟網路複製與傳輸技術之便捷，亦造成侵權行為，此類侵害行為不僅件數龐多，且具擴散特性，著作權人實難對侵害使用者一一進行法律訴追，嚴重衝擊著作權及製版權之保護；另就網路服務提供者而言，各類侵權行為皆係透過其提供之服務，予以遂行，各類網路服務提供者亦常面對被告侵權之訴訟風險，凡此皆不利網路產業之發展。為解決前述問題，爰參考國際間各國作法，**於網路環境中賦予網路服務提供者『責任避風港』，一方面使著作權人或製版權人得以依法要求網路服務提供者移除網路流通之侵權資料，而另一方面網路服務提供者亦可依法針對使用者涉有侵害著作權及製版權之行為，主張不負損害賠償責任**。著作權人、製版權人與網路服務提供者爰可共同合作，減少網路侵權行為，落實著作權保護，並減少爭訟，確保網路服務提供者經營之法律安定性」[60]。

ISP 業者在提供訊息時是否違法或侵害他人權利，固然須依照具體個案認定其過失責任，惟在兼顧網路發展避免造成 ISP 業者承擔過大的責任，而阻礙網路經濟的情況下，各國大多採取免責條款的立法方式，使 ISP 業者能在某些情況下，不需要承擔侵權責任。2009 年 5

就其內容不知情之著作對公眾提供，且客觀上對於阻止該著作被接觸係不可期待或在技術上不可能者。對於他人所提供之著作內容僅提供使用人接觸之功能，包括在使用人要求下自動且暫時性地儲存該著作者。」從上述條文中得知，雖暫時性儲存同美國《數位千禧年著作權法》(The Digital Millennium Copyright Act of 1998, DMCA)意旨，但卻未採取 ISP 接到侵權通知時，立即將侵權著作移除或阻絕接觸，即可免責的規定。

[60] 《著作權法》部分條文修正草案總說明。《著作權法》部分修正條文，2008 年 9 月 25 日行政院第 3111 次院會通過。

月修正公布之《著作權法》第 90 條之 4 規定，符合下列規定之網路服務提供者，適用第 90 條之 5 至第 90 條之 8 的規定：

(1) 以契約、電子傳輸、自動偵測系統或其他方式，告知使用者其著作權或製版權保護措施，並確實履行該保護措施。

(2) 以契約、電子傳輸、自動偵測系統或其他方式，告知使用者若有三次涉有侵權情事，應終止全部或部分服務[61]。

(3) 公告接收通知文件之聯繫窗口資訊。

(4) 執行第 3 項之通用辨識或保護技術措施。

　　連線服務提供者於接獲著作權人或製版權人就其使用者所為涉有侵權行為之通知後，將該通知以電子郵件轉送該使用者，視為符合前項第 1 款規定。著作權人或製版權人已提供為保護著作權或製版權之通用辨識或保護技術措施，經主管機關核可者，網路服務提供者應配合執行之（著 90 之 4）。

　　茲將《著作權法》所列舉的四種網路服務提供者及其應具備之免責要件，整理如下表所示：

網路服務提供者	立法定義	民事免責事由
連線服務提供者	透過所控制或營運之系統或網路，以有線或無線方式，提供資訊傳輸、發送、接收，或於前開過程中之中介及短暫儲存之服務者。	1. 所傳輸資訊，係由使用者所發動或請求。 2. 資訊傳輸、發送、連結或儲存，係經由自動化技術予以執行，且連線服務提供者未就傳輸之資訊為任何篩選或修改。

---

[61] 此即所謂「三振條款」，俾促使網路使用者（部落客）能自我審視在部落格中的著作利用，使侵權行為獲得自律性的遏止與避免受到權利人的法律追訴，ISP 業者亦能因為轉知侵權，而免除共同侵權行為的指控，進入所謂的「安全港」(safe harbor)。

網路服務提供者	立法定義	民事免責事由
快速存取服務提供者	應使用者之要求傳輸資訊後,透過所控制或營運之系統或網路,將該資訊為中介及暫時儲存,以供其後要求傳輸該資訊之使用者加速進入該資訊之服務者。	1. 未改變存取之資訊。 2. 於資訊提供者就該自動存取之原始資訊為修改、刪除或阻斷時,透過自動化技術為相同之處理。 3. 經著作權人或製版權人通知其使用者涉有侵權行為後,立即移除或使他人無法進入該涉有侵權之內容或相關資訊。
資訊儲存服務提供者	透過所控制或營運之系統或網路,應使用者之要求提供資訊儲存之服務者。	1. 對使用者涉有侵權行為不知情。 2. 未直接自使用者之侵權行為獲有財產上利益。 3. 經著作權人或製版權人通知其使用者涉有侵權行為後,立即移除或使他人無法進入該涉有侵權之內容或相關資訊。
搜尋服務提供者	提供使用者有關網路資訊之索引、參考或連結之搜尋或連結之服務者。	1. 對所搜尋或連結之資訊涉有侵權不知情。 2. 未直接自使用者之侵權行為獲有財產上利益。 3. 經著作權人或製版權人通知其使用者涉有侵權行為後,立即移除或使他人無法進入該涉有侵權之內容或相關資訊。

條文參照: 《著作權法》第 3 條第 1 項第 19 款、第 90 條之 5~第 90 條之 8。

　　根據上述,除連線服務提供者外,其他網路服務提供者對於其使用者涉有侵權行為時,得依第 90 條之 6 至第 90 條之 8 的規定,採取通知／取下程序,以免除自己的侵權責任。換言之,經著作權人或製版權人通知其使用者涉有侵權行為後,網路服務提供者可以採取立即移除或使他人無法進入該涉有侵權之內容或相關資訊,以免除賠償責

任。又，假若網路服務提供者是自行知悉使用者所為涉有侵權情事，而以善意移除或使他人無法進入該涉有侵權之內容或相關資訊，亦不須負賠償責任（著 90 之 10）。

此外，《著作權法》對**資訊儲存服務提供者又設有通知／回復通知**(counter-notice)的機制。詳言之，資訊儲存服務提供者對其使用者侵害他人著作權或製版權之行為，在下列情形下，不負賠償責任（著 90 之 7）：

(1) 對使用者涉有侵權行為不知情。

(2) 未直接自使用者之侵權行為獲有財產上利益。

(3) 經著作權人或製版權人通知其使用者涉有侵權行為後，立即移除或使他人無法進入該涉有侵權之內容或相關資訊。

當權利人通知資訊儲存服務提供者時，該業者應該與使用者約定聯絡的方式或使用者存留的聯絡資訊，轉送該涉有侵權的使用者（著 90 之 9 I），如果使用者認其無侵權情事者，得檢具回復通知文件，要求資訊儲存服務提供者回復其被移除或使他人無法進入之內容或相關資訊。資訊儲存服務提供者於接獲回復通知後，應立即將回復通知文件轉送著作權人或製版權人。著作權人或製版權人於接獲資訊儲存服務提供者所轉送通知之次日起 10 個工作日內，向資訊儲存服務提供者提出已對該使用者訴訟之證明者，資訊儲存服務提供者就可以不負回復之義務。但如果著作權人或製版權人未依規定提出訴訟證明，資訊儲存服務提供者至遲應於轉送回復通知之次日起 14 個工作日內，回復被移除或使他人無法進入之內容或相關資訊（著 90 之 9 II）。

綜上說明，網路服務提供者就網路使用者利用其所提供之服務，侵害著作權的行為，**課予防止損害繼續之義務**：網路服務提供者於接獲權利人之通知後，立即執行移除，或使他人無法進入該侵權內容或

相關資訊；或知悉侵權情事後，主動移除侵權資料，均得主張免責。在資訊儲存服務提供者的情形，兼採通知／回復通知之機制，但如果因故意或過失，向網路服務提供者提出不實通知或回復通知，致使用者、著作權人、製版權人或網路服務提供者受有損害者，負損害賠償責任（著 90 之 11）。

2-17　侵害著作權的刑事處罰

2-17.1　侵害重製權

(1) **單純侵害重製罪**：擅自以重製之方法侵害他人之著作財產權者，處 3 年以下有期徒刑、拘役，或科或併科新臺幣 75 萬元以下罰金（著 91 I）。

(2) **意圖銷售或出租物品重製罪**：意圖銷售或出租而擅自以重製之方法侵害他人之著作財產權者，處 6 月以上 5 年以下有期徒刑，得併科新臺幣 20 萬元以上 2 百萬元以下罰金（著 91 II）。

2-17.2　侵害散布權

(1) **單純侵害散布權罪／散布非法真品罪**：擅自以移轉所有權之方法散布著作原件或其重製物而侵害他人之著作財產權者，處 3 年以下有期徒刑、拘役，或科或併科新臺幣 50 萬元以下罰金（著 91 之 1 I）。

(2) **惡意侵害之盜版品散布罪**：明知係侵害著作財產權之重製物而散布或意圖散布而公開陳列或持有者，處 3 年以下有期徒刑，得併科新臺幣 7 萬元以上 75 萬元以下罰金（著 91 之 1 II）。犯前項之

罪，經供出其物品來源，因而破獲者，得減輕其刑（著 91 之 1 III）。

2-17.3 侵害重製權、散布權以外其他著作財產權罪

擅自以公開口述、公開播送、公開上映、公開演出、公開傳輸、公開展示、改作、編輯、出租之方法侵害他人之著作財產權者，**處 3 年以下有期徒刑、拘役、或科或併科新臺幣 75 萬元以下罰金**（著 92）。

2-17.4 其他罰則

(1) 侵害著作人格權罪（著 93 ①）：侵害著作人的公開發表權、姓名表示權及禁止變更權等著作人格權的情形（著 15-17），處 **2 年**以下有期徒刑、拘役，或科或併科新臺幣 50 萬元以下罰金。

(2) 違反音樂著作強制授權罪（著 93 ②）：違反利用音樂著作，不得將其錄音著作之重製物銷售至中華民國管轄區外的強制授權規定者（著 70），處 2 年以下有期徒刑、拘役，或科或併科新臺幣 50 萬元以下罰金。

(3) 視為侵害著作權罪（著 93 ③）：以下列方法之一，侵害著作人名譽之方法利用其著作（著 87 I ①）；輸入未經著作權人或製版人授權重製之重製物或製版物者（著 87 I ③）；以侵害電腦程式著作財產權之重製物作為營業之使用或明知為侵害著作財產權之物而以移轉所有權或出租以外之方式散布者（著 87 I ⑤）；或明知為侵害著作財產權之物，意圖散布而公開陳列或持有等情形（著 87 I ⑥），侵害他人之著作權者，處 2 年以下有期徒刑、拘役，或科或併科新臺幣 50 萬元以下罰金。但惡意侵害之盜版品散布罪（著 91 之 1 II、III），不在此限。

(4) **提供網路侵害著作權罪**（著 93 ④）：違反第 87 條第 1 項第 7 款或第 8 款規定者，處 2 年以下有期徒刑、拘役，或科或併科新臺幣 50 萬元以下罰金（著 93）。

(5) **違反過渡條款罪**（著 95）：違反「中華民國 81 年 6 月 10 日本法修正施行前，翻譯受中華民國 81 年 6 月 10 日修正施行前本法保護之外國人著作，如未經其著作權人同意者，於中華民國 81 年 6 月 10 日本法修正施行後，除合於第 44 條至第 65 條規定者外，不得再重製。前項翻譯之重製物，於中華民國 81 年 6 月 10 日本法修正施行滿 2 年後，不得再行銷售。」（著 112）規定者，處 1 年以下有期徒刑、拘役，或科或併科新臺幣 2 萬元以上 25 萬元以下罰金。

(6) **違反依法銷毀電腦程式著作或明示出處規定之罪**（著 96）：違反所有人因滅失以外之事由，喪失原重製物之所有權者，除經著作財產權人同意外，應將其修改或重製之程式銷毀之的規定（著 59 II）或應明示其出處的規定者（著 64），科新臺幣 5 萬元以下罰金。

(7) **違反權利管理電子資訊保護規定及防盜拷措施罪**（著 96 之 1）：①違反著作權人所為之權利管理電子資訊，不得移除或變更的規定；違反明知著作權利管理電子資訊，業經非法移除或變更者，不得散布或意圖散布而輸入或持有該著作原件或其重製物，亦不得公開播送、公開演出或公開傳輸的規定（著 80 之 1）；②違反破解、破壞或規避防盜拷措施之設備、器材、零件、技術或資訊，未經合法授權不得製造、輸入、提供公眾使用或為公眾提供服務的規定（著 80 之 2 II），處 **1 年**以下有期徒刑、拘役，或科或併科新臺幣 2 萬元以上 25 萬元以下罰金[62]。

---

[62] 因此，如果違反未經合法授權不得予以破解、破壞或以其他方法規避者（著 80 條之 2 I），僅有民事賠償責任，而無刑責。

2-17.5　告訴乃論與非告訴乃論罪

　　告訴乃論之罪，必須由告訴人提起告訴，才能由檢警偵辦，其告訴應自得為告訴之人知悉犯人之時起，於 6 個月內為之（刑訴 237 I），而告訴乃犯罪被害人所提起。又告訴乃論之罪，告訴人可以在第一審辯論終結言，撤回告訴，但撤回告訴人，不得再行告訴。

　　2022 年 5 月 4 日公布修正《著作權法》，刪除第 91、91-1，有關以重製光碟意圖銷售或出租，以及明知為重製光碟而散布或意圖散布而公開陳列或持有的規定。另修正第 100 條規定：本章之罪（即著作權法第 7 章罰則），須告訴乃論。但有下列情形之一，就有償提供著作全部原樣利用，致著作財產權人受有新臺幣 1 百萬元以上之損害者，不在此限：

(1) 犯第 91 條第 2 項之罪，其重製物為數位格式。

(2) 意圖營利犯第 91 條之 1 第 2 項明知係侵害著作財產權之重製物而散布之罪，其散布之重製物為數位格式。

(3) 犯第 92 條擅自以公開傳輸之方法侵害他人之著作財產權之罪。

　　未經認許之外國法人，對於侵害重製權、侵害散布權以外的其他著作財產權之罪（著 91-93）；違反過渡條款、違反依法銷毀電腦程式著作或明示出處規定、違反權利管理電子資訊保護規定及防盜拷措施之罪（著 95-96 條之 1），**得為告訴或提起自訴**（著 102）。司法警察官或司法警察對侵害他人之著作權或製版權，經告訴、告發者，得依法扣押其侵害物，並移送偵辦（著 103）。

2-18 行政救濟

2-18.1 邊境管制措施

著作權人或製版權人對輸入或輸出侵害其著作權或製版權之物者，得申請海關先予查扣。申請應以書面為之，並釋明侵害之事實，及提供相當於海關核估該進口貨物完稅價格或出口貨物離岸價格之保證金，作為被查扣人因查扣所受損害之賠償擔保（被查扣人就保證金與質權人有同一之權利）。海關受理查扣之申請，應即通知申請人。如認符合前項規定而實施查扣時，應以書面通知申請人及被查扣人（著 90 之 1 I-II、X）。

申請人或被查扣人，得向海關申請檢視被查扣之物。查扣之物，經申請人取得法院民事確定判決，屬侵害著作權或製版權者，由海關予以沒入。沒入物之貨櫃延滯費、倉租、裝卸費等有關費用暨處理銷毀費用應由被查扣人負擔。處理銷毀所需費用，經海關限期通知繳納而不繳納者，依法移送強制執行（著 90 之 1 IV-VI）。

有下列情形之一者，除由海關廢止查扣依有關進出口貨物通關規定辦理外，申請人並應賠償被查扣人因查扣所受損害（著 90 之 1 VII、VIII）：

(1) 查扣之物經法院確定判決，不屬侵害著作權或製版權之物者。

(2) 海關於通知申請人受理查扣之日起 12 日內，未被告知就查扣物為侵害物之訴訟已提起者。海關並得視需要延長 12 日。

(3) 申請人申請廢止查扣者。

有下列情形之一者，海關應依申請人之申請返還保證金（著 90 之 1 IX）：

(1) 申請人取得勝訴之確定判決或與被查扣人達成和解，已無繼續提供保證金之必要者。

(2) 廢止查扣後，申請人證明已定 20 日以上之期間，催告被查扣人行使權利而未行使者。

(3) 被查扣人同意返還者。

海關於執行職務時，發現進出口貨物外觀顯有侵害著作權之嫌者，得於一個工作日內通知權利人並通知進出口人提供授權資料。權利人接獲通知後對於空運出口貨物應於 4 小時內，空運進口及海運進出口貨物應於一個工作日內至海關協助認定。權利人不明或無法通知，或權利人未於通知期限內至海關協助認定，或經權利人認定系爭標的物未侵權者，若無違反其他通關規定，海關應即放行（著 90 之 1 XI）。

經認定疑似侵權之貨物，海關應採行暫不放行措施。海關採行暫不放行措施後，權利人於 3 個工作日內，未依規定向海關申請查扣，或未採行保護權利之民事、刑事訴訟程序，若無違反其他通關規定，海關應即放行（著 90 之 1 XII-XIII）。

2-18.2 行政處分

事業以公開傳輸之方法，犯侵害重製權（著 91）、侵害散布權（著 92）、侵害提供網路上侵害著作權之罪（著 93 IV），經法院判決有罪者，應即**停止其行為**；如不停止，且經主管機關邀集專家學者及相關業者認定侵害情節重大，嚴重影響著作財產權人權益者，主管機關應限期 1 個月內改正，屆期不改正者，得命令停業或勒令歇業（著 97 之 1）。

2-19 　學術倫理與著作權[63]

2-19.1　學術倫理的一般道德原則

　　「學術倫理」是指從事學術研究者，在研究過程中所涉及的計畫、報告、論文成果等事務時，應該遵守的倫理規範。學術倫理是一種社會規範，其本身具有道德內涵，亦可透過成文化的規則來加以懲處。例如：科學研究倫理，一方面是科學研究團體所應遵守的道德原則；另一方面是當研究者違背學術倫理時，透過學術團體所訂定的自律規則來施以處罰（例如停權、終止補助等）。學術倫理也常稱為「學術研究倫理」，而研究倫理的一般道德原則，包含（但不限於）以下原則[64]：

(1) **誠實**：不應捏造、作假，或是曲解資料或研究結果，而應當在研究過程中各個層面，都能保持客觀、去除偏見與誠實的態度。

(2) **審慎**：在研究中，尤其是發表研究結果時，科學家應當避免錯誤。應當盡量減少實驗上、方法上及人為的疏失，並避免自欺、偏見以及利益上的衝突。

(3) **公開**：應當分享資料、研究結果、方法、想法、科技以及工具。採取公開的態度，可以防止科學變成教條、避免偏見，也能促進團隊合作、資源共享，以及科學進展。

(4) **自由**：進行研究時，要自由地面對任何困難或假說，要能夠追求新的想法，批評舊的想法。

---

[63] 徐振雄，〈學術倫理與著作權有關的法律與道德問題探討〉，建國科技大學第 11 屆提升職業倫理與職業道德教育研討會，2014 年 5 月 30 日。本單元經檢視最新規定修正後改寫。

[64] 引自 Davaid B. Resnik 原著，何畫瑰譯，《科學倫理的思索》（*The Ethics of Science*），臺北：韋伯文化，2003 年 1 月，頁 63-82。

(5) **信用**：有信用便能獲得他人信任，沒有信用便不會獲得他人信任，學界中常有的掛名行為，其實也涉及誠實與信用的問題，**如果科學家讓未做出重大貢獻的人掛名作者，或是為了幫助朋友或酬謝指導而掛名其他作者，基本上也是違反學術倫理的。**

(6) **教育**：應當培育未來的科學家，並確保他們能學習到如何從事好的科學。同時，科學家們也應當教育公眾，使公眾知悉科學。

(7) **社會責任**：科學家應當提醒自己，其研究成果對社會具有某種責任，避免社會因為其研究而受到傷害，**科學家應該評估科技所可能產生的風險，並且從研究中思考如何創造社會福祉。**

(8) **合法**：指在研究過程中，科學家應當遵守關於他們研究工作的法律。

(9) **機會**：使用科學資源或在科學專業中有所提升的機會時，不應在不公平的情況下被否決。亦即不能因為種族、性別、國家、年齡或其他和科學能力相關的特質，而否定、侵害其研究者參與的機會。

(10) **互相尊重**：應當尊重同事，科學團體是建立在合作與信任上的，若不能彼此尊重，此信任與合作便會崩毀。

(11) **效率**：應當有效使用資源。

(12) **尊重主體**：在用人類主體做實驗時，科學家不應侵犯人權或尊嚴。而在實驗中使用非人類的動物主體時，科學家也應當抱持著恰當的尊重。

　　學術倫理除需遵守上述的一般道德原則外，基於不同領域的特殊要求，在各種職業團體也會形成各種倫理規範。例如：企業倫理、工程倫理、律師倫理、醫護倫理、環境倫理、公務倫理、不動產經紀業倫理等等。

2-19.2 學術倫理的規範

　　學術倫理的一般道德原則，固然可以成為個人從事研究的品德操守，藉以維護最基本的研究團體紀律。但是，道德原則也可以成文化、規訓化，成為法令或行政指導、行政計畫的規範內容，使學術倫理更具有拘束研究者的實際效用。

　　例如：《科學技術基本法》第 7 條規定：「為推動科學技術發展，政府應考量總體科學技術政策與個別科學技術計畫對環境生態之影響。政府推動科學技術發展計畫，必要時應提供適當經費，研究該科學技術之政策或計畫對社會倫理之影響與法律因應等相關問題。」第 8 條規定：「科學技術研究機構與人員，於推動或進行科學技術研究時，應善盡對環境生態、生命尊嚴及人性倫理之維護義務。」**上揭條文中「對環境生態之影響」、「對社會倫理之影響與法律因應」、「應善盡對環境生態、生命尊嚴及人性倫理之維護義務」等詞，更是憲法上的學術自由與人性尊嚴的價值。**在《國家科學及技術委員會對研究人員學術倫理規範》[65]第一點：「研究人員的基本態度：研究人員應確保研究過程中（包含研究構想、執行、成果呈現）的誠實、負責、專業、客觀、嚴謹、公正，並尊重被研究對象，避免利益衝突。」第二點：「違反學術倫理的行為：研究上的不當行為包含範圍甚廣，本規範主要涵蓋核心的違反學術倫理行為，即造假、變造、抄襲、研究成果重複發表或未適當引註、以違法或不當手段影響論文審查、不當作者列名等。」

　　此外，在《國家科學及技術委員會補助專題研究計畫作業要點》十一之（四）[66]，研究計畫中涉及人體試驗、採集人體檢體、人類胚胎、人類胚胎幹細胞者，應檢附醫學倫理委員會或人體試驗委員會核

---

[65] 國家科學及技術委員會 111 年 7 月 28 日科會誠字第 1110048341 號函修正。

[66] 國家科學及技術委員會 111 年 7 月 28 日科會誠字第 1110048341 號函修正。

准文件；涉及基因重組相關實驗者，應檢附生物實驗安全委員會核准之基因重組實驗申請同意書；涉及基因轉殖田間試驗者，應檢附主管機關核准文件；涉及動物實驗者，應檢附實驗動物管理委員會核准文件；涉及第二級以上感染性生物材料試驗者，應檢附相關單位核准文件。核准文件未能於申請時提交者，須先提交已送審之證明文件，並於六個月內補齊核准文件。」以及「二十二、申請機構如發現研究計畫之參與人員涉有違反學術倫理情事者，應為適當之處置，並將處置結果即提報本會。計畫主持人及共同主持人於研究計畫之構想、執行或成果呈現階段，涉有違反學術倫理情事者，依本會學術倫理案件處理及審議要點規定處理。」

在同要點第二十六之（五），亦規定：「（五）同一研究計畫不得同時重複向本會提出申請，違反規定者，依本會學術倫理案件處理及審議要點規定處理。」

又《國家科學及技術委員會對學術倫理的聲明》第 4 點：「違反學術倫理的認定：本會就違反學術倫理之認定標準是：『蓄意且明顯違反學術社群共同接受的行為準則，並嚴重誤導本會評審對其研究成果之判斷，有影響資源分配公正與效率之虞者。』有些行為雖不可取（例如切香腸式的論文發表，將研究成果分為多篇發表，每篇只有些微新進展，以及論文異常引用），但非公權力處分之範疇。本會可以透過評審制度，讓這類行為無利可圖，即可扭轉風氣。至於對研究結果的扭曲詮釋、草率、不夠嚴謹等行為，該受學術社群自律，但若無誤導評審之虞，則尚不需受本會處分。」[67]

根據《國家科學及技術委員會學術倫理案件處理及審議要點》[68]第 3 點，違反學術倫理，指研究人員有下列情形之一，致有嚴重影響本部審查判斷或資源分配公正之虞者：

---

[67] 國家科學及技術委員會 111 年 7 月 28 日科會誠字第 1110048341 號函修正。

[68] 國家科學及技術委員會 111 年 8 月 1 日科會誠字第 1110048951B 號令修正發布。

(1) **造假**：虛構不存在之申請資料、研究資料或研究成果。

(2) **變造**：不實變更申請資料、研究資料或研究成果。

(3) **抄襲**：援用他人之申請資料、研究資料或研究成果未註明出處。
    註明出處不當情節重大者，以抄襲論。

(4) **自我抄襲**：研究計畫或論文未適當引註自己已發表之著作。

(5) **重複發表**：重複發表而未經註明。

(6) **代寫**：由計畫不相關之他人代寫論文、計畫申請書或研究成果報
    告。

(7) 以違法或不當手段影響論文審查。

(8) 其他違反學術倫理行為，經本部學術倫理審議會議決通過。

2-19.3　抄襲在學術倫理上的意涵

在學術倫理上，有所謂「造假」(Fabrication)、「變造」
(Falsification)、「抄襲」或「剽竊」(Plagiarism)，亦即 FFP。「造假」、
「變造」多發生在自然科學領域，而就人文社會科學領域的研究者
言，則多屬「抄襲」或「剽竊」的情形[69]。除此之外，尚有常發生爭
議的註明貢獻度與引註的問題，《國家科學及技術委員會對研究人員
學術倫理規範》稱：**如有相當程度地引用他人著述卻未引註而足以誤
導者，將被視為抄襲。**此節有以下四點補充：

(1) 如抄襲部分非著作中核心部分，例如背景介紹、一般性的研究方
    法敘述，或不足以對其原創性構成誤導，應依該領域之慣例判斷
    其嚴重性。

---

[69] 黃銘傑，〈著作權法與學術倫理面面觀〉，《人文與社會科學簡訊》，12 卷 2 期，2011 年 3 月，
頁 4。

(2) 未遵守學術慣例或不嚴謹之引註，也許是撰寫者草率粗疏，其行為應受學術社群自律（或由本會學術司去函指正），雖不至於需受本會處分，但應極力避免，並應習得正確學術慣例及引註方式。

(3) 同一成果如為多人共同研究且共同發表，當然可算做各人的研究成果。如為多人共同研究成果但分別發表（例如同樣調查數據，但以不同方法或角度分析），則應註明其他人的貢獻（例如註明調查數據的來源），如未註明則有誤導之嫌。

(4) 共同發表之論文、共同申請之研究計畫、整合型計畫總計畫與子計畫，皆可視為共同著作（全部或部分），對共同著作之引用不算抄襲。如依該領域慣例所指導學生論文由老師及學生共同發表，則指導老師可視為所指導學生論文之共同作者，但援用時應註明學生之貢獻。

　　有論者認為「抄襲」與「剽竊」在意義上是可區分的，亦即「剽竊」是指有意識或有認識地僭越他人著作人資格（即姓名表示權的侵害）之著作權侵害行為，而不論對之有改作與否，包括有改造而不屬自由利用者，以及有改造而創作不足者。因此，「自我抄襲」因著作人相同，並不構成「剽竊」。至於，抄襲，乃是他人未經著作財產權人的同意或授權，而行使或授權他人行使著作財產權為必要，此並不需要完全重製才構成，假若侵害人所重製、公開上映或公開演出的著作確係出自模仿著作權人之著作且達於實質近似程度，就構成抄襲[70]。根據上述界定，所謂「剽竊」應指著作人格權的侵害可能，同時也包括觀念上的抄襲，而「抄襲」則屬於著作財產權的侵害可能，與著作權法上的重製權、改作權或其他著作財產權的侵害相涉。

---

[70] 許忠信，〈著作之原創性與抄襲之證明（下）－最高法院 97 年度台上字第 1214 號判決評析〉，《月旦法學雜誌》，172 期，2009 年 9 月，頁 240。

雖然，「自我抄襲」未必違反《著作權法》，但卻常常是學術倫理上的爭議焦點，是以在《國家科學及技術委員會對研究人員學術倫理規範》第 7 點便有：「自我抄襲的制約：研究計畫或論文均不應抄襲自己已發表之著作。研究計畫中不應將已發表之成果當作將要進行之研究。論文中不應隱瞞自己曾發表之相似研究成果，而誤導審查人對其貢獻與創見之判斷。自我抄襲是否嚴重，應視抄襲內容是否為著作中創新核心部分，亦即是否有誤導誇大創新貢獻之嫌而定。此節亦有以下兩點補充：

(1) 某些著作應視為同一件（例如研討會論文或計畫成果報告於日後在期刊發表），不應視為抄襲。計畫、成果報告通常不被視為正式發表，亦無自我引註之需要。研討會報告如於該領域不被視為正式發表，亦無自我引註之必要。

(2) 同一研究成果以不同語文發表，依領域特性或可解釋為針對不同讀者群而寫，但後發表之論文應註明前文。如未註明前文，且均列於著作目錄，即顯易誤導為兩篇獨立之研究成果，使研究成果重複計算，應予避免，但此應屬學術自律範圍。」

2-19.4　抄襲在著作權法上的意涵

　　儘管「抄襲」並非《著作權法》上的專有名詞，但法院實務也肯認此用語，在判決中累積了許多判斷是否構成抄襲的要件。例如：最高法院 81 年度台上字第 3063 號判決指出：「認定抄襲之要件有二，即**(1)接觸**，**(2)實質相似**。主張他人之著作係抄襲其著作者，應舉證證明該他人曾接觸被抄襲之著作，構成二著作實質相似。」

　　又如臺灣高等法院 90 年度上字第 1251 號民事判決指出：「**所謂『實質相似性』，係指兩作品之表現形式有無實質相似性**，在具體判斷上，原創性程度越高之表達（例如老子的道德經、倪匡的科幻小

說）者，受《著作權法》保護之範圍就越大，則他人不須具備非常高之實質相似性，即能認定有侵害著作權，反之，原創性程度越低之表達（例如小學生的作文繪畫）者，受《著作權法》保護之範圍就越小，則他人須具備非常高之實質相似性，始能認定有侵害著作權。**至所謂『接觸』，係指依一般社會通常情形，有合理之機會或合理之可能性，看到或聽到被重製或改作之著作。**」另根據智慧財產法院 98 年度民著訴第 40 號判決認為：「**所謂實質類似性，既不需要逐字逐句全然相同，亦不需要全文通篇實質類似，而是只需要在足以表現著作人原創性的內容上實質類似即可**，尤其在大篇幅的碩博士論文的案例（本案即是如此），否則，取巧抄襲之人只需要增加一些不重要的或完全不相關的內容，就可以免除侵害著作權之責任。」

由於，《著作權法》所保護範圍僅及於該著作之表達，而不及於其所表達之思想、程序、製程、系統、操作方法、概念、原理及發現（著 10-1）。所以，觀念抄襲他人研究構想，應屬於違背學術倫理的行為，但卻未必屬於《著作權法》上所認定的抄襲（重製或改作）。因為只有研究構想，並沒有形式上的表達時，並不是《著作權法》所要保護的對象。例如：最高法院 99 年度台上字第 2314 號民事判決指出：「所謂接觸，指依社會通常情況，可認為他人有合理機會或可能見聞自己之著作而言。所謂實質相似，則由法院就爭執部分著作之質或量加以觀察，為價值判斷，認為二者相似程度頗高或屬著作之主要部分者，始足當之。**中文辭典之文字選擇及編輯所以雷同，乃同部首、同筆劃之文字所得選擇及編輯順序本即雷同使然。**系爭辭典縱有呈現出與系爭字典選取相同或部分雷同文字，仍非可據以認定被上訴人有抄襲上訴人之著作。系爭辭典與系爭字典，**經比對，兩者於編排上有所差異，且對容易誤解部首文字之選取亦有不同，足見二者在客觀表達上並非相同。**至於兩者就文字之選擇與編輯順序之所以雷同，

純係使用相同之檢索原理所致，而**就此檢索原理之檢字方法，依《著作權法》第 10 條之 1 規定，並非《著作權法》所保護之標的，無侵害著作權問題。」**

　　著作人對其著作理應享有著作權利，利用他人的著作，理應經過著作人同意或授權，非屬自己的論著，當然不能任意重製改作，否則將損害他人著作權利。因之，抄襲是學術表現上的不誠實行為。不過也因為學術上的抄襲，涉及學術專業性，所以往往由學術機構透過審查辦法對被檢舉抄襲論著加以審查，其抄襲成立後，對被檢舉人給予不同程度的處罰。在學術研究、碩博士論文，因特別著重學術倫理及研究者的誠實與榮譽，即便未構成《著作權法》上的侵權，但學術機構仍可能做出處分，而涉及抄襲的碩博士論文則依照《學位授予法》的規定，應撤銷其學位[71]，其影響不可謂不大。是以，從事學術研究者應對學術倫理與《著作權法》有著基本認識才是。

---

[71] 吳永乾，〈學術著作抄襲的現況檢視與行為本質〉，《法令月刊》，59 卷 11 期，2008 年 11 月，頁 13。

CHAPTER ⚖ **03**

商標法

• • •

3-1 基本概念

3-1.1 商標與商標權

「商標」(trademark)是指任何具有識別性之標識，得以文字、圖形、記號、顏色、立體形狀、動態、全像圖、聲音等，或其聯合式所組成。所稱「識別性」，指足以使商品或服務之相關消費者認識為指示商品或服務來源，並得與他人之商品或服務相區別者（商 18）。商標之使用，指為行銷之目的，而有下列情形之一，並足以使相關消費者認識其為商標：

(1) 將商標用於商品或其包裝容器。例如：附有商標的領標、吊牌。

(2) 持有、陳列、販賣、輸出或輸入前款之商品。

(3) 將商標用於與提供服務有關之物品。例如：商標使用在杯墊、磁盤、餐巾紙或購物袋上。

(4) 將商標用於與商品或服務有關之商業文書或廣告。例如：商標用於採購單、報章雜誌、宣傳海報、型錄、招牌等。

上列各款情形，以數位影音、電子媒體、網路或其他媒介物方式為之者，亦同（商 5），其目的在於彰顯自己的商品與服務，有別於他人的商品或服務。例如：商標使用在線上遊戲運作呈現的介面、或是呈現在廣播電視、網路電子商務平台。

所以，我們常將商標視為是「品牌」(brand)的一環，而品牌通常是經過市場行銷，使消費者[1]信賴其產品或服務的品質，進而對該品牌

---

[1] 消費者，指已經購買及將購買該商品或服務之人，故不論是一般消費者或是相關消費者，皆仍係指有意願使用相關商品或服務之人，且《商標法》所欲保護之消費者，絕非僅指已接受該商品或服務之人，對於可能之消費者、未來之消費者，均係《商標法》所欲保護之對象。參見最高行政法院 100 年度裁字第 828 號裁定。

的標識有所認知，而在購買時對其商品或服務來源有一致性，經過市場經營而在社會上具有某種評價或經濟利益的商譽。簡言之，商標是代表商譽的符號，商標是廣告的標識，而消費者願意一再購買所累積的商譽，就成為公司的無形資產。

　　例如：當我們見到 IBM、ASUS、COMPAQ、聲寶等商標時，可以**辨別**各該公司所生產的電腦或所提供服務的不同。又如 A&D 服飾在臺灣流行服飾中，已經可以與其他品牌，如佐丹奴、Hang Ten 有所區分[2]。而商品習慣上，通用標章或通用名稱（如豆花、食品、綠茶）、簡單線條（如…、︵、ʆ）、單一顏色或基本幾何圖形（如☆、◎），以及流行之標語、口號（如心靈改革、臺灣一定贏）、廣告用語（如健康活力百分百）或廣告性質之圖形（如一般的褲襪圖形指定於褲襪商品）等，即欠缺「商標的識別性」。

　　「商標」是《商標法》所保護的標誌圖樣，《商標法》的立法目的在於：為保障商標權、證明標章權、團體標章權、團體商標權及消費者利益，維護市場公平競爭，促進工商企業正常發展，特制定本法（商 1）[3]。商標權人於經註冊指定之商品或服務，取得商標權。除《商標法》第 36 條另有規定外，下列情形，應經商標權人之同意：

(1) 於同一商品或服務，使用相同於註冊商標之商標者。

---

[2]　但需注意者，《商標法》上所謂的識別性，主要是要求申請註冊的商標，不得屬於普通名稱或慣用名稱，未必要求其同時具有辨識特定商品來源或出處的功能。這是因為我國《商標法》採取註冊主義，其申請並不需要事先有使用該商標的行為，既無使用行為，則申請時自然也難以具備有識別特定商品來源或出處的功能。這與《公平交易法》上的表徵，採取「使用主義」，亦即事先長時間繼續使用於市場取得商譽，足使相關事業或消費者認知而將之與商品或服務來源產生不同聯想。見黃銘傑，〈公平交易法第 20 條第 1、2 項表徵之意義及其與新式樣專利保護之關係（上）〉，《萬國法律》，2004 年 4 月，134 期，頁 7-8。

[3]　《商標法》具有維護市場公平競爭的作用，如禁止以他人著名商標申請註冊，或有減損著名商標或標章之識別性或信譽之虞等情形，並禁止以外國的葡萄酒及蒸餾酒地理標示申請註冊等行為。

(2) 於類似之商品或服務，使用相同於註冊商標之商標，有致相關消費者混淆誤認之虞者。

(3) 於同一或類似之商品或服務，使用近似於註冊商標之商標，有致相關消費者混淆誤認之虞者。

商標經註冊者，得標明註冊商標或國際通用註冊符號[4]（商 35），換言之，**商標權者，權利人在其註冊指定的商品或服務取得商標權，即所謂商標的專屬使用權，並有排除其他人使用該註冊商標於相同或類似商品的權利。**例如以「黑松」註冊使用於汽水，商標權人即可以排除他人將「黑松」或近似於「黑松」的商標使用於果汁等飲料或其他類似的商品，以保障商標權及消費者利益。因此，非經商標權人同意，不得使用他人註冊之商標，如有侵害商標權的行為，應負民事損害賠償責任。

至於贈品上的商標，是否為行銷上之目的使用？過去在實務上，認為促銷自己所經營的商品或服務，而提供贈品的行為，依照消費者的認知，如果是附隨主商品或服務之物，且贈品上所標示的商標，也為商標權人所有者，其贈品雖附有商標，但並非以投入市場與他人商品相競爭為目的，所以並不是商標之使用。不過，目前多數意見認為當贈送明知他人所製造之（仿冒）商標商品行為，若符合《商標法》第 5 條行銷之目的之要件，如贈品行為具有提升消費者購買商品之意願，具有促銷之功能者，應認為具有行銷之目的，與單純的贈與有別，應屬於商標使用之行為[5]。

---

[4] 《商標法》第 3 項增訂標明註冊商標或國際通用之註冊商標符號的規定。例如：®符號為國際上通用的註冊商標標誌，表示該商標已經獲准註冊；「TM」則表示作為商標使用的標誌，予人認知上並無特別表示其業經註冊。商標權人或被授權使用人，均得依其商標狀態，於所使用的商標上標明該等註記或符號，藉以提醒第三人避免侵權，進而維護商標權。見經濟部智慧財產局，《商標法逐條釋義》，2021 年版，第 35 條修正說明。

[5] 智慧財產局 2014 年商標使用座談會資料，見陳匡正，〈贈送仿冒商標物品之商標使用判斷〉，《法令月刊》，66 卷 7 期，2015 年 7 月，頁 101 之註 47。

　　搜尋網站常見的關鍵字廣告，其爭關鍵字不一定同時出現於該廣告的標題或文案中，如以他人商標作為關鍵字廣告之行為，僅以他人商標作為關鍵字以為索引，若關鍵字廣告內容本身並未使用系爭商標圖樣作為商品或服務之行銷使用，則並非屬商標使用行為[6]。

▌ 3-1.2　商標使用的第二意義

　　《商標法》上有所謂「後天識別性」或「第二意義」(secondary meaning)的商標，**是指原本不具有識別性的標識，經過申請人重複使用，如廣告或長期使用，使消費者能夠將此標識與其所生產的商品或服務產生聯想，形成後天的商標識別力，而具有指示該商品或服務來源的識別功能**[7]，此時，商標專責機構應准予該圖樣註冊。所以，商標的後天識別性或第二意義，乃相對於本來就具有商標識別性的「先天識別性」(first/ inherent meaning)意義。

　　例如：「大家說英語」本為說明性文字，不具有商品或服務的識別性，但如果某雜誌社經常使用「大家說英語 Let's Talking English」，使消費者能夠對之產生有關商品（雜誌）或服務的聯想時，該「大家說英語 Let's Talking English」，其實**已經具有識別性**，而衍生出第二意義，得以註冊商標。又如「鑽石恆久遠，一顆永留傳」表面上看似廣告用語，不具有商品識別性，但智慧財產局認為，這是 1948 年戴比爾斯的前身所製播廣告《A DIAMOND IS FOREVER》，而且「A DIAMOND IS FOREVER DE BEERS」商標已陸續在英國、日本等國獲准註冊，因此中文的「鑽石恆久遠，一顆永留傳」和「DE BEERS」可以在市場行銷上，讓消費者辨識商品來源，並藉以和其他商品區別，而具有「第二意義」[8]。

---

[6]　智慧財產法院 98 年度民 商上字第 11 號民事判決。

[7]　劉博文，《智慧財產權之保護與管理》，臺北：揚智文化，2002 年 7 月，頁 61。

[8]　智慧財產局 http://www.lawtw.com/article.php?template=article_content&area=free_browse&parent_path=,1,448,&job_id=82725&article_category_id=1132&article_id=36773

依《商標法》第 29 條規定，商標有下列不具識別性情形之一，不得註冊：

(1) 僅由描述所指定商品或服務之品質、用途、原料、產地或相關特性之說明所構成者。如燒烤使用於餐廳，霜降使用在肉類；與品質特性相關者，如金牌、頂級、極品、特優、第一、特級、高級；與產地相關，如新竹貢丸、美濃粄條、馬祖老酒。其如具備第二意義，則可以申請商標，如玉山銀行、第一銀行。

(2) 僅由所指定商品或服務之通用標章或名稱所構成者。如堅果、阿拉比卡，通用標章或名稱如果被註冊，會影響社會大眾使用的權益，影響公平競爭。通用標章或名稱不能取得第二意義隨著商標註冊的樣態增加，應擴張解釋包括通用之顏色、立體形狀、動態、全像圖及聲音等[9]，如紅白藍霓虹燈使用在理髮廳、黃色使用在計程車。

(3) 僅由其他不具識別性之標識所構成者。如單一字母、型號、單純數字、簡單線條、基本幾何圖形、裝飾圖案、姓氏、稱謂與姓氏結合、公司名稱、網域名稱、習見的宗教神祇、用語與標誌、祝賀詞、吉祥話、流行用語、形容詞與成語等，因為缺乏指示的來源，不具識別性。但如果在交易上已經成為使用人的商品或服務之識別者，可檢送使用證據，如具設計、暗示或長期使用，取得第二意義，得申請註冊[10]，如 555 香菸。

有上述第 1 款或第 3 款規定之情形，如經申請人使用且在交易上已成為申請人商品或服務之識別標識者，不適用之。商標圖樣中包含不具識別性部分，且有致商標權範圍產生疑義之虞，申請人應聲明該部分不在專用之列；未為不專用之聲明者，不得註冊。

---

[9]　智慧財產局，《商標法逐條釋義》，102 年版，頁 58。

[10]　智慧財產局，《商標法逐條釋義》，102 年版，頁 58。

　　因此，商標如果僅由描述所指定商品或服務之品質、用途、原料、產地或相關特性之說明所構成者，或僅由其他不具識別性之標識所構成者，原則上不得註冊。但**如經申請人使用且在交易上已成為申請人商品或服務之識別標識者，則不適用之。也就是說該標識已具有商標功能，故可以核准註冊**[11]。惟其保護範圍，僅以排除他人作為商標使用為限，不及於**以符合商業交易習慣之誠實信用方法，表示自己之姓名、名稱，或其商品或服務之名稱、形狀、品質、性質、特性、用途、產地或其他有關商品或服務本身之說明，非作為商標使用者**（商 36 I ①）等情形[12]。

　　商標的使用是否衍生出第二意義，須就本國交易市場的實際情況加以認定，並審酌申請商標取得後天識別性的證據。下列資料可以作為申請商標已取得識別性的證據：①商標的使用方式、時間長短及同業使用情形；②銷售量、營業額與市場占有率；③廣告量、廣告費用、促銷活動的資料；④銷售區域、市場分布、販賣據點或展覽陳列處所的範圍；⑤各國註冊的證明；⑥其他得據為認定有後天識別性的證據。如報章雜誌對於申請商標的報導可作為識別性取得的參酌因素，惟須注意現代行銷常將廣告以報導的方式包裝，審查時須注意客觀報導與廣告的差異。

　　判斷申請商標是否取得後天識別性，應將申請人提出的證據資料，就指定使用商品或服務特性的差異，及其各項可能影響判斷結果的因素，衡酌個案實際交易市場的相關事實加以綜合審查。若證據顯示申請商標確實作為指示及區別商品或服務來源的標識使用，且應有

---

[11] 但要留意如果是第 2 款通用標章或名稱，基於公共政策的理由，即使經過申請人長期使用，仍然不得註冊為商標。經濟部智慧財產局，《商標法逐條釋義》，2021 年版，第 29 條修正說明。

[12] 智慧財產局 93 智商字第 9380130440 號函。

相當數量的相關消費者以該商標作為識別商品或服務來源的標識,則可核准註冊(商 29 II)[13]。

3-1.3 商標制度的立法例

在商標權制度的立法上,有採[14]:

(1) 使用主義:指基於商標所有人因使用商標的一定事實,而優先取得商標權(first to use)。 如美國即是採行使用主義的國家。不過,商標要在美國受到聯邦商標法保護,仍須登記。此時,若有相同或近似商標,有兩人以上同時申請使用於相同或類似商品時,則以先使用者賦予其商標權;反之,如果使用在後,但申請註冊在先者,仍不能取得商標權。

(2) 註冊主義:指須向主管機關申請註冊商標,經核准後始取得商標權(first to register)。 採取註冊主義的好處是具有**公示性**,如一般常見到的®**註冊商標標記**,可防止他人重複申請相同或近似的商標;其次,商標權受到侵害時,亦可免除是否使用的舉證困難。我國《商標法》規定商標均須依法申請註冊,始受保護[15]。但為求平衡也顧慮到先使用原則,例如在他人商標註冊申請日前,善意使用相同或近似之商標於同一或類似之商品或服務者。但以原使用之範圍為限;商標權人並得要求其附加適當之區別標示。

---

[13] 經濟部智慧財產局,《商標識別性審查基準》,2012 年版,頁 45-50。

[14] 陳文吟,《商標法論》,臺北:三民,2005 年 2 月,頁 33-34。

[15] 《商標法》第 2 條:「欲取得商標權、證明標章權、團體標章權或團體商標權者,應依本法申請註冊。」第 22 條:「二人以上於同日以相同或相似之商標,於同一或類似之商品或服務個別申請註冊,有致相關消費者混淆誤認之虞,而不能辨別時間先後者,由各申請人協議定之;不能達成協議時,以抽籤方式定之。」

3-2　商標的構成

3-2.1　文字、圖形、記號

　　商標，指任何具有識別性之標識，得以文字、圖形、記號、顏色、立體形狀、動態、全像圖[16]、聲音等，或其聯合式所組成（商 18 I）。

(1) 文字：指以通常使用的文字符號作為商品識別的表達。例如：新力、三洋指定於電器，光陽指定用於機車，麥當勞、McDonald 指定於漢堡速食。

(2) 圖形：指以具體的動植物、人物或抽象的形狀或繪畫、美術圖案作為商標。例如：迪士尼(Disney)的米老鼠圖形、愛迪達(adidas)的三條斜線，PUMA 的獵豹圖形。

(3) 記號：指以文字、圖形以外的數字或特殊符號作為商標。例如：NIKE 的✓形記號、歐米茄表的Ω、三菱汽車的三個菱形組合。

3-2.2　顏色

　　「顏色商標[17]」是指**單純以單一顏色或組合顏色，施於全部或部分商品、包裝、容器或提供服務的營業處所之裝潢設計外觀等，以表彰商品或服務的來源，其可為單一顏色商標或顏色組合商標**。所以，顏色通常屬於商品的裝飾或背景圖案，需要在市場行銷上具有相當時間，才能夠被消費者熟悉並作為識別商品或服務的來源[18]。

---

[16]　《商標法》第 108 條：「本法中華民國 100 年 5 月 31 日修正之條文施行前，以動態、全像圖或其聯合式申請註冊者，以修正之條文施行日為其申請日。」

[17]　雖然我國《商標法》已經採取顏色商標，但是對顏色商標仍有正反意見。可參見鄧振球，〈顏色商標法律保護之評議〉，《月旦法學雜誌》，98 期，2003 年 7 月，頁 205-220。

[18]　單一顏色在過去並非申請商標的客體，因為單一顏色較欠缺識別性，而且如果有人申請某一

例如：金鼎電池(DURACELL)以銅、黑兩色組合，使用於整個電池表面上。又如，大榮貨運在車體上所施的半弧型之橘、白、綠三色組合，經商標權人長期大量廣泛使用下，在交易上已成為營業服務之識別標識，即屬於顏色商標。又如 SEVEN ELEVEN 便利商店，係以紅、橘、綠三色的顏色組合作為招牌，而全家便利超商則是以藍、白、綠三色組合作為招牌。OK 便利超商，是以 *OK* 之紅字白底作為招牌[19]，臺灣中油公司則是遠遠就可以看到紅白藍三種顏色組合的招牌。所以，當顏色組合具有識別性時，即可作為商標申請的標的。

　　顏色商標雖然可以某種圖形加上顏色組合作為商品識別性的來源，但顏色商標與**平面上的圖形商標仍有不同**。例如：KONICA 軟片包裝上的圖形雖具有顏色，但卻是一種圖形商標而非顏色商標。又如果是以文字、圖形、記號與顏色組成的聯合式，而非單獨以顏色作為識別者，也不是顏色商標。如麥當勞的黃色 M（文字商標），星巴克的綠色美人魚（圖形商標）。至於，同業使用的通用顏色或商品的自然顏色，欠缺識別性，不能申請註冊為商標。例如：小黃，即營業小汽車（計程車）在車體上施以的黃色，或是在市街理容院常見到的藍白紅旋轉霓虹燈，其顏色組合並無法申請商標註冊。又，如黑糖、海苔本身的自然顏色，也不得作為黑糖、海苔商品的商標。

　　顏色作為商業使用，則很可能造成壟斷該單一顏色，逾越正常競爭秩序或違反商業誠實習慣的結果。再者，基於顏色耗盡理論(color depletion theory)，自然界的基本顏色是有限的，僅有七種原始顏色，如果以顏色本身作為商標設計內容，顏色數量恐有用盡之日，進而限制嗣後其他人使用該顏色，造成不公平競爭，況且同一色系之不同色差，是否屬於不同顏色，也不易判斷，容易衍生是否侵權之爭議。另，儘管許多國家已承認顏色商標，但如果商品或服務標識所使用的顏色本身，係在充作裝飾之用，或吸引消費者注意，使該顏色本身具有實用功能性或美學功能性，而非表彰該商品或服務之來源時，則仍不許使用人獨占而排除他人使用，法律應不予保護。請參閱林洲富，〈顏色、立體及聲音商標於法律上保護—兼論我國商標法相關修正規定〉，《月旦法學雜誌》，120 期，2005 年 5 月，頁 107-108。

[19] 洪淑敏，〈簡介顏色商標〉，《智慧財產權教戰手冊》，2004 年版，頁 8-9。

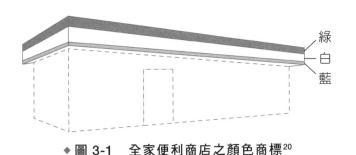

綠
白
藍

◆ 圖 3-1　全家便利商店之顏色商標[20]

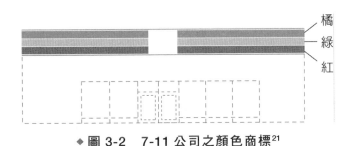

橘
綠
紅

◆ 圖 3-2　7-11 公司之顏色商標[21]

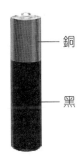

銅

黑

◆ 圖 3-3　吉列公司之顏色商標（金頂電池）[22]

[20] 本件係申請顏色組合標章，圖樣上建築物外觀不屬於服務標章之一部分，本件顏色組合圖樣實際使用顏色係由綠色、白色、藍色由上而下緊接分布於建築物之看板上。
http://tmsearch.tipo.gov.tw/TIPO_DR/servlet/InitLogoPictureWordDetail?sKeyNO=089060263

[21] 本標章係以顏色組合申請註冊，其圖樣為白底之橘、綠、紅上下依序排列呈 1：2：1 之比例，虛線部分表彰營業相關物品之形狀，非屬標章圖樣之一部分。
http://tmsearch.tipo.gov.tw/TIPO_DR/servlet/InitLogoPictureWordDetail?sKeyNO=088042566

[22] 本件係以顏色組合商標申請；商標圖樣上虛線部分之形狀不屬於圖樣之一部分；本件圖樣所使用實際顏色為銅、黑二色組合置於圓柱體上，銅色於上，黑色位於其下。
http://tmsearch.tipo.gov.tw/TIPO_DR/servlet/InitLogoPictureWordDetail?sKeyNO=089001291

3-2.3　聲音

　　「聲音商標」係指**某種足以使相關消費者區別其商品或服務來源的聲音，可分為音樂與非音樂的聲音商標**。例如：具有識別性之簡短的廣告歌曲、旋律、人說話的聲音、鐘聲、鈴聲或動物的叫聲等。例如：大家耳熟能詳的「綠油精、綠油精，爸爸愛用綠油精⋯⋯」歌曲，為新萬仁化學製藥股份有限公司生產的綠油精商品，在 2005 年 1 月成為**首件被核准註冊的聲音商標**；或是在廣告中的歌詞「新一點靈 B12」，其係以ㄇㄧ、ㄉㄚ、ㄙㄛ、ㄈㄚ、ㄇㄧ、ㄅㄨㄛ、ㄖㄨㄟ、ㄒㄧ、ㄅㄨㄛ等旋律組合而成；又如，大眾耳熟能詳的「大同大同國貨好」之大同歌，即是聲音商標。申請音樂的聲音商標時，以五線譜做為商標圖樣，應已具清楚、明確。而非音樂商標，主要是以聲音作為辨識的聲音，所以需要檢附對該聲音的商標描述，以及將該聲音儲存於電子載體的商標樣本，以輔助理解商標描述。

　　由於聲音商標是透過聲音的傳達，而不像立體商標或顏色商標可附著於商品或服務場所直接表達。所以，如何使聲音與其所標示商品或服務相結合，而具有指示來源的商標功能，往往是能否取得註冊的關鍵。因此，假若是整首歌曲或冗長的樂譜，如管絃樂或鋼琴曲的完整樂譜，依消費者之認知，通常不易將其視為區別來源的聲音，應不具識別性；又如摩托車的引擎聲、照相機照相卡喳的聲音等，因屬正常操作所產生的聲音，使用於車輛、照相機等商品或車輛、照相機銷售、維修等服務上，基於公益及識別性的考量，自不得獲准註冊；另因相關業者普遍使用，已為社會大眾所習知習見，而成為業界通用且廣為人知的聲音，如「ㄛㄧㄛㄧ」的聲音（類似救護車所發出的聲音）使用於醫療服務、「結婚進行曲」使用於婚紗服務或喜餅等商品上，若為某一特定人所獨占，勢將無法避免不公平競爭的情形發生，因此亦無法獲准註冊[23]。

23　智慧財產局認為「綠油精」並非商品之說明、亦非相關業者所普遍使用，而是經過申請人長期宣傳及使用後，已成為使用人的代表標誌之一，因此，依法准予註冊。http://www.tipo.gov.tw/trademark/trademark_special/trademark_special_voice_1.asp

◆ **圖 3-4　「綠油精」聲音商標**[24]

4/4　3 6 5 4 3 1｜2 7 1 －｜
新 一 點 靈　B12

◆ **圖 3-5　「新一點靈 B12」聲音商標**[25]

大 同 歌

｜1 5 1 5｜6 1 5 －｜　5 3 5 3｜1 3 2 －｜
大同大同　國貨好，　　重電產品　真可靠

｜1·2 3 2｜3 6 5 －｜　3·5 6 5｜7 2 1 －｜
家電空調　式樣新，　　視聽電腦　真先進

｜1·1 7 6｜6 3 5 －｜　6·6 7 6｜6#4 5 －｜
資訊通信　人人愛，　　品質優秀　最老牌

｜1 5 1 5｜6 1 5 －｜　2 6 2 6｜3 2 1 －｜
大同大同　服務好，　　大同產品　真可靠。

◆ **圖 3-6　「大同歌」聲音商標**[26]

⁂ ————————

[24] 此係由新萬仁化學製藥股份有限公司申請指定使用於化妝品；西藥、營養補充品；糖果、米果等商品，綠油精早在 50 年代即於市面上發行流通，在那個時代無論男女老幼均能琅琅上口，成為家喻戶曉之旋律。
http://203.69.69.28/TIPO_DR/servlet/InitLogoPictureWordDetail? sKeyNO=092069270

[25] 本件商標圖樣係由簡譜音符ㄇ一、ㄉㄚ、ㄙㄛ、ㄈㄚ、ㄇ一、ㄅㄨㄛ、ㄖㄨㄟ、ㄒ一、ㄅㄨㄛ等旋律組合而成。http://www.tipo.gov.tw/trademark/trademark_special/trademark_special_voice_2.asp

[26] 本「大同歌」聲音商標係由輕快、活潑樂曲，搭配歌詞所構成。歌詞為「大同大同國貨好，

3-2.4 立體形狀

　　「立體商標」是指以三度空間之具有長、寬、高所形成之立體形狀，並能使相關消費者藉以區別不同的商品或服務來源。例如：布袋戲主角「素還真」玩偶之立體形狀所構成，玩偶頭戴蓮花冠，插髮簪，額頭有紅寶石裝飾之一點朱紅，漩渦眉，手持蓮花拂塵，身上服飾在下擺或其他地方都會有蓮花圖，服飾以藍紫色及淡紫色為主[27]；「VIEWSONIC」由三隻栩栩如生之胡錦鳥並排站立於樹幹的橫枝上；又如日商三得利股份有限公司以「龜齡萬年」為瓶身設計之威士忌定名為「角瓶」，其略帶圓形四柱體之瓶身，整體表面均刻鑿成凹凸立體之龜甲形狀，即是立體商標，但商品或包裝的立體形狀如果是發揮其功能性所必要者，不得申請商標。例如，三頭式的立體刮鬍刀頭。

　　由於立體商標為三度空間呈現，而與傳統平面商標不同；所以，即使平面商標已經註冊，若要轉化為立體商標，**仍應重新申請註冊**。立體商標可能申請註冊的態樣如下[28]：

(1) **商品本身的形狀**：如瑞士三角巧克力 TOBLERONE，以巧克力商品之三角形形狀與其商標結合，具有識別性。

(2) **商品包裝容器之形狀**：如可口可樂的曲線瓶身形狀、三得利的角瓶。一般不具有識別力的保特瓶或是一般通常使用的容器形狀等，並不能作為辨別商品來源的標識。

　　重電產品真可靠，家電空調式樣新，視聽電腦真先進，資訊通信人人愛，品質優秀最老牌，大同大同服務好，大同產品最可靠。」http://tmsearch.tipo.gov.tw/TIPO_DR/servlet/InitLogoPictureWordDetail?sKeyNO=094008051

[27] http://tmsearch.tipo.gov.tw/TIPO_DR/servlet/InitLogoPictureWordDetail?sKeyNO=095017516

[28] 林洲富，《智慧財產權法》，頁 18-20。

(3) **立體形狀標識**：指商品或商品包裝容器以外之立體形狀，如肯德基上校、麥當勞叔叔[29]、大同寶寶等。不過，因為有些物品的形狀與其所發揮的功能性有關，例如開瓶器的開口設計，若為他人申請立體商標可能會因此危害社會公益，使某些具有功能性的通常形狀受到壟斷，因此對於商品或包裝的立體形狀，**僅為發揮商品或服務之功能所必要者**，仍不得註冊（商 30 I ①）。

(4) **服務場所之裝潢設計**：如國外某些麥當勞餐廳特別的裝潢設計具有識別性，而與一般普通的裝潢設計顯有不同。

(5) **文字、圖形、記號或顏色與立體形狀之聯合式**：指商標是將文字、圖形、記號或顏色、立體形狀聯合起來以構成一整體外觀，而具有商品或服務來源的識別性。例如：日本特許廳便核准「養樂多」的文字加諸其立體形狀容器（養樂多的瓶身）之商標。

◆ 圖 3-7　霹靂國際多媒體股份有限公司之「素還真」立體商標

◆ 圖 3-8　三得利控股股份有限公司之「角瓶」立體商標[30]

---

[29]　如果已經申請過平面商標者，又欲以立體方式呈現時，則應再申請立體商標。

[30]　本件商標如申請書中之立體圖所示，略帶圓形四角柱體之瓶身，整體表面刻鑿為凹凸之立體「龜甲狀」。http://tmsearch.tipo.gov.tw/TIPO_DR/servlet/InitLogoPictureWordDetail?sKeyNO=092069328

3-2.5　動態商標

泛指連續變化的動態影像，而且該動態影像本身已具備指示商品或服務來源的功能。**動態商標所欲保護者，為該動態影像所產生整體的商業印象，已足使相關消費者認識其為指示商品或服務來源而言。**例如，Win7 開機前由數點匯集成商標的動態組合。

3-2.6　全像圖商標

亦稱雷射圖或全息圖(hologram)。全像圖商標指以全像圖作為標識的情形，而且該全像圖本身已具備指示商品或服務來源的功能。全像圖是利用在一張底片上同時儲存多張影像的技術（全像術），而呈現出立體影像，可以是數個畫面，或只是一個畫面，依觀察角度不同，並有虹彩變化的情形。全像圖常用於紙鈔、信用卡或其他具價值產品的安全防偽，也被利用於商品包裝或裝飾[31]。例如：Visa 卡上的飛翔鴿。

3-2.7　以上內容之聯合式

以文字、圖形、記號或顏色組合的商標，通常呈現於平面上，為傳統平面商標的類型，而以單一顏色、聲音、立體形狀、動態、全像圖等作為商標類型，則被稱為「非傳統商標」。因為資訊網路科技的進步，許多動畫(motion mark)或動像(moving image)也可能成為申請註冊的客體，這些動畫或動像，是以獨特的視覺效果，透過電視、電影或電腦表現出來，而能識別商品或服務的來源[32]。例如，開啟微軟

---

[31] 經濟部智慧財產局，《商標法逐條釋義》，2021 年版，第 18 條修正說明。

[32] 動畫商標又可分為一般性動作商標、外觀形狀動作商標、手勢商標等，如新加坡商標法、歐盟共同體商標規則採之。請參閱林洲富，《商標法：案例式》，臺北：五南，2008 年 8 月，頁 33-35。

Explorer 時，有旋轉的 e 字，或是微軟飄動的動畫商標等[33]。另，有些國家在非傳統商標上，亦採認嗅覺、味覺商標者，但因為嗅覺、味覺不容易以文字表達，且每個人對嗅覺、味覺的主觀辨別差異甚大，無法達到客觀可感知的程度。所以，除非其具有識別性，否則難作為申請商標的客體。

3-3 商標的種類

3-3.1 商品或服務商標[34]

商品或服務商標也就是一般「商標」(trademark)的合稱，是指任何具有識別性之標識，得以**文字、圖形、記號、顏色、立體形狀、動態、全像圖、聲音等，或其聯合式所組成**。前項所稱識別性，指足以使商品或服務之相關消費者認識為指示商品或服務來源，並得與他人之商品或服務相區別者（商 18）。

在 2003 年《商標法》修訂前，尚有**服務標章**[35]。修法後，新法將商標與服務標章合稱為「商標」，此可分為**商品商標**(goods trademark)與**服務商標**(service trademark)，例如：東元電機、微軟、Sony 等等。

---

[33] 又如 Visa、Master 卡上的全像圖(hologram)可從任何角度察看，或是營業包裝(trade dress)、裝潢、設計、顏色構圖等，都有可能受到商標的保護。見王世仁，《智慧財產權》，臺北：全華，2007 年 12 月，頁 15、17。

[34] 原依我國舊《商標法》規定的商標種類包括商標、服務標章、證明標章及團體標章，且有聯合商標及防護商標的制度。所謂「聯合商標」指：同一人以同一商標圖樣，指定使用於類似商品，或以近似之商標圖樣，指定使用於同一或類似商品。「防護商標」指：同一人以同一商標圖樣，指定於非同一或非類似而性質相關聯之商品。2003 年修正時，為避免不使用商標、減少審查成本及行政管理的困難，乃廢除聯合商標。另，又增訂對著名商標的保護，以取代防護商標。至於服務標章則納入商標範圍，又另增列團體商標。

[35] 舊《商標法》第 72 條第 1 項：「凡因表彰自己營業上所提供之服務，欲專用其標章者，應申請註冊為服務標章。」

3-3.2 證明標章

「證明標章」(certification mark)，可區分為一般證明標章，以及產地證明標章（詳後地理標示）。此處是指一般證明標章，係**證明標章權人用以證明他人商品或服務之特定品質、精密度、原料、製造方法、產地或其他事項，並藉以與未經證明之商品或服務相區別之標識**（商 80 I）。例如：CNS 國家標準、CAS 臺灣優良農產品標章、GMP 藥品優良製造作業規範(Good Manufacturing Practice)、㊣字標記、國際標準組織 ISO-9001 品質管理系統國際認證(ISO - International Standards Organization /International Organization for Standardization）。證明標章之申請人，以具有證明他人商品或服務能力之法人、團體或政府機關為限。前項之申請人係從事於欲證明之商品或服務之業務者，不得申請註冊（商 81）。

所以，證明標章並不是標識業者自己的商品或服務，而是證明標章權利人具有用來證明他人的商品或服務之**特定品質、精密度、原料、製造方法、產地或其他事項**；而申請註冊證明標章者，應檢附具有證明他人商品或服務能力之文件、證明標章使用規範書及不從事所證明商品之製造、行銷或服務提供之聲明。證明標章使用規範書應載明下列事項：

(1) 證明標章證明之內容。

(2) 使用證明標章之條件。

(3) 管理及監督證明標章使用之方式。

(4) 申請使用該證明標章之程序事項及其爭議解決方式。

商標專責機關於註冊公告時，應一併公告證明標章使用規範書；註冊後修改者，應經商標專責機關核准，並公告之（商 82 I、IV、V）。**經證明標章權人同意之人，應依證明標章使用規範書所定之條**

件，**使用該證明標章**（商 83）。例如：實際以證明標章使用於商品或其包裝容器；與服務有關的物品商品；與商品或服務有關的商業文書或廣告，或依行銷目的持有、陳列、販賣、輸出或輸入標示證明標章的商品等情形（商 17 準用商 5）。

3-3.3 團體標章

「團體標章」(collective marks)是**指具有法人資格之公會、協會或其他團體，為表彰其會員之會籍，並藉以與非該團體會員相區別之標識**（商 85）。例如：扶輪社、青商會、工總、商總的標誌等等。團體標章註冊之申請，應以申請書載明相關事項，並檢具團體標章使用規範書，向商標專責機關申請之。前項團體標章使用規範書應載明下列事項：

(1) 會員之資格。

(2) 使用團體標章之條件。

(3) 管理及監督團體標章使用之方式。

(4) 違反規範之處理規定（商 86）。

團體標章之使用，指團體會員為表彰其會員身分，依團體標章使用規範書所定之條件，使用該團體標章（商 87）。如將標章標示於相**關物品或文書上**，以表彰所屬團體或會員身分。

3-3.4 團體商標

「團體商標」(collective trademark)**指具有法人資格之公會、協會或其他團體，為指示其會員所提供之商品或服務，並藉以與非該團體會員所提供之商品或服務相區別之標識**。另有產地團體商標，係用以指示會員所提供之商品或服務來自一定產地者，該地理區域之商品或服務應具有特定品質、聲譽或其他特性，團體商標之申請人得以含有

該地理名稱或足以指示該地理區域之標識申請註冊為產地團體商標（商 88）。

團體商標註冊之申請，應以申請書載明商品或服務，並檢具團體商標使用規範書，向商標專責機關申請之。前項團體商標使用規範書應載明下列事項：

(1) 會員之資格。

(2) 使用團體商標之條件。

(3) 管理及監督團體商標使用之方式。

(4) 違反規範之處理規定。

產地團體商標使用規範書除上述所列應載明事項外，並應載明地理區域界定範圍內之人，其商品或服務及資格符合使用規範書時，產地團體商標權人應同意其成為會員。商標專責機關於註冊公告時，應一併公告團體商標使用規範書；註冊後修改者，應經商標專責機關核准，並公告之（商 89）。

所以，團體商標之使用，團體或其會員依團體商標使用規範書所定之條件，使用該團體商標（商 90）。

團體商標與一般的商標不同，團體商標主要在表彰團體的各個成員將團體商標使用於團體成員所提供的商品或服務上，而不是用以表彰單一商品或服務的來源。而團體商標也與團體標章不同，團體標章主要在表彰組織本身或其會員身分，而標示於相關物品或文書上，與商品或服務相關的商業活動也較無直接關係。

3-3.5 地理標示

「地理標示」(geographical indication)或譯為「產地標示」、「產地表記」，是指業者對其所生產的商品，為了表彰該商品來自某地域或

地理位置，或者凸顯該商品與生產地理上的特殊關係，如因為天候、水文、土壤或環境等因素，而促成該商品獨得的品質、聲譽與特性。例如：法國波爾多的葡萄酒，因為該地的環境因素，使得在該地生產的葡萄酒具有優良品質。假若，有業者明明知道其所生產的酒類並非產自波爾多，但卻標示波爾多時，可以想見，這種行為不但構成虛偽不實，侵害消費者的知悉權，而且也可能對真正出自產地的葡萄酒形成品質不良的負面印象，而影響業者的商譽與經濟利益。在 TRIPS 第 22 條第 2 項即有：**禁止使用不實且誤導的地理標示**，以避免產地誤導的不公平競爭結果的規定。

《商標法》第 30 條第 1 項第 9 款規定，「相同或近似於中華民國或外國之葡萄酒或蒸餾酒地理標示，且指定使用於與葡萄酒或蒸餾酒同一或類似商品，而該外國與中華民國簽訂協定或共同參加國際條約，或相互承認葡萄酒或蒸餾酒地理標示之保護者」，不得註冊。但地理標示具有證明該酒類的特性、品質者，得申請為證明標章。2004 年 9 月，智慧財產局也已公布〈地理標示申請證明標章註冊作業要點〉作為規範。

又依《商標法》第 80 條第 2 項規定，用以證明產地者，該地理區域之商品或服務應具有特定品質、聲譽或其他特性，**證明標章之申請人得以含有該地理名稱或足以指示該地理區域之標識申請註冊為產地證明標章**。申請註冊產地證明標章之申請人代表性有疑義者，商標專責機關得向商品或服務之中央目的事業主管機關諮詢意見。外國法人、團體或政府機關申請產地證明標章，應檢附以其名義在其原產國受保護之證明文件（商 82 II、III）。

產地證明標章之產地名稱不適用第 29 條第 1 項第 1 款（僅由描述所指定商品或服務之品質、用途、原料、產地或相關特性之說明所構成者）及第 3 項（僅由其他不具識別性之標識所構成者）規定。產

地證明標章權人不得禁止他人以符合商業交易習慣之誠實信用方法，表示其商品或服務之產地（商 84）。

至於工業產品，《商標法》並沒有特別給予地理標示的保護。如果有虛偽不實者，可依《公平交易法》第 21 條第 1 項：「事業不得在商品或其廣告上，或以其他使公眾得知之方法，對於商品之價格、數量、品質、內容、製造方法、製造日期、有效期限、使用方法、用途、原產地、製造者、製造地、加工者、加工地等，為虛偽不實或引人錯誤之表示或表徵。」予以規範，避免消費者受到不實地理標示的誤導。

3-4 商標註冊的要件

3-4.1 商標註冊的積極要件：識別性

「識別性」(distinctiveness)**指商標應具有使相關消費者得區辨商品或服務來源的識別性**。換言之，商標應足以使商品或服務的相關消費者認識其為表彰商品或服務的標識，並得藉以與他人的商品或服務相區別，而不致使相關消費者產生混淆誤認之虞。例如：Sony 與 Panasonic 乃表彰不同電器商品與服務的標識。反之，在交易上無從識別自己與他人商品或服務來源者，即無識別性。

商標識別性的判斷應以**商品或服務之相關消費者**為準。例如，對於一般日用商品或服務的識別，應以一般大眾消費者的認識為標準，如味全食品、屈臣氏；但對於流通於專業的商品或服務，則應以專業人士的觀點為標準，如精密的醫療器材、特殊建材的品牌，一般消費大眾未必知悉這些商品，所以應以醫師、建築師所認識商品品牌或服務作為商標的識別判斷[36]。

---

[36] 見 2003 年（舊）《商標法》第 5 條修正理由。

　　依《商標法》第 29 條規定:「商標有下列不具識別性情形之一,不得註冊:一、僅由描述所指定商品或服務之品質、用途、原料、產地或相關特性之說明所構成者。二、僅由所指定商品或服務之通用標章或名稱所構成者。三、僅由其他不具識別性之標識所構成者。有前項第一款或第三款規定之情形,如經申請人使用且在交易上已成為申請人商品或服務之識別標識者,不適用之。商標圖樣中包含不具識別性部分,且有致商標權範圍產生疑義之虞,申請人應聲明該部分不在專用之列;未為不專用之聲明者,不得註冊。」

　　所以,申請的商標如果不具備識別性,自應依法核駁。但如果申請商標雖不具有識別性,然經申請人使用且在交易上已成為申請人商品或服務之識別標識者,則仍得視其實際使用於商品的市場情況、銷售數量或占有率,佐證該原不具識別性的商標,已足使消費者將此圖樣與其所生產的商品或服務產生聯想,而具有商品或服務識別的功能(即符合第二意義)時,仍得申請商標註冊。

　　另外,商標的識別性具有強弱上的差異,通常獨創性商標的識別性最強,任意性商標、暗示性商標次之,而描述性商標(取得商標第二意義者除外)、通用標章或名稱則不具識別性,其可區分如下[37]:

(1) 獨創性商標(coined words/ fanciful marks):「獨創性標識」指運用智慧獨創所得,非沿用既有的詞彙或事物,其本身不具特定既有的含義,該標識創作的目的即在於以之區別商品或服務的來源。核准案例如:「GOOGLE」使用於搜尋引擎服務;「震旦」使用於電信加值網路之傳輸服務;「普騰」使用於電視機、音響商品; 使用於汽車、客車商品。

---

[37] 引自經濟部智慧財產局《商標識別性審查基準》,2012 年版(中華民國 101 年 4 月 20 日經濟部經授智字第 10120030550 號令修正發布,101 年 7 月 1 日生效),頁 2-3。

(2) **任意性商標**(arbitrary marks)：「任意性標識」指由現有的詞彙或事物所構成，但與指定使用商品或服務本身或其品質、功用或其他特性全然無關者，因為這種型態的標識未傳達所指定使用商品或服務的相關資訊，不具有商品或服務說明的意義，消費者會直接將其視為指示及區別來源的標識。核准案例如：「蘋果 APPLE」、「黑莓 BlackBerry」使用於電腦、資料處理器商品；「風信子」使用於杯、碗、盤商品；「向日葵」使用於太陽能收集器商品；「春天」使用於餐廳、旅館服務；使用於衣服商品。

(3) **暗示性商標**(suggestive marks)：「暗示性標識」指以隱含譬喻或想像力暗示商品或服務品質、功用或其他有關成分、性質等特性，雖較易為消費者所聯想，但並非競爭同業必須或通常用以說明商品或服務的標識。核准案例如：「快譯通」使用於電子辭典商品；「一匙靈」使用於洗衣粉商品；「克潮靈」使用於除濕劑商品；「靠得住」使用於衛生棉商品；「足爽」使用於香港腳藥膏商品。

(4) **描述性商標**(descriptive marks)：描述性標識指對於商品或服務的品質、功用或其他有關的成分、原料、產地等特性，作直接、明顯描述或說明的標識，消費者容易將之視為商品或服務的說明，而非識別來源的標識，故也稱說明性商標。所謂商品或服務之說明，依一般社會通念，如為商品或服務本身之說明，或與商品或服務本身之說明有密切關聯者，即不得註冊，不以一般提供該商品或服務者所共同使用為必要。例如：「燒烤」使用於餐廳服務；「記憶」使用於枕頭、床墊商品；「霜降」使用於肉類商品；「HID」（High Intensity Discharge，氣體放電式）使用於車燈商品等。另業者常用來表示商品或服務優良品質的標榜用語與標示，或為消費者喜愛的商品或服務特性的描述，例如：金牌圖

形、頂級、極品、特優、良品、正宗、鮮、低脂、deluxe（高級的）、best（最佳的）、top（最好的）、extra（超級的）、fresh（新鮮的）、light（輕淡的、低脂的）等用語，亦屬於描述性標識。

(5) 通用標章或名稱(generic term)：通用標章是業者就特定商品或服務所共同使用之標誌，通用名稱則為業者通常用以表示商品或服務之名稱，通用名稱亦包括其簡稱、縮寫及俗稱。對相關消費者而言，通用標章或名稱只是一般業者用來表示或指稱商品或服務本身，缺乏識別來源的功能，例如：「紅、藍、白三色旋轉霓虹燈」為理容院的通用標章、「開心果」為阿月渾子果實的俗稱、「阿拉比卡(Arabica)」為咖啡樹的品種名稱，不僅消費者無法藉以識別來源，且應避免由一人取得排他專屬權而影響公平競爭，或以訴訟干擾他人使用該用語，故不得由特定人註冊專用。核駁案例：「樓蘭磚」係一種仿古磚，為指定磁磚、地磚商品的通用名稱。「雪花石」係一種石材，為指定人造石、天然石材商品的通用名稱。「TAPAS」係一種西班牙傳統小酒館或酒前小菜，為所指定餐廳、啤酒屋、酒吧服務本身或服務內容的通用名稱。又各行業通常使用的物品形狀，如一般未經設計的鋁罐、酒瓶或保特瓶，也不具有識別性，不能申請註冊（商 29 Ⅰ②）。此外，商標註冊後，經過社會使用，普遍適用後卻成為通用名稱，如Aspirin（阿斯匹靈）、賽璐玢（Cellophane／玻璃紙），則會成為商標廢止的原因。

其他不具先天識別性的標識，如《商標識別性審查基準》所列：單一字母；型號；單純數字；簡單線條或基本幾何圖形；裝飾圖案；姓氏；稱謂與姓氏結合；公司名稱；網域名稱；習見的宗教神祇、用語與標誌、標語；習見祝賀語、吉祥語、流行用語與成語等。當缺乏

指示來源的功能時，亦屬不具識別性的標識，不得註冊。核駁案例如：「13」使用於乾冰除汙機、乾冰除汙機噴嘴商品，為單純的數字，不具識別性。「分享簡單，幸福延伸」使用於冷熱飲料店、飲食店，為一般廣告用語，不具識別性。

所以，獨創性商標、任意性商標、暗示性商標係自創、以指定或暗示某特定商品或服務來源，屬於強勢商標。而敘述性商標如果能取得第二意義，雖得申請註冊，但仍屬於弱勢商標。至於通用標章或名稱，則往往不具識別性，不能申請註冊。

3-4.2 商標註冊的消極要件

商標註冊的消極要件，指**若有某種情形存在，則不得註冊商標**。例如，不具識別性或未聲明不專用，以及不具識別性以外之事由。茲敘述如下（商 30 I）：

(1) 僅為發揮商品或服務之功能所必要者：依社會通念，商標為商品之說明或與商品之說明具有密切關係，或服務本身之說明或與服務本身之說明有密切關聯者，如果可以申請商標專用，對於其他同業恐有妨礙自由競爭之虞，所以不得註冊。例如：「螢光」係表示染料類商品本身之品質與功用之文字；「橢圓形膠囊圖形」或「拋物線形膠囊」，為一般藥商盛裝藥品所通用的形狀；或者如「自然呼吸」指定於襪子、褲襪、絲襪、內衣褲，易讓人直接聯想其商品穿著後有自然透氣之舒適感，與商品的說明具有密切關聯；「清火」指定於汽水、沙士、果汁、青草茶等商品申請註冊，亦有使人直接聯想其商品為清涼、降火之飲料，與申請註冊商標所使用之商品說明具有密切關聯，故不得申請註冊。

(2) 相同或近似於中華民國國旗、國徽、國璽、軍旗、軍徽、印信、勳章或外國國旗，或世界貿易組織會員依《巴黎公約》第 6 條之

3 **第 3 款所為通知之外國國徽、國璽或國家徽章者**：國旗、國徽、國璽、軍旗、軍徽是國家及軍隊的精神象徵，印信是表彰政府機關的公信力憑證，勳章則為表揚特定國家榮譽的標誌，若能將之申請註冊，隨商品廣泛流傳，恐有損國家的尊嚴及公信力，或對特殊榮譽有所貶抑。因此，基於公共利益，私人不得將之申請商標專用。另外，對於禁止使用相同或近似於外國國旗的商標，旨在尊重外國國格，所以不問該國是否為我國的邦交國或有無外交關係，均不得註冊[38]。

(3) **相同於國父或國家元首之肖像或姓名者**：國父及國家元首具有尊崇地位，為避免其肖像及姓名在市場上因廣泛使用，致減損其個人及代表國家的尊嚴，所以其肖像及姓名均不得註冊。但如果是近似於國父或國家元首的肖像或姓名，則應視其近似的商標是否有構成妨害公共秩序、善良風俗，或是有使公眾誤認、誤信其商品或服務的性質、品質或產地之虞，依實際情形判斷是否為其他不得註冊的事由所禁止。

(4) **相同或近似於中華民國政府機關或其主辦展覽會之標章，或其所發給之褒獎牌狀者**：中華民國政府機關，包括中央及地方政府機關。展覽性質集會，指在中華民國**境內舉辦**的展覽集會，因政府機關或展覽性質集會所使用的標章或所發的褒獎牌狀，具有信賴的公共利益，所以不得任由私人註冊商標。但如果是相同或近似中華民國**境外展覽**集會的標章或所發的褒獎牌狀，若有致公眾誤認、誤信之虞，則視其是否為其他不得註冊事由所禁止。另，申請人如果為政府機關或相關機構，為彰顯其機構的標識，則仍可申請註冊。

---

[38] 經濟部智慧財產局，《商標法逐條釋義》，2021 版，頁 84。

(5) **相同或近似於國際跨政府組織或國內外著名且具公益性機構之徽章、旗幟、其他徽記、縮寫或名稱，有致公眾誤認誤信之虞者：** 國際著名組織或國內外著名機構具有公益性或權威性，為避免私人利用該組織名義使消費者誤信商品或服務之來源與上述機構有關，因此不得假借名義申請註冊。例如：「十字圖形」易使一般購買者對該項商品的來源發生錯覺，誤認其係國際紅十字會或區域性紅十字會機構所生產或推薦之藥品而購買，故不能申請註冊商標。國際著名組織的標章除了紅十字章外，尚有聯合國、亞太經濟合作會議（Asia Pacific Economic Cooperation，簡稱 APEC）、WTO、國際奧林匹克委員會等。國內外著名機構，如我國的慈濟功德會、美國的 CIA、FBI 等均屬之。另，申請人若為政府機關或相關機構，則不在此限，仍可申請註冊。

(6) **相同或近似於國內外用以表明品質管制或驗證之國家標誌或印記，且指定使用於同一或類似之商品或服務者：** 如「正字標記」是符合於國家標準所核發的驗證標記，而「其他國內外同性質驗證標記」則涵蓋他國及政府機關依該國法令所核發的驗證標記，且性質需同於我國正字標記所為表彰產品品質的驗證標準所核發的標記，如符合歐盟指令的 CE 產品安全認證。為避免消費者誤認所購買的商品品質係經過國家標準驗證，而蒙受損失，所以不得申請註冊。

(7) **妨害公共秩序或善良風俗者：** 申請商品圖樣如果有違公共秩序或社會善良風俗，不得註冊。例如：損害國家、民族或社會的尊嚴者；鼓勵或煽惑犯罪、違法或擾亂社會秩序者；非法組織、叛亂團體或盜匪、幫派等集團或個人之標記者；易使人產生恐怖、醜惡感而影響社會心理健康者；對於某一國家、種族、地區、宗教、團體、職業或個人表示侮辱或不尊重者；違悖倫理，提倡迷信或敗壞風化者等等皆屬之。實務上，法院曾認為「花花女郎及

圖」，其商標圖樣除花花女郎、PLAYMATE 等文字外，並具有一
嘴唇，上附以狐狸之形象，影射之含義顯而易見，用於書籍，有
違公共秩序及善良風俗[39]。

(8) **使公眾誤認誤信其商品或服務之性質、品質或產地之虞者：**判斷
申請商標是否會使公眾誤信其商品之性質、品質或產地之虞，必
須以各項客觀的環境事實、資料證據，甚至歷史背景作為分析判
斷之依據，方符合經驗法則及論理法則[40]。例如：咖啡容器上有藍
山圖樣，使人誤認為藍山咖啡（性質）、度量衡器材上有 ISO 標
記，使消費者誤以為經過檢查合格（品質）。「阪井サカイ」商
標使用日本地名，有使一般消費者誤認其指定之商品為日本所生
產、製造、加工、揀選、批售、經紀而購買之虞[41]。「十伍糧液
酒」商標圖樣指定於白蘭地酒、威士忌酒等酒類商品，與大陸地
區名酒「五糧液」中文近似，有使公眾對其商品的來源、產地產
生誤信之虞[42]。又如以「ASCOTT」指定於酒類包括威士忌酒，在
外觀上與英國倫敦西南方之城鎮「ASCOT」極度近似，讀音亦相
同。雖然 ASCOT 城係英國皇家賽馬舉行之地點，每年英國女王及
皇室皆會親臨該城參觀賽馬，此盛況已形成英國特色之一，
ASCOT 城亦成為英國著名代表城市之一，則使用「ASCOTT」於
英國具有世界領導地位之威士忌酒產品上，自有使消費者聯想到
來自英國的可能性，而「ASCOTT」實係與 SCOT、SCOTCH、
SCOTTISH、SCOTLAND 等詞具有相同歷史淵源背景。且「A」
及「SCOTT」的組合，更使消費者有誤以為係 A 級（最佳）的

---

[39] 67 年訴字第 12378 號訴願決定。

[40] 86 年判字第 2008 號判決。另，所謂「之虞」是指避免誤信誤認之「可能發生」，並非必待公
眾已產生誤認誤信，或「一定」會產生誤信誤認者，才有適用餘地。

[41] 76 年判字第 1313 號判決參照。

[42] 90 年判字第 2319 號判決參照。

「SCOTT」威士忌酒之虞，「SCOTT」字尾多加的「T」字母，係為避免與 SCOT 等字完全一樣，自應核駁[43]。

另產地如果是作為商品的描述說明，則屬於 29 條第 1 項第 1 款不具識別性，不得註冊。如確實為彰化肉圓、美濃粄條。另商標註冊後，因不當使用，有致公眾誤認誤信其商品或服務的性質、品質或產地之虞者，可能構成廢止商標的事由（商 63 I⑤）。

(9) **相同或近似於中華民國或外國之葡萄酒或蒸餾酒地理標示，且指定使用於與葡萄酒或蒸餾酒同一或類似商品，而該外國與中華民國簽訂協定或共同參加國際條約，或相互承認葡萄酒或蒸餾酒地理標示之保護者**：所謂「地理標示」包括來源地標示及原產地標示，其目的在表彰某商品係來自某地域或某地理位置，且該商品的品質、特徵或商譽與該地理位置相關者。例如：慕尼黑白香腸是德國巴伐利亞名產，外觀圓融色白，口感順滑鬆軟，用水煮熟後沾甜芥末食用[44]。本款適用只需要相同或近似為要件，不需要使公眾誤認誤信為必要。且本款**僅保護酒類地理標示**[45]，而不涉及其他農產品。例如：Champagne 香檳為法國香檳區所產之著名氣泡酒，我國即不能允許他人申請將之註冊。如果是其他農產品、農產加工品或手工藝品有使公眾誤認誤信其商品或服務的性質、品質或產地之虞，則構成本條第 1 項第 8 款的事由，亦不得註冊。

---

[43] 86 年判字第 2008 號判決參照。

[44] 德國聯邦專利商標局接受申請，於 2005 年 2 月 25 日公告，註冊登記內容包括該香腸必備之詳細產地資料、原料成分、份量及一定的製作方式。

[45] 另，我國《酒類標示管理辦法》第 13 條規定：「本法所稱地理標示，係指足以表徵商品之特定品質、聲譽或其他特色之國家或地區等地理來源，且該來源為該商品之原產地；地理標示應符合各該地區或國家之規定。酒類之標示，不得利用翻譯用語或同類、同型、同風格或相仿等其他類似標示或補充說明係產自其他地理來源。其已正確標示實際原產地者，亦同。酒類標示地理標示時，應於報關前或出廠前將原產地（國）之政府或政府授權之商會所出具之地理標示證明書送中央主管機關備供查核。」

另，地理標示主要表示該商品的特定品質、聲譽或其他特性，係歸因於其地理來源而得為證明者。所以，**證明標章可以兼容地理標示**。換言之，用以證明產地者，該地理區域之商品或服務應具有特定品質、聲譽或其他特性，證明標章之申請人得以含有該地理名稱或足以指示該地理區域之標識申請註冊為產地證明標章（商 80）[46]。

(10) 相同或近似於他人同一或類似商品或服務之註冊商標或申請在先之商標，有致相關消費者混淆誤認之虞者。但經該註冊商標或申請在先之商標所有人同意申請，且非顯屬不當者，不在此限。

(11) 相同或近似於他人著名商標或標章，有致相關公眾混淆誤認之虞，或有減損著名商標或標章之識別性或信譽之虞者。但得該商標或標章之所有人同意申請註冊者，不在此限：所謂「著名商標或標章」指有客觀證據足以認定已廣為相關事業或消費者所普遍認知，而非依照一般消費者（社會大眾）的認知而定。我國為符合 WIPO 有關著名商標的保護條件，因此對於相同或近似於他人著名商標，而有致公眾混淆誤認，或減損該著名商標者，亦列為不得申請註冊的事由。

(12) 相同或近似於他人先使用於同一或類似商品或服務之商標，而申請人因與該他人間具有契約、地緣、業務往來或其他關係，知悉他人商標存在，意圖仿襲而申請註冊者。但經其同意申請註冊者，不在此限：本於誠實信用原則，如果因為契約、地緣或業務往來關係而知悉廠商的商標，進而搶先註冊與之相同或相近的商標於同一或類似的商品上，不但有違誠信，亦構成不公平競爭，

---

[46] 經濟部智慧財產局《地理標示申請證明標章註冊作業要點》（2004 年 9 月 2 日經授智字第 0932003101-0 號令訂定發布）。TRIPS 第 22 條所謂的「地理標示」，指為辨別一商品係產自一會員之領域，或其領域內之某一地區或地點之標示，而該商品的特定品質、聲譽或其他特性，主要係歸因於其地理來源者而言。

除非取得他人同意，否則不得申請註冊。另，本款規範商標之使用，也就是知悉他人商標之外，尚有利用平面圖像、數位影音、電子媒體、網路或其他媒介物，使相關消費者認識其為商標，或使用於商品、服務或其他有關之物件。

(13) **有他人之肖像或著名之姓名、藝名、筆名、稱號者。但經其同意申請註冊者，不在此限**：他人的肖像、姓名、藝名、筆名、字號為專屬一身的人格權，未經過本人同意，不得被不當註冊為商標。而「著名」是指一般社會大眾熟悉該本人使用之姓名、藝名、筆名、字號的程度，並不以全國或世界著名為必要條件。

(14) **相同或近似於有著名之法人、商號或其他團體之名稱，有致相關公眾混淆誤認之虞者。但經其同意申請註冊者，不在此限**：本款保護的「名稱」指該名稱的「特取部分」。例如：某電器公司取「宏碁」名稱用於自家生產的電器。「著名」不需要以達到全國著名為必要。「其他團體」指自然人及法人以外，**其他無權利能力之團體**而言，如果該團體具有一定的名稱、組織而有自主意思，其團體名稱對外具有一定商業行為或從事業務多年，而具有相當的知名度，為一般人所知悉或熟識，且受有保護的利益時，不論其是否從事公益，均為《商標法》保護的對象[47]。

(15) **商標侵害他人之著作權、專利權或其他權利，經判決確定者。但經其同意申請註冊者，不在此限**：本款情況，是指商標申請時有侵害他人之著作權、專利權或其他權利之事實，在提出異議、申請評定或提請評定程序中，檢附確定判決書，以證明該商標之註冊確實侵害他人之著作權、專利權或其他權利。此須與其他發生在註冊前或註冊後的侵權行為區別。換言之，在商標註冊前，侵害他人之著作權、專利權或其他權利，於註冊後經法院判決侵害

---

[47] 司法院大法官釋字第 486 號解釋。

確定者，利害關係人或審查人員得申請或提請商標專責機關評定其註冊（商 57 I）。

上述第 9 款及第 11 款至第 14 款所規定之地理標示、著名及先使用之認定，以申請時為準。第 1 項第 2 款、第 4 款、第 5 款及第 9 款規定，於政府機關或相關機構為申請人或經其同意申請註冊者，不適用之。

商標圖樣中包含第 1 項第 1 款之功能性部分，未以虛線方式呈現者，不得註冊；其不能以虛線方式呈現，且未聲明不屬於商標之一部分者，亦同[48]（商 30 II、III、IV）。

3-5　商標的申請與審查

3-5.1　商標的申請

凡欲取得商標權者，應該依照《商標法》的規定申請註冊。申請人可為自然人、法人、合夥組織、依法設立之非法人團體或依商業登記法登記之商業，而欲從事其所指定商品或服務之業務者（商 19 I），並得委任代理人辦理之[49]。但「團體商標」主要是表彰其成員的

---

[48] 修正理由：商標圖樣中包含功能性部分，現行第 4 項係規定準用前條第 3 項聲明不專用之規定。然商標圖樣中具功能性之部分，基於公益性考量，並無法透過使用取得註冊，且非屬商標之一部分，不應將整體作為混淆誤認之虞之判斷，爰明定功能性部分若未以虛線方式呈現者，不得註冊。另商標具功能性之部分，不能以虛線方式呈現者（如非視覺可感知之聲音或氣味等），則應聲明不屬於商標之一部分後，始得註冊。

[49] 《商標法》第 6 條：「申請商標註冊及其他程序事項，得委任代理人辦理之。但在中華民國境內無住所或營業所者，應委任代理人辦理之。前項代理人以在國內有住所，並具備下列資格之一者為限：一、依法得執行商標代理業務之專門職業人員。二、商標代理人。前項第二款規定之商標代理人，應經商標專責機關舉辦之商標專業能力認證考試及格或曾從事一定期間之商標審查工作，並申請登錄及每年完成在職訓練，始得執行商標代理業務。前項商標專業能力認證考試之舉辦、商標審查工作之一定期間、登錄商標代理人之資格與應檢附文件、在

商品或所提供的服務，所以應由有會員的社團法人為限。另，「證明標章」是以具有證明他人商品或服務能力的法人、團體或政府機關為限，如果只是想證明自己的商品或服務品質，自然不得為申請人。

有關商標之申請及其他程序，得以電子方式為之。商標專責機關之文書送達，亦同（商 13 I）。申請人申請商標註冊，應注意下列事項：

(1) 備妥文件，向智慧財產局提出申請：申請商標註冊，應備具申請書，載明申請人、商標圖樣及指定使用之商品或服務，向商標專責機關申請之。申請商標註冊，以提出前項申請書之日為申請日。商標圖樣應以清楚、明確、完整、客觀、持久及易於理解之方式呈現。申請商標註冊，應以一申請案一商標之方式為之，並得指定使用於二個以上類別之商品或服務（商 19 I、II、IV、V）。例如：申請聲音商標，應以五線譜、簡譜或描述說明（如由男聲唱出申請書上所附之樂譜），檢附存載該聲音的光碟片。申請立體形狀商標，應以立體形狀圖形表示及相關說明。

(2) 優先權日：申請人如果與我國有相互承認優先權之國家或世界貿易組織會員，依法申請註冊之商標，其**申請人於第一次申請日後 6 個月內**，向中華民國就該申請同一之部分或全部商品或服務，以相同商標申請註冊者，得主張優先權。外國申請人為非世界貿易組織會員之國民且其所屬國家與中華民國無相互承認優先權者，如於互惠國或世界貿易組織會員領域內，設有住所或營業所者，得依前項規定主張優先權。主張優先權者，其申請日以優先權日為準。主張複數優先權者，各以其商品或服務所主張優先權日為申請日（商 20 I、II、VI、VII）。2011 年《商標法》增訂有關展

職訓練之方式、時數、執行商標代理業務之管理措施、停止執行業務之申請、廢止登錄及其他應遵行事項之辦法，由主管機關定之。」

覽會優先權的規定，即「於中華民國政府主辦或認可之國際展覽會上，展出使用申請註冊商標之商品或服務，自該商品或服務展出日後 6 個月內，提出申請者，其申請日以展出日為準。前條規定，於主張前項展覽會優先權者，準用之。」（商 21）。

(3) 一申請案一商標方式：申請商標註冊，應以一申請案一商標之方式為之，並得指定使用於二個以上類別之商品或服務（商 19 V）。

(4) 數人同日申請的決定順序：二人以上於同日以相同或近似之商標，於同一或類似之商品或服務各別申請註冊，有致相關消費者混淆誤認之虞，而不能辨別時間先後者，由各申請人**協議定之**；不能達成協議時，以抽籤方式定之（商 22）。

(5) 得聲明不專用，申請商標註冊：商標圖樣中包含不具識別性部分，且有致商標權範圍產生疑義之虞，申請人應聲明該部分不在專用之列；未為不專用之聲明者，不得註冊（商 29 III）。例如將說明性或不具識別性文字予以圖形化，使商標圖樣整體具有識別性，惟該含有不具識別性之文字是否取得排除他人使用之效力有疑義時，申請人仍應聲明該等文字不在專用之列，以釐清專用範圍[50]。如果未聲明，即不得註冊，應予核駁審定。換言之，如果不具識別性的部分，已經在業界有相當共識，對於他人並沒有商標權範圍上的疑義時，就不需要就該不具識別性的部分，特別聲明不專用。例如：好房不動產，指定使用在不動產買賣服務，該不動產之名稱，不需聲明不專用。

---

[50] 經濟部智慧財產局，《商標法逐條釋義》及參照商標專責機關公告之「聲明不專用審查基準」。

(6) **申請事項的變更**：商標圖樣及其指定使用之商品或服務，申請後即不得變更。但指定使用商品或服務之減縮，或非就商標圖樣為實質變更者，不在此限（商 23）。所以，原則上商標申請後即不得變更，但如果因為指定使用的商品或服務減縮，或其變更未影響原商標圖樣給予消費者識別來源的同一印象，如刪除圖樣中有機、新鮮、®或ⓔ等文字或記號，因非屬實質變更，應可准予變更。若屬於商標註冊申請事項之變更，例如，申請人之名稱、地址、代理人或其他註冊申請事項變更者，應向商標專責機關申請變更（商 24）。

(7) **申請事項的更正**：商標註冊申請事項有下列錯誤時，得經申請或依職權更正之：①申請人名稱或地址之錯誤；②文字用語或繕寫之錯誤；③其他明顯之錯誤。前項之申請更正，不得影響商標同一性或擴大指定使用商品或服務之範圍（商 25）。

(8) **申請案的分割**：申請人於申請時即可以一商標註冊申請案，指定用於兩個以上類別的商品或服務。所以，實務上申請人亦可向智慧財產局請求將原先提出的一商標註冊申請案，分割為兩個以上的註冊申請案，惟仍以原註冊申請日為申請日（商 26）。申請分割註冊申請案者，應備具申請書，載明分割件數及分割後各商標之指定使用商品或服務，並按分割件數檢送分割申請書副本及其申請商標註冊之相關文件。分割後各商標申請案之指定使用之商品或服務不得重疊，且不得超出原申請案指定之商品或服務範圍。核准審定後註冊公告前申請分割者，商標專責機關應於申請人繳納註冊費，商標經註冊公告後，再進行商標權分割（商施 27）[51]。

---

[51] 商標權分割，係指就註冊商標所指定使用的商品/服務加以分割，並非就商標圖樣的構成部分加以分割（商 37）。商標權人可藉由商標分割制度活絡運用其商標權。例如商標權人僅要將

(9) 商標註冊申請所生之權利移轉：因註冊商標之申請所生之權利（即申請權），得移轉於他人（商 27）。移轉商標註冊申請所生之權利，申請變更申請人名義者，應備具申請書，並檢附移轉契約或其他移轉證明文件。前項申請應按每一商標各別申請。但繼受權利之人自相同之申請人取得二以上商標申請權者，得於一變更申請案中同時申請之（商施 28）。

(10) 申請案的補正及駁回：商標之申請及其他程序，除本法另有規定外，遲誤法定期間、不合法定程式不能補正或不合法定程式經指定期間通知補正屆期未補正者，應不受理。但遲誤指定期間在處分前補正者，仍應受理之（商 8 I）。

3-5.2　商標的審查

　　商標專責機構對於商標註冊的申請案，應指定審查人員審查之（商 14）。商標申請案的審查程序，係先形式審查，後實體審查：

(1) 形式審查：申請人提出商標申請案，商標專責機構應先行形式審查。如文件不備、規費是否繳納、審查該申請案是否違反法定程序。如果不合法定程序，應通知申請人限期補正，逾期不為補正者，駁回申請。若合於法定程序或於期限內已為補正者，該申請案即進入實體審查。

(2) 實體審查：申請案進入實體審查程序，主要在審查其是否合乎註冊要件，是否有不准註冊的事由，亦須**判斷申請商標是否相同或近似於他人同一或類似商品或服務之註冊商標**，亦即審查商標是

部分商品的商標權移轉給他人，此時可先將商標權作分割後再進行移轉；或註冊商標涉有異議、評定或廢止案件，得以分割方式維持與他人無衝突部分的商標權。但應於爭議案件處分前申請分割（商 38 III）。引自智慧財產局，https://topic.tipo.gov.tw/trademarks-tw/cp-508-858525-53488-201.html

否從客觀外觀、讀音或概念近似，致有**造成混淆誤認之虞**的情形。

　　申請商標註冊，申請人有即時取得權利之必要時，得敘明事實及理由，繳納加速審查費後，由商標專責機關進行加速審查。但商標專責機關已對該註冊申請案通知補正或核駁理由者，不適用之（商 19 VIII）。

3-5.3 審查的決定

(1) 核駁審定：商標審查人員就商標註冊申請案經審查認有第 29 條第 1 項、第 3 項、第 30 條第 1 項、第 4 項或第 65 條第 3 項規定不得註冊之情形者，應予核駁審定。前項核駁審定前，應將核駁理由以書面通知申請人限期陳述意見。指定使用商品或服務之減縮、商標圖樣之非實質變更、註冊申請案之分割及不專用之聲明，應於核駁審定前為之（商 31）。

(2) 核准審定：商標註冊申請案經審查無第 30 條第 1 項規定之情形者，應予核准審定。經核准審定之商標，申請人應於審定書送達日後 2 個月內，繳納註冊費後，始予註冊公告，並發給商標註冊證；屆期未繳費者，不予註冊公告。申請人非因故意，未於前項所定期限繳費者，得於繳費期限屆滿後 6 個月內，繳納 2 倍之註冊費後，由商標專責機關公告之。但影響第三人於此期間內申請註冊或取得商標權者，不得為之（商 32）。

3-6　商標近似與商品／服務的類似

3-6.1　商標「混淆誤認之虞」

　　商標是一種標識，亦即用以識別商品或服務的來源。對消費者而言，商標背後代表著企業所提供商品或服務的信譽與優劣形象，是消費者據以選購該商品或服務的依據。因此，商標權人對其商標具有預期從市場上獲得經濟利益或利潤的作用，假若他人未經商標權人同意而使用於商品，固然屬於侵害商標權的行為，又若設計出近似於已註冊的商標，而讓相關消費者對商品或服務的來源有混淆誤認之虞，也屬於不得申請商標的對象。換言之，《商標法》要禁止混淆誤認以確保商標的識別功能，另一方面，混淆誤認也是禁止第三人使用商標的範圍限制。在《商標法》第 30 條第 1 項第 10 款規定，「**相同或近似於他人同一或類似商品或服務之註冊商標或申請在先之商標，有致相關消費者混淆誤認之虞者**」，不得註冊，即是彰顯與確保以商標識別商品或服務的主要功能。

　　例如：商品／服務之相關消費者誤認二商標為同一來源，換言之，由於商標的關係，誤認來自不同來源的商品／服務以為來自同一來源，有稱此為錯誤的混淆誤認。例如「家麗寶」與「佳麗寶」、「Ck」與「Gk」、「HTC」與「Htc」，使用在相同商品／服務上，易引起消費者辨識錯誤，誤認為同一來源之商品。又如，商品／服務之相關消費者雖不會誤認二商標為同一商標，但極有可能誤認二商標之商品／服務為同一來源之系列商品／服務，或誤認二商標之使用人間存在關係企業、授權關係、加盟關係或其他類似關係。例如均使用於藥品之「寧久靈」與「零疤寧」，以及均透過網路提供資訊服務之「104購物銀行」與「104 人力銀行」等，極有可能被認為二商標表彰者係同一廠商之系列商品／服務或廠商間存在前述特定關係。

3-6.2　商標近似的態樣

(1) 外觀近似：指商標圖樣之構圖、排列、字型、設色等近似，有產生混同誤認之虞者。如 TOYATO 與 TAYOTA、SONY 與 SQNY。商標予以消費者的第一印象在於外觀，所以當二文字商標之外觀構成近似時，雖然觀念與讀音未必近似，仍可認為該二商標為近似。例：「**Pchbcl**」與「**Pentel**」。又如，二文字商標之外觀雖然不近似，例如一為楷書體、一為篆書體，或一為繁體字、一為簡體字，但其**字義近似**，仍會因觀念及讀音近似而認為近似。圖形、顏色或立體商標則著重於外觀的比對，是以圖形、顏色或立體商標雖在觀念上相同，仍應以外觀比對為原則。例如：Hello Kitty 與 Garfield，在觀念上均為貓，但經過外觀設計的差異，「凱蒂貓」與「加菲貓」均可註冊。立體商標與平面商標之間也可能構成近似，例如：立體造形的凱蒂貓商標與平面的凱蒂貓圖商標，會構成觀念與外觀近似。

(2) 讀音近似：一般使用中文商標，原則側重於（字形）外觀及觀念的對比，但如果使用的商品或服務是以**唱呼**為主要的行銷方式時，則應提升其讀音（字音）比對之比重。又假若屬於拼音性之外文，如英法德日語等，在比對時自應以消費者較熟悉的讀音比對為重。商標的讀音有無混同誤認之虞，應以**連貫唱呼**為標準。如偉他露與維他露；「酷魚」、英文「CORHEA」與據以異議之商標「鱷魚」之閩南語讀音，亦屬近似[52]。是以除非**二商標中文之外觀也極為近似**，例如「味王」與「玉味」，以致後者左右方向對調可能與前者構成近似外，不宜僅因左右方向對調後讀音近似而遽認定整體商標近似。例如：「元鄉」與「香圓」。

---

[52] 異時異地隔離觀察或連貫唱呼之際，客觀上難謂無使商品購買者產生混同誤認之虞（臺北高等行政法院 91 訴字第 1438 號判決參照）。

(3) 觀念近似：如「鮮霸王」與「鮮爸王」指定使用的商品，一為醬菜，一為醬油，雖然非同類，但兩者均供食用或佐膳，通常由同一商店發售，在一般觀念上性質近似。

(4) 類型相似：指主張先權利的一方，已經註冊或使用多數個相同類型的商標，而形成一種系列商品的形象時，則類型的近似也將成為商標近似應考量的重要因素之一。例如「日日安」與「月月安」，在外觀、觀念及讀音方面，「日日」與「月月」，固有所不同，然而由於在類型上均為時間單位的重複，再加上同一「安」字，則當其使用在相同或極為類似之商品時，消費者誤以為**同一廠商系列商品**的可能性極高，自亦應屬近似態樣之一種。為免類型近似可能過度擴張近似之概念，類型近似**應限於具有相當程度創意**的創意性或暗示性商標，且在商品／服務類似程度的要求上亦應較高[53]。

3-6.3　判斷近似商標的標準

　　商標彼此之間是否近似，不能淪為任由消費者主觀判斷。在法院實務上，對於近似商標的判斷標準，基本上採取客觀考察，亦即採**通體觀察、主要部分及隔離觀察**，分述如下：

(1) 通體觀察：判斷商標是否相似，應該對其為整體觀察，而不是將之分割為數個部分，一一比對。例如：「ESSAVEN」與「Esevron」雖均為英文，但讀音迥異，且就其外形作通體觀察，並無混淆誤認之虞[54]。又如「鐵血」與「鐵血肝精片」，不能因為

---

[53] 參見經濟部智慧財產局，《混淆誤認之虞審查基準》，2021 年版（經濟部經授智字第 10120030550 號令修正發布，110 年 10 月 27 日生效），頁 2-11。

[54] 「ESSAVEN」全為英文，關係人之審定商標，則以中文「永○福朗」四字為主要部分，下首附以「Esevron」英文小字，就其外形作通體觀察，並無混淆誤認之虞，且二者英文之讀音亦相迥異，組成英文名稱之七個字母，復有三字不同，尚難認為相近似（61 年判字第 292 號參照）。

有「鐵血」二字相同，即主張其為近似[55]。商標圖樣中有聲明不專用之部分者，在與其他商標間判斷近似時，仍應就包括聲明不專用之部分為整體比對。但應注意，聲明不專用部分雖列入商標整體為比對，然而不具識別性部分並非作為識別商品或服務來源之標識，所以在比對時，該不具識別性的部分會施以較少的注意。

(2) **主要部分及隔離觀察**：商標通常由主要部分與附屬部分構成，主要部分往往具有識別性，故能引起消費者辨識注意者，所以判斷商標是否相似而引起混淆誤認之虞，應就各商標之**主要部分，為異時異地隔離為各別觀察**。假若商標的主要部分在外觀、讀音或觀念上有一近似者，即為近似之商標。不過要注意者，乃主要部分觀察方法是整體觀察原則在判斷商標近似與否，相輔相成具體觀察方法之一。所以，基於商標構成的一體性，由該商標全體所構成之外觀、觀念、讀音觀察，已經足以作為交易上識別標識，若一部分分離抽出，依據交易經驗或消費者觀察反而生硬不自然，所以不容許藉主要部分觀察原則為詞，割裂商標整性錯誤判斷商標近似，而與商標識別性係以商標整體為消費者印象之本質有違[56]。另，如果就兩商標的主要部分為隔離觀察時，雖然對照後可以發現其差異，但異時異地為各別觀察時，卻難以發現其間的差異，仍屬相似[57]。例如：「白○WHITE」商標圖形，為墨色楷書「白○」二字，並附以同色「WHITE」外文字樣，與「黑○牙膏及黑○白齒圖」商標圖形，則為一黑色男子口露白齒人像，上加「黑○」二字，不獨「白○」「黑○」，觀念上截然不同，且一

---

[55] 36 年判字第 1 號。

[56] 智慧財產法院 99 年度行商訴字第 176 號行政判決。

[57] 28 年判字第 33 號、27 年判字第 7 號。

則僅有文字，一則以人像為其主要部分，尤顯有差別，兩者隔離觀察，**實無從引起混同誤認**[58]。

　　另外要注意者乃在比對文字商標之外觀、觀念或讀音時，不可採取機械式的比對，而套用於所有案件。例如：兩個商標使用英文字詞，對比結果五個字母中，有四個字母相同，固然構成近似的可能性較高，但仍應視個案而定，如「house」與「horse」近似，或有混淆誤認之虞，但「house」與「mouse」，雖有四個英文字母相同，但兩者卻未必有混淆誤認之虞。

3-6.4　商品或服務是否類似的判斷[59]

　　「商品類似」指二個不同的商品，在功能、材料、產製者或其他因素上具有共同或關聯之處，如果標上相同或近似的商標，依一般社會通念及市場交易情形，易使商品消費者誤認其為來自相同或雖不相同但有關聯之來源，則此二個商品間即存在類似的關係。一般而言，類似商品間通常具有相同或相近之功能，或者具有相同或相近之材質。因此，原則上在判斷商品類似問題時，可**先從商品功能考量**[60]，其次就材質，而後再就產製者等其他相關因素考量。

---

[58] 本件參加人之「白○WHITE」商標圖形，為墨色楷書「白○」二字，並附以同色「WHITE」外文字樣，而原告已註冊使用之「黑○牙膏及黑○白齒圖」商標圖形，則為一黑色男子口露白齒人像，上加「黑○」二字，不獨「白○」「黑○」，觀念上截然不同，且一則僅有文字，一則以人像為其主要部分，尤顯有差別，兩者隔離觀察，實無從引起混同誤認（56 年判字第 277 號參照）。

[59] 經濟部智慧財產局，《混淆誤認之虞審查基準》，2021 年版，頁 12-19。

[60] 商品的功能為何以及服務滿足的需求為何，應以一般社會通念為主。例如拖鞋，依一般社會通念，其主要功能在保護足部，協助步行，自應以此功能進行比對，尚不得因偶有以拖鞋擊殺蟑螂者，即認為拖鞋與捕蟑器具有類似功能。見《混淆誤認之虞審查基準》，2012 年版，頁 14。

(1) 商品之功能有下列二種情形者，均屬類似商品：

① **相同功能**：例如原子筆、鉛筆及鋼筆，主要功能均在書寫，可滿足消費者相同之書寫需求。功能的相同可能在概括性的功能相同，也可能在特定的功能相同，功能相同越特定，商品的類似程度越高。

② **相輔功能**：例如鋼筆、鋼筆水及鋼筆盒，功能間具有相輔之作用，可共同完成滿足消費者特定之需求。商品在功能上相輔的關係越緊密，類似的程度即越高。

(2) 商品本身與其零組件或半成品之間，若後者之用途係配合前者之使用功能，前者欠缺後者即無法達成或嚴重減損其經濟上之使用目的，則被認定為類似商品之可能性較高。否則，二者原則上並不類似。

(3) 商品來自相同之產製業者，被認定為類似商品之可能性較高。例如：地毯與壁毯。

「服務類似」指服務在滿足消費者的需求上以及服務提供者或其他因素上，具有共同或關聯之處，如果標上相同或近似的商標，依一般社會通念及市場交易情形，易使一般接受服務者誤認其為來自相同或雖不相同但有關聯之來源者而言[61]。

(1) 服務之目的在於滿足消費者特定之需求，因此，其所能滿足消費者的需求越相近，服務的類似程度就越高。例如：英文補習班與數理補習班。

---

[61] 商品或服務分類係為便於行政管理及檢索之用，商品或服務類似與否之認定，尚非絕對受該分類之限制，是以《商標法》第 19 條第 6 項規定：「類似商品或服務之認定，不受前項商品或服務分類之限制。」因此，同一類商品或服務不一定是類似商品或服務，例如第 9 類之安全頭盔與電話機。而不同類的商品或服務也可能是類似商品或服務，例如第 5 類之嬰兒麥粉與第 30 類之綜合穀物纖維粉。見《混淆誤認之虞審查基準》，2021 年版，頁 12-14。

(2) 服務經常由同一業者提供者，被認定為類似服務之可能性較高。

　　例如：指壓按摩與三溫暖。

　　商品與服務間亦存在有類似的情形，例如服務之目的若在提供特定商品之銷售、裝置或修繕等，則該服務與該特定商品間即存在有類似之關係。如同商標近似之判斷，商品或服務類似之判斷，除了判斷是否類似外，若能進一步論述其類似之程度，在判斷混淆誤認上更為有用且有其必要性。例如：「潤膚乳液」與「清潔乳液」實務上屬類似商品，同樣「潤膚乳液」與「除腳臭劑」實務上亦屬類似商品，然而很明顯前後二種類似程度並不相同。因此，在個案判斷上，若就類似程度亦能有所論述，應較為周延。

3-7　著名商標的保護

3-7.1　著名商標的意義

　　「著名商標」依《商標法施行細則》第 31 條規定，**「著名」**指有客觀證據足以認定已廣為相關事業或消費者所普遍認知者而言。如「MILD SEVEN 及圖」、「七星」、「Seven Stars」、「104 人力銀行」、「中信金」、「中信金控」、「中華汽車」、「中華開發」、「三菱」、「UCC」、日商三麗鷗股份有限公司之「HELLO KITTY」、「melody」等。

　　商標著名的程度有高低之別，如商標所表彰之識別性與信譽已廣為「一般消費者」所普遍認知，則該商標具有較高著名之程度。如商標所表彰之識別性與信譽，在特定相關商品市場上，廣為「相關消費者」所熟知，但未證明為「一般消費者」所普遍認知，則該商標著名之程度較低。然而，無論商標著名程度高低為何，只要商標所表彰之

識別性與信譽已廣為「相關消費者」所普遍認知，便足以認定該商標為著名商標，其判斷時點應以系爭商標申請註冊時為準，而得依《商標法》保護[62]。

3-7.2　著名商標的認定與參酌因素[63]

　　商標是否著名，應以國內消費者之認知為準，而國內消費者得普遍認知該商標之存在，通常係因其在國內廣泛使用之結果，因此，欲主張商標為著名者，原則上，應檢送該商標於國內使用的相關證據。惟商標縱使未在我國使用或在我國實際使用情形並不廣泛，但因有客觀證據顯示，該商標於國外廣泛使用所建立的知名度已到達我國者，仍可認定該商標為著名。而商標之知名度是否已到達我國，可考量該商標使用的地域範圍是否與我國有密切關係，例如經貿、旅遊是否往來頻繁或文化、語言是否相近等因素加以綜合判斷[64]。另該商標之商品藉由在我國銷售之報章雜誌廣泛報導或該商標在中文網路上被廣泛、頻繁地討論等，亦可作為該商標之知名度是否已到達我國的參考因素。

　　至於商標是否已在我國申請或取得註冊，則非認定著名之前提要件，依《巴黎公約》第 6 條之 2 規定，未註冊著名商標亦應保護。我國既為 WTO 會員，依 TRIPS 協定第 2 條規定，即有遵守《巴黎公

---

[62] 所謂「相關事業或消費者」可參酌商標所使用商品／服務之交易範圍為準，包括下列三種情形（但不以此為限），如商標所使用商品或服務之實際或可能消費者；涉及商標所使用商品或服務經銷管道之人；經營商標所使用商品或服務之相關業者。

[63] 節錄自經濟部智慧財產局，《商標法第 30 條第 1 項第 11 款著名商標保護審查基準》，2.1.2 著名商標之認定。2012 年版（經濟部經授智字第 10120030550 號令修正發布，101 年 7 月 1 日生效），頁 5-11。

[64] 「混淆誤認之虞」審查基準，其於混淆誤認之類型中，說明混淆誤認之類型包括商品／服務之相關消費者誤認二商標為同一來源以及商品／服務之相關消費者雖不會誤認二商標為同一商標，但極有可能誤認二商標之商品／服務為同一來源之系列商品／服務，或誤認二商標之使用人間存在關係企業、授權關係、加盟關係或其他類似關係。

約》該條規定之義務，因此，第 30 條第 1 項第 11 款前段規定所保護之著名商標，應包括註冊及未註冊之著名商標，換言之，即使據爭商標為未註冊的著名商標，仍可成為第 30 條第 1 項第 11 款前段規定保護之客體。所以，適用該款前段規定與同條項第 10 款規定：「商標相同或近似於他人同一或類似商品或服務之『註冊』商標或『申請在先』之商標，有致相關消費者混淆誤認之虞者，不得註冊」時，二者最大不同在於，若據爭著名商標在國內尚未申請或取得註冊，此時僅能主張有第 30 條第 1 項第 11 款前段規定之適用，而無從主張適用同條項第 10 款規定。

著名商標之認定應就個案情況，考量下列足資認定為著名之參酌因素等綜合判斷：

(1) 商標識別性之強弱：識別性越強的商標，其予消費者之印象就越深刻，也越容易成為相關事業或消費者所普遍知悉的著名商標，例如識別性較強的創意性商標較任意性商標更容易成為廣為相關事業或消費者所普遍知悉的著名商標。

(2) 相關事業或消費者知悉或認識商標之程度：相關事業或消費者知悉或認識商標之程度，得由相關證據證明之。若有市場調查及意見調查資料，亦得作為相關事業或消費者知悉或認識商標程度的證據。

(3) 商標使用期間、範圍及地域：藉由檢送商標使用期間、範圍及地域的證據資料，可推論商標是否已達相關事業或消費者普遍認知的著名程度，其著重於商標權人實際所從事的商業活動。一般來說，商標使用的期間越長、範圍及地域越廣泛，該商標即越有可能達到相關事業或消費者普遍認知的著名程度。

(4) 商標宣傳之期間、範圍及地域：商標宣傳之期間越長、範圍及地域越廣泛，該商標原則上越有可能達到相關事業或消費者普遍認知的著名程度。但是如果商標宣傳的程度非常密集廣泛，如透過廣告、宣傳品或電子媒體（包括網路）等在全國密集的刊登與播送，即使商標宣傳之期間不長，該商標仍有可能達到相關事業或消費者普遍認知的著名程度。

(5) 商標是否申請或取得註冊及其註冊、申請註冊之期間、範圍及地域：有關著名之認定，據爭商標權人通常除檢送據爭商標實際之使用證據外，也檢送國內外之相關註冊資料加以佐證。商標在世界各地是否申請或取得註冊及其註冊之多寡及期間，得作為認定該商標是否為著名的參酌因素之一。商標在世界各地申請或取得註冊越多、期間越長，越有可能作為該商標於市場上廣泛使用的佐證，進而越有可能有助於認定該商標已達到相關事業或消費者普遍認知的著名程度。

(6) 商標成功執行其權利的紀錄，特別指曾經行政或司法機關認定為著名之情形：商標成功執行其權利的紀錄，例如曾經異議審定書、評定書、訴願決定書或法院判決書等認定為著名之情形。又考量此項因素時，需注意其成功執行其權利的時間點，因著名商標之著名性會隨時間之經過而有所變動，若其成功執行其權利的時間點，距離處分時過為久遠，例如曾經行政或司法機關認定為著名商標的時間點，距離處分時已超過 3 年，此時，是否仍屬著名商標，就須參酌其他相關證據加以判斷。

(7) 商標之價值：原則上，商標之價值越高，該商標為相關事業或消費者普遍認知的可能性越高。

(8) **其他足以認定著名商標之因素**：上述各項認定著名商標之參酌因素係認定著名與否的例示，而非列舉要件，且個案上不必然呈現上述所有參酌因素，應就個案具體情況，考量足資判斷為著名的參酌因素。

3-7.3 著名商標淡化的意義及類型[65]

《商標法》第 30 條第 1 項第 11 款：「有減損著名商標或標章之識別性或信譽之虞」之規定，旨在防止著名商標之識別性或信譽有遭受減損之虞。蓋傳統混淆之虞理論的範圍，雖已擴大至包括與在先商標有贊助關係、從屬關係或聯繫關係之聯想，惟對系爭商標之註冊，雖不致使相關消費者產生混淆誤認之虞，但有可能減損著名商標本身識別性或信譽之情形，參酌國外立法例均屬淡化理論之範疇，為與國際接軌，特將混淆之虞與淡化理論之體系予以釐清。原則上，減損著名商標本身識別性或信譽係屬對著名商標較高標準之保護，故若他人以相同或近似之商標申請註冊，有可能使相關消費者誤認其為來自相同或雖不相同但有關聯之來源時，適用第 30 條第 1 項第 11 款前段規定即為已足，而毋須適用同款後段之規定。

以下將從商標淡化之意義與類型、適用商標淡化保護之商標及判斷有無商標淡化之虞的參酌因素，來說明第 30 條第 1 項第 11 款後段規定之適用。

從第 30 條第 1 項第 11 款後段規定之「有減損著名商標或標章之識別性或信譽之虞」的文字可知，我國《商標法》規定商標淡化之類型包括「減損著名商標識別性之虞」與「減損著名商標信譽之虞」兩種，謹分別說明其意義如次：

---

[65] 引自經濟部智慧財產局，《商標法第 30 條第 1 項第 11 款著名商標保護審查基準》，第 30 條第 1 項第 11 款後段規定之適用。

(1) 減損著名商標識別性之虞：所謂減損著名商標識別性之虞係指著名商標之識別性有可能遭受減弱，亦即當著名商標使用於特定之商品或服務，原本僅會使人產生某一特定來源之聯想，但當未取得授權之第三人之使用行為，逐漸減弱或分散該商標曾經強烈指示單一來源的特徵及吸引力時，最後該曾經強烈指示單一來源的商標很有可能將會變成指示二種或二種以上來源的商標，或使該商標在社會大眾的心中不會留下單一聯想或獨特性的印象。例如消費者看到或聽到「可口可樂」的文字後，馬上會聯想到以該商標銷售之飲料商品。若第三人以相同之「可口可樂」商標使用於不同之商品，經行銷市場一段時間後，消費者看到或聽到「可口可樂」的文字後，會認為該文字不僅是指原本的「可口可樂」飲料，還可能是指第三人的「可口可樂」商品，此時，曾經強烈指示單一來源的「可口可樂」商標很有可能會變成指示二種或二種以上來源的商標，或使該商標在社會大眾的心中不會留下單一聯想或獨特性的印象，於是該「可口可樂」商標的識別性很有可能即已被稀釋或弱化。在美國法上屬於商標淡化(dilution by burring)，即因其他服務或商品生產者使用近似於著名商標之標識，造成著名商標之識別性降低或減弱[66]。

(2) 減損著名商標信譽之虞：所謂減損著名商標信譽之虞係指著名商標之信譽有可能遭受汙損，亦即因未取得授權之第三人之使用行為，使消費者對著名商標所代表之品質、信譽產生貶抑或負面之聯想。例如因第三人以有害身心或毀損名譽的方式使用著名商標，使人對著名商標之信譽產生負面的聯想。例如系爭商標所指定之商品足以危害一般人身心或可能貶抑著名商標一向所標榜之高雅形象，使人對著名商標之信譽產生負面的印象。在美國法

---

[66] 郭雨嵐、林俐瑩，〈由 Rosetta Stone v. Google Inc.案淺論關鍵字廣告之商標法上爭議〉，《萬國法律》，185 期，2012 年 10 月，頁 38。

上，屬於商標貶損(dilution by tarnishment)，即因其他服務或商品生產者使用近似於著名商標之標識，造成著名商標信譽或價值之損害[67]。

從上述對商標淡化意義之說明可知，商標淡化在概念上著重於對著名商標本身的保護，防止損害著名商標識別商品或服務來源的能力或其所表彰之信譽，與傳統混淆之虞理論在概念上係著重於防止相關消費者對商品或服務來源的混淆誤認之虞並不相同。

3-7.4　商標法對著名商標的保護

《商標法》對著名商標的保護，並不限於在我國註冊的著名商標，即使尚未在我國註冊的著名商標，亦受到保護。另對於著名商標只要有混淆誤認之虞或對其商譽、識別性有所淡化，即構成侵害，而且也不限使用在相同或類似的商品或服務上。茲對著名商標之保護，包括：

(1) 不得註冊：除非得到商標或標章所有人同意申請註冊，否則相同或近似於他人著名商標或標章，有致相關公眾混淆誤認之虞，或有減損著名商標或標章之識別性或信譽之虞者，不得註冊（商 30 I ⑪）。

(2) 視為侵害商標權：包括兩種情況：①明知為他人著名之註冊商標，而使用相同或近似之商標，有致減損該商標之識別性或信譽之虞者；②明知為他人著名之註冊商標，而以該著名商標中之文字作為自己公司、商號、團體、網域或其他表彰營業主體之名稱，有致相關消費者混淆誤認之虞或減損該商標之識別性或信譽之虞者（商 70 ①②）。

---

[67] 郭雨嵐、林俐瑩，〈由 Rosetta Stone v. Google Inc.案淺論關鍵字廣告之商標法上爭議〉，《萬國法律》，185 期，2012 年 10 月，頁 38。

3-8　商標權的內容與商標權的消滅

3-8.1　商標權的專用期間與積極使用

　　經核准審定之商標，申請人應於審定書送達日後 2 個月內，繳納註冊費後，始予註冊公告，並發給商標註冊證；屆期未繳費者，不予註冊公告。申請人非因故意，未於前項所定期限繳費者，得於繳費期限屆滿後 6 個月內，繳納 2 倍之註冊費後，由商標專責機關公告之。但影響第三人於此期間內申請註冊或取得商標權者，不得為之（商32II、III）。**商標自註冊公告當日起，由權利人取得商標權，商標權期間為 10 年。商標權期間得申請延展，每次延展為 10 年**（商 33）[68]。

　　另，商標係為商標權人將其使用於商品或其包裝容器；或將商標用於與提供服務有關之物品；或用於與商品或服務有關之商業文書或廣告，利用數位影音、電子媒體、網路或其他媒介物方式行銷。所以，無論是銷售於國內或國外的商品或服務的行為，均**應標示**該註冊商標始構成使用，讓消費者有所認識。假若商標註冊後，無正當事由迄未使用或繼續停止使用已滿 3 年者，商標專責機關應依職權或申請廢止註冊（商 63 I ②）。

　　所以，商標於註冊後應將其使用於商品或服務，此不但是權利的行使，亦是維持商標權的方法。如果商標權人沒有妥善維護其申請註冊的商標，而使商標逐漸成為某商品的社會代稱，如隨身聽、阿斯匹靈、奇異筆、大哥大等，幾乎已經成為社會大眾已使用的通用名稱，將使原先註冊登記的商標，反而無法受到保護（商 63 I ④）。

---

[68] 現行《商標法》將「商標專用權」改稱為「商標權」，主要是因為商標註冊後所取得的權利，除在註冊後的商品或服務具有使用權外，對於近似的商標及類似商品或服務，有禁止他人申請商標使用的效力，所以稱「商標專用權」，已經不足以涵蓋其內容。

▌ 3-8.2　商標專用權效力之限制

　　商標權人固然對其註冊商標有排除他人使用的權利，但在某些情況，非商標權人使用他人商標時，在《商標法》上仍能主張不受他人商標權效力的拘束（商 36），其情形有：

(1) 描述性的合理使用：係指純粹作為自己商品或服務本身之說明，與作為商標使用無涉，並非利用他人商標指示商品或服務來源。
依第 36 條第 1 項第 1 款規定：以符合商業交易習慣之誠實信用方法，表示自己之姓名、名稱，或其商品或服務之名稱、形狀、品質、性質、特性、用途、產地或其他有關商品或服務本身之說明，非作為商標使用者，不受他人商標權之效力所拘束。例如：農民使用池上米（他商標）來說明自己出產稻米的產地，而與池上米的商標無關。假若主觀上已然知道他人商標在市場上的競爭程度，又將之作為行銷商業上的使用用途，即不能構成符合商業交易習慣之誠實信用方法。

(2) 指示性的合理使用：係指以他人之商標指示該他人（即商標權人）之商品或服務，而非作為自己商標之使用。依第 36 條第 1 項第 2 款：以符合商業交易習慣之誠實信用方法，表示商品或服務之使用目的，而有使用他人之商標用以指示該他人之商品或服務之必要者。但其使用結果有致相關消費者混淆誤認之虞者，不適用之。例如：汽車維修廠在戶外看板標示 Benz 賓士，依照社會通念示表示該廠有維修汽車，但不能向 Benz 賓士之消費者暗示，維修廠與 Benz 賓士公司具有任何商業關係，致消費者誤認。

(3) 為發揮商品或服務功能所必要者：原本《商標法》規定商品或包裝之立體形狀，若是為了發揮其功能性所必要者，不受他人商標權之效力所拘束。此時，如果該立體形狀所具有的功能具有技術

性、創造性者，可以申請專利獲得保護[69]。不過，因功能性問題並不限於商品或其包裝容器之立體形狀，顏色、聲音或動態等其他非傳統商標型態亦有功能性問題，故僅限於功能性的合理使用規定，範圍過於狹隘，新法遂刪除「商品或包裝之立體形狀」等文字，而修正為發揮商品或服務功能所必要者，不受他人商標權之效力所拘束[70]。

(4) 善意的先使用：指他人在商標註冊申請日前，善意使用相同或近似之商標於同一或類似之商品或服務者，但以原使用之範圍為限，商標權人並得要求其附加適當之區別標示。這是因為《商標法》採取先申請先註冊主義，假若善意先使用人，並不知道（此處善意的意思，即不知情）他人申請商標註冊，但基於已經在市場有持續使用之事實，縱使他人已經取得商標權，善意先使用者的利益，仍然應該受到保障。如果因為商標權人申請註冊後已使用該商標，之前的善意先使用者卻因此不能使用，似不盡合理，故善意先使用行為是註冊制度之例外。但為了避免商標爭議，也同時限制以原使用的商品或服務為限，且得應商標權人要求，附加適當之區別標示。例如：「麥當勞」及「麥勞當」指定於餐飲，係以「麥勞當」先使用，「麥當勞」後註冊為前提。

(5) 經商標權人同意使用／權利耗盡：附有註冊商標之商品，係由商標權人或經其同意之人於國內外市場上交易流通者，商標權人不得就該商品主張商標權。但為防止商品流通於市場後，發生變質、受損或經他人擅自加工、改造，或有其他正當事由者，不在此限（商 36 II）。此情形被認為是有關權利耗盡原則的規定，亦

---

[69] 有論者認為就某種程度言，立體商標具有功能性是難以避免的，如果具有功能性商標的設計目的，在於區分商品或服務的來源，而具商標識別性，則該立體形狀設計如果已經取得新式樣專利，仍應准許註冊商標。林洲富，《商標法—案例式》，頁 31。

[70] 經濟部智慧財產局，《商標法逐條釋義》，2021 年版，第 36 條修正說明。

即承認真品平行輸入合法化的規定[71]。所謂「**真品平行輸入**」**是指在國內未經合法授權的第三人，從國外輸入合法製造且附有智慧財產權（商標）的商品**而言[72]。換言之，商標權人並**不享有進口權**。所以，不能禁止他人平行輸入合法使用其商標的商品，除非是商標權人為了防止商品變質、受損或其他事由時[73]，才可以限制平行輸入合法使用其商標的商品。

此外，「商標戲謔仿作」(trademark parody)是否能夠主張商標的合理使用？所謂商標戲謔仿作是指利用或改作他人商標，藉以評論或嘲諷政策，使消費者認知或欣賞該戲謔仿作的觀點，而其所傳達的原創性或觀念轉化，亦可能讓消費者將所認知之商標視作被嘲諷挪揄的對象[74]。在實務上，美國法院認為成立商標戲謔仿作合理使用，須符合兩項要件：一、必須清楚傳達「與原作沒有任何關係」的訊息，而無欲混淆消費者或搭商標權人商譽便車之意圖；二、使用行為本身使原

---

[71] 林洲富，《智慧財產權法》，臺北：五南，2007年8月，頁23-24。

[72] 最高法院82年臺上字5380號判決要旨：「『真正商品平行輸入』之進口商，對其輸入之商標專用權人所產銷附有商標圖樣之真正商品，苟未為任何加工、改造或變更，逕以原裝銷售時，因其商品來源正當，不致使商標專用權人或其授權使用者之信譽發生損害，復因可防止市場之獨占、壟斷，促使同一商品價格之自由競爭，消費者亦可獲得以合理價格選購之利益，在未違背商標法之立法目的範圍內，應認已得商標專用權人之同意為之，並可為單純商品之說明，適當附加同一商標圖樣於該商品之廣告等同類文書上；反之，倘非原裝銷售，擅予加工、改造或變更，而仍表彰同一商標圖樣於該商品，或附加該商標圖樣於商品之廣告等同類文書加以陳列或散布之結果，足以惹起消費者發生混淆、誤認其為商標專用權人或其授權之使用者、指定之代理商、經銷商時，自屬惡意使用他人商標之行為，顯有侵害他人商標專用權之犯意，應依其情節，適用商標法之刑罰規定論處。」另，對於真品平行輸入的適法性探討，可參閱林恆志，〈真品平行輸入及其銷售相關法律問題之研究〉，《立法院院聞》，335期，2001年3月，頁84-95。

[73] 有論者質疑，商標權人在為防止商品變質、受損或其他正當事由時，得以其商標權限制平行輸入合法使用其商標的商品所有人的所有權？若商品所有人依然繼續銷售，商標權人能否論其侵害商標權？如何實際落實這項規定，令人懷疑。見劉孔中，〈公平法與智慧財產權法的衝突與調和〉，《月旦法學雜誌》，104期，2004年1月，頁109。

[74] 參見智慧財產法院108年度民商上字第5號民事判決、陳匡正，〈商標戲謔仿作之合理使用判斷—評智慧財產法院100年度行商訴字第104號行政判決及智慧財產法院103年度刑智上易字第63號刑事判決〉，《月旦法學雜誌》，243期，2015年8月，頁226。

作與仿作間產生有趣的對比差異，表達出戲謔或詼諧的意涵或論點，並為消費者立可察覺為戲謔仿作。在我國《商標法》的規範下，亦應可認為商標戲謔仿作並非使用商標之行為，不致造成相關消費者的混淆誤認，而不構成侵害商標權之行為。但如果戲謔仿作使用他人的商標，已破壞商標最重要之辨識商品或服務來源的功能時，將有構成侵害商標權之虞[75]。

3-8.3　商標權期間的延展

商標**自註冊公告當日起**，由權利人取得商標權，商標權期間為 10 年，但得申請延展，每次延展專用期間為 10 年，次數不限。此申請延展並不需要再經過專責機關的實體審查，但應於商標權期間屆滿前 6 個月內提出申請，並繳納延展註冊費；其於商標權期間屆滿後 6 個月內提出申請者，應繳納 2 倍延展註冊費。前項核准延展之期間，自商標權期間屆滿日後起算（商 34）。

3-8.4　商標權的消滅

商標權的消滅，可分為「法定消滅」、「當然消滅」與「拋棄消滅」。「法定消滅」指商標具有法定廢止事由，而遭廢止，或者因為註冊有不合法事由經異議、評定被撤銷，該商標權消滅。

當然消滅是指商標權具有下列事由時，其商標權並不需要經過任何程序而當然消滅，包括（商 47）：

(1) 未依第 34 條規定延展註冊者，商標權自該商標權期間屆滿後消滅。

(2) 商標權人死亡而無繼承人者，商標權自商標權人死亡後消滅。

---

[75] 智慧財產法院 108 年度民商上字第 5 號民事判決。

(3) 依第 45 條規定拋棄商標權者，自其書面表示達到商標專責機關之日消滅。

　　此外，商標權得因為商標權人**拋棄**其商標權而消滅。但有授權登記或質權登記者，應經被授權人或質權人同意。拋棄，應以書面向商標專責機關為之（商 45）。

3-9　商標權的授權、移轉與設質

3-9.1　商標的授權

　　商標權人得就其註冊商標指定使用商品或服務之全部或一部指定地區為專屬或非專屬授權（商 39 I）。商標授權**是指當事人約定，一方將商標權授與他方於約定範圍內為使用、收益，而他方支付權利金之謂**。此權利金，或商品生產數量、使用方法、使用期間或以固定金額計算之。

　　商標授權採「登記對抗主義」，即商標授權應向商標專責機構登記，非經商標專責機關登記者，不得對抗第三人。授權登記後，商標權移轉者，其授權契約對受讓人仍繼續存在。授權契約依非專屬授權、專屬授權的情形如下：

(1) 非專屬授權登記後，商標權人再為專屬授權登記者，在先之非專屬授權登記不受影響。

(2) 專屬被授權人在被授權範圍內，排除商標權人及第三人使用註冊商標。

商標權受侵害時,於專屬授權範圍內,專屬被授權人得以自己名義行使權利。但契約另有約定者,從其約定(商 39 IV)。

原本在舊商標法當中規定,被授權人應於其商品、包裝、容器或營業上之物品、文書,為**明顯易於辨識的商標授權標示**,如標示顯有困難者,得於營業場所或其他相關物品為授權標示。若違反此標示義務,經商標專責機關依職權或依申請通知限期改正,屆期不改正者,應廢止其授權登記。但是在 2011 年修法時,立法者認為商標之授權標示,屬於商標權的管理事項,為商標權人與被授權人依契約自由約定的事項,應不得影響商標權之效力,爰予刪除。

在廢止授權的情形,若遇商標授權期間屆滿前有下列情形之一,當事人或利害關係人得檢附相關證據,申請廢止商標授權登記(商41):

(1) 商標權人及被授權人雙方同意終止者。其經再授權者,亦同。

(2) 授權契約明定,商標權人或被授權人得任意終止授權關係,經當事人聲明終止者。

(3) 商標權人以被授權人違反授權契約約定,通知被授權人解除或終止授權契約,而被授權人無異議。

(4) 其他相關事證足以證明授權關係已不存在者。

3-9.2　商標的移轉

「商標權的移轉」指商標權由一方移到另一方,而由另一方承受其商標的權利義務,如因為契約受讓或繼承等。商標的移轉也採取「登記對抗主義」,亦即有關商標權之移轉,非經商標專責機關登記者,不得對抗第三人(商 42)。例如:甲先將 A 商標移轉給乙,但卻沒有向智慧財產局辦理登記,假設丙後來取得商標權,則乙無法以向

丙主張商標移轉的權利。同時，商標權移轉的結果，有二以上的商標權人使用相同商標於類似的商品或服務，或使用近似的商標於同一或類似的商品或服務，使相關消費者有混淆之虞者，各商標權人使用時**應附加適當區別標示**（商 43）。

　　證明標章權、團體標章權或團體商標權，如果任意授權他人使用。恐有影響消費者利益及公平競爭之虞，所以原則上**不得移轉、授權他人使用**，或作為質權標的物。但其移轉或授權他人使用者，無損害消費者利益或違反公平競爭之虞，經商標專責機關核准者，不在此限（商 92）。

　　另，依照《公司法》規定，解散的公司在清算時期，得為了結現務及便利清算之目的，暫時經營業務。故解散的公司事實上據此規定倘尚在經營業務中，且係繼續原有的經營者，既不能認為已廢止營業，從而其享有之商標專用權，也不能認為已當然消滅。所以，其為了了結現務及便利清算之目的，自**得將商標權與其商品經營一併移轉他人**（釋字 492 號解釋）。

3-9.3　商標權的設定質權

　　商標權人有時為擔保債務，乃就具有經濟價值的商標設定質權，使債權人取得優先受清償的權利。但應注意商標權人設定質權及質權之變更、消滅，非經商標專責機關登記者，不得對抗第三人。商標權人為擔保數債權就商標權設定數質權者，其次序依登記之先後定之。質權人非經商標權人授權，不得使用該商標（商 44）。

　　商標權人得拋棄商標權。但有授權登記或質權登記者，應經被授權人或質權人同意。前項拋棄，應以書面向商標專責機關為之（商 45）。共有商標權之授權、再授權、移轉、拋棄、設定質權或應有部分之移轉或設定質權，**應經全體共有人之同意**。但因繼承、強制執行、法院判決或依其他法律規定移轉者，不在此限（商 46 I）。

3-10 商標的異議

3-10.1 異議的事由

《商標法》在 2003 年修正前係規定商標申請案，在核准審定公告後，3 個月期間無人異議，始准予註冊。現行《商標法》則改採**先註冊後異議**的制度，亦即在核准審定並繳納註冊費後，始予公告而取得商標權，**但任何人仍得在註冊公告日之日起 3 個月內提出異議**。提出商標異議的事由，包括商標之註冊違反：

(1) 第 29 條第 1 項（即商標欠缺識別性）。

(2) 第 30 條第 1 項（即不得註冊商標的事由）。

(3) 第 65 條第 3 項規定之情形者（即違反經廢止商標者，於 3 年內不得申請註冊的規定）。

任何人得自商標註冊公告日後 3 個月內，向商標專責機關提出異議。前項異議，得就註冊商標指定使用之部分商品或服務為之。異議應就每一註冊商標各別申請之（商 48）。

3-10.2 異議文件提出及補正

提出異議者，應以異議書載明事實及理由，並附副本。異議書如有提出附屬文件者，副本中應提出。商標專責機關應將異議書送達商標權人限期答辯；商標權人提出答辯書者，商標專責機關應將答辯書送達異議人限期陳述意見。依前項規定提出之答辯書或陳述意見書有遲滯程序之虞，或其事證已臻明確者，商標專責機關得不通知相對人答辯或陳述意見，逕行審理（商 49）。

異議商標之註冊有無違法事由，除第 106 條第 1 項及第 3 項規定外，依其**註冊公告時**之規定（商 50）。

3-10.3　異議的審查

商標異議案件，應由未曾審查原案之審查人員審查之（商 51）。異議程序進行中，被異議之商標權移轉者，**異議程序不受影響**。商標權受讓人得**聲明承受**被異議人之地位，續行異議程序（異議承受）（商 52）。

3-10.4　異議的撤回及其效力

異議人得於異議審定前，撤回其異議。異議人撤回異議者，不得就同一事實，以同一證據及同一理由，再提異議或評定（商 53）。

3-10.5　異議處分及異議確定之效力

商標專責機構就異議案件之審查，均應做成書面之處分，由審查人員具名，並記載理由送達申請人（商 14、15）。商標異議審查的結果，應由商標專責機構作出行政處分：

(1) **異議成立**：異議案件違背法定事由，經異議成立者，**應撤銷其註冊**（商 54）。如果撤銷的事由，存在於註冊商標所指定的部分商品或服務者，得僅就該部分商品或服務撤銷其註冊（商 55）。

(2) **異議不成立**：異議案件經審查結果並未發現違背法定事由，應為異議不成立的審定。

經過**異議確定後**之註冊商標，任何人不得就同一事實，以同一證據及同一理由，申請評定（商 56），亦即經過異議審查確定事實的效力，有「一事不再理」的適用。如果對於異議處分不服者，可在審定書送達之次日起 30 日內，依法提起行政訴訟救濟之。

3-11　商標的評定

3-11.1　申請評定的原因

　　商標評定與商標異議都屬於一種公眾審查程序。商標異議任何人都可以提出，但商標的評定則**限於利害關係人或審查人員**得申請或提請商標專責機關評定其註冊。其提出的原因為商標之註冊違反以下規定（商 57）：

(1) 第 29 條第 1 項（即商標欠缺識別性）。

(2) 第 30 條第 1 項（即不得註冊商標的事由）。

(3) 第 65 條第 3 項（即違反廢止商標者，於 3 年內不得申請註冊的規定）。

　　以商標之註冊違反第 30 條第 1 項第 10 款規定，向商標專責機關申請評定，其據以評定商標之註冊已滿 3 年者，應檢附於申請評定前 3 年有使用於據以主張商品或服務之證據，或其未使用有正當事由之事證。依前項規定提出之使用證據，應足以證明商標之真實使用，並符合一般商業交易習慣。

3-11.2　申請或提起評定的期間

(1) 自註冊公告日後 5 年內：商標之註冊違反第 29 條第 1 項第 1 款、第 3 款、第 30 條第 1 項第 9 款至第 15 款或第 65 條第 3 項規定之情形，自註冊公告日後滿 5 年者，不得申請或提請評定。

(2) 無期限限制：商標之註冊違反第 30 條第 1 項第 9 款（即相同或近似於中華民國或外國之葡萄酒或蒸餾酒地理標示）、第 11 款（即相同或近似於他人著名商標或標章）規定之情形，係屬惡意者，為維護正常交易秩序，故無期間上的限制（商 58）。

3-11.3　評定的程序

商標評定案件，由商標專責機關首長指定審查人員 3 人以上為評定委員評定之（商 59）。

評定程序準用異議程序條文，依《商標法》第 62 條規定：第 48 條第 2 項、第 3 項、第 49 條至第 53 條及第 55 條規定，於商標之評定，準用之。

3-11.4　評決的成立及效力

評定案件經評定成立者，**應撤銷其註冊**。但不得註冊之情形已不存在者，經斟酌公益及當事人利益之衡平，得為不成立之評定（商 60）。

評定案件經處分後，任何人不得就同一事實，以同一證據及同一理由，申請評定（商 61）。

異議與評定兩者之申請要件及法定程序仍有所差別，如申請人資格、程序、期限等（詳如下表），利害關係人得依其個別情況予以選擇適用[76]。

項　　　別	異　　　議	評　　　定
申請人	任何人	利害關係人
申請期間	註冊公告日後 3 個月內	原則上註冊公告日後 5 年內，例外不受限制
事由	違反第 29 條第 1 項、第 30 條第 1 項或第 65 條第 3 項規定的情形者	同左
審查人員	商標審查人員 1 人	3 人以上評定委員
審查方式	獨任制	合議制

---

[76]　經濟部智慧財產局，《商標法逐條釋義》，2021 年版，第 57 條的說明。

項　　　別	異　　　議	評　　　定
法律效果	異議成立，撤銷註冊	評定成立，撤銷註冊。但評決時，該不得註冊情形已不存在者，經斟酌公益及當事人利益之衡平，得為不成立之評定
申請分割商標權／減縮指定商品／服務	處分前	同左
一事不再理	異議確定後	經處分後

3-12　商標的廢止

3-12.1　商標廢止的原因

　　商標註冊後有下列情形之一者，商標專責機關應**依職權或據申請**廢止其註冊（商63）：

(1) 自行變換商標或加附記：指就註冊商標本體之圖樣、文字、顏色、形狀或聲音、動態變化等加以變更或加添其他文字，圖樣或態樣，使得實際使用的商標與其註冊商標不同，致與他人使用於同一或類似之商品或服務之註冊商標構成相同或近似，而使相關消費者混淆誤認之虞。此時，不論是基於善意或惡意，應廢止其商標權。又，如果是被授權人為自行變換商標或加附記，致與他人使用於同一或類似之商品或服務之註冊商標構成相同或近似，而使相關消費者混淆誤認之虞，商標權人明知或可得而知而不為反對之表示者，亦同。

(2) **無正當事由迄未使用或繼續停止使用已滿 3 年者**：指商標權人對其註冊商標應為積極使用，此使用的事實，應符合商業交易習慣，無正當理由未使用或停止使用，應廢止其商標權，但被授權人有使用者，不在此限。如果申請廢止時該註冊商標已為使用者，除因知悉他人將申請廢止，而於申請廢止前 3 個月內開始使用者外，不予廢止其註冊（商 63 III）。又，廢止之事由僅存在於註冊商標所指定之部分商品或服務者，得就該部分之商品或服務廢止其註冊（商 63 IV）。如果商標權人實際使用的商標與其註冊商標不同，而依社會一般通念並不失其同一性，或是於以出口為目的的商品或有關之物品上，標示註冊商標者，應認為**有使用**其註冊商標（商 64）。

(3) **未依第 43 條規定附加適當區別標示者**：指移轉商標權之結果，有二以上之商標權人使用相同商標於類似之商品或服務，或使用近似商標於同一或類似之商品或服務，而有致相關消費者混淆誤認之虞者，各商標權人使用時**應附加適當區別標示**。但於商標專責機關處分前已附加區別標示並無產生混淆誤認之虞者，不在此限。

(4) **商標已成為所指定商品或服務之通用標章、名稱或形狀者**：指商標應具有識別性，假若商標權人怠於維護其商標權，使該商標成為一般市場上用以代稱該商品或服務的名稱，而喪失當初申請商標的識別程度，當構成廢止的理由。

(5) **商標實際使用時有致公眾誤信誤認其商品或服務之性質、品質或產地之虞者**：指商標如果實際使用時，卻演變成致公眾誤認的結果，則該使用即屬不當使用，應廢止其商標權，以維護公平交易秩序。

另外，證明標章權人、團體標章權人或團體商標權人有下列情形之一者，商標專責機關得依任何人之申請或依職權廢止證明標章、團體標章或團體商標之註冊：①證明標章作為商標使用；②證明標章權人從事其所證明商品或服務之業務；③證明標章權人喪失證明該註冊商品或服務之能力；④證明標章權人對於申請證明之人，予以差別待遇；⑤違反第 92 條規定而為移轉、授權或設定質權；⑥未依使用規範書為使用之管理及監督；⑦其他不當方法之使用，致生損害於他人或公眾之虞。被授權人為前項之行為，證明標章權人、團體標章權人或團體商標權人明知或可得而知而不為反對之表示者，亦同（商93）。

3-12.2　商標廢止的程序

商標專責機關應將廢止申請之情事通知商標權人，並限期答辯；商標權人提出答辯書者，商標專責機關應將答辯書送達申請人限期陳述意見。但申請人之申請無具體事證或其主張顯無理由者，得逕為駁回。第 63 條第 1 項第 2 款規定情形，其答辯通知經送達者，商標權人應證明其有使用之事實；屆期未答辯者，得逕行廢止其註冊。註冊商標有第 63 條第 1 項第 1 款規定情形，經廢止其註冊者，原商標權人於廢止日後 3 年內，不得註冊、受讓或被授權使用與原註冊圖樣相同或近似之商標於同一或類似之商品或服務；其於商標專責機關處分前，聲明拋棄商標權者，亦同（商 65）。商標註冊後有無廢止之事由，適用申請廢止時之規定（商 66）。

廢止案件之審查準用異議及評定案件之程序規定（商 67）。

3-13 侵害商標權的民事救濟

3-13.1 未經同意而使用商標或標章

未經商標權人同意，為行銷目的而有下列情形之一，為侵害商標權（商 68）：

(1) 於同一商品或服務，使用相同於註冊商標之商標者。

(2) 於類似之商品或服務，使用相同於註冊商標之商標，有致相關消費者混淆誤認之虞者。

(3) 於同一或類似之商品或服務，使用近似於註冊商標之商標，有致相關消費者混淆誤認之虞者。

為供自己或他人用於與註冊商標同一或類似之商品或服務，未得商標權人同意，為行銷目的而製造、販賣、持有、陳列、輸出或輸入附有相同或近似於註冊商標之標籤、吊牌、包裝容器或與服務有關之物品者，亦為侵害商標權。

亦即除本法第 36 條另有規定外[77]，使用他人商標應得商標權人之同意，否則即屬（**直接**）**侵害商標權**。

---

[77] 《商標法》第 36 條：「下列情形，不受他人商標權之效力所拘束：(1)以符合商業交易習慣之誠實信用方法，表示自己之姓名、名稱，或其商品或服務之名稱、形狀、品質、性質、特性、用途、產地或其他有關商品或服務本身之說明，非作為商標使用者。(2)為發揮商品或服務功能所必要者。(3)在他人商標註冊申請日前，善意使用相同或近似之商標於同一或類似之商品或服務者。但以原使用之商品或服務為限；商標權人並得要求其附加適當之區別標示。附有註冊商標之商品，由商標權人或經其同意之人於國內外市場上交易流通，商標權人不得就該商品主張商標權。但為防止商品流通於市場後，發生變質、受損，或有其他正當事由者，不在此限。」

3-13.2　侵害商標權的擬制

　　侵害商標權的擬制，並不同於上述未經同意而使用商標或標章於同一或類似的商品或服務上，而是因為侵權人欲攀附著名或他人的註冊商標，或是減弱他人註冊商標的識別性或商譽，藉機打擊對手或從中牟利（如網路蟑螂）。依《商標法》第 70 條規定：未得商標權人同意，有下列情形之一，視為侵害商標權：

(1) 明知為他人著名之註冊商標，而使用相同或近似之商標，有致減損該商標之識別性或信譽之虞者。

(2) 明知為他人著名之註冊商標，而以該著名商標中之文字作為自己公司、商號、團體、網域或其他表彰營業主體之名稱，有致相關消費者混淆誤認之虞或減損該商標之識別性或信譽之虞者。

3-13.3　請求權人與民事請求權類型

　　依《商標法》規定，未經認許之外國法人或團體，就本法規定事項得為告訴、自訴或提起民事訴訟。我國非法人團體經取得商標權或證明標章權者，亦同（商 99）。有關商標權受到侵害，在民事上的請求權類型有：

(1) **侵害禁止請求權**：商標權人對於侵害其商標權者，得請求除去之；有侵害之虞者，得請求防止之（商 69 I）。例如：商標權人發現他人已經將相同或近似的商標圖樣黏貼於商品上，但尚未在市面上銷售而獲有利益，而商標權人也還未受到銷售後經濟利益上的損失或減損其商譽，但如果不加以阻止，事後勢必會造成實際損害，因此商標權人自得請求排除該侵權行為。又如果他人只是剛剛輸入仿冒商標圖樣的模具或雖然已經製成商標標籤，但尚

未黏貼於商品上，商標權人本於防患未然，對於這種可能在將來造成侵權的事實，自得請求防止該行為[78]。

(2) 銷毀或其他處置請求權：商標權人依前項規定為請求時，得請求銷毀侵害商標權之物品及從事侵害行為之原料或器具。但法院審酌侵害之程度及第三人利益後，得為其他必要之處置（商 69 II）。所謂其他必要處置，應指除了再流入市場以外的其他處置，如將仿冒衣物或商品，贈送給慈善機構。

(3) 損害賠償請求權：商標權人對於因故意或過失侵害其商標權者，得請求損害賠償（商 69 III）。

　　前項之損害賠償請求權，自請求權人知有損害及賠償義務人時起，2 年間不行使而消滅；自有侵權行為時起，逾 10 年者亦同（商 69 IV）。

3-13.4　損害賠償的計算

　　商標權人請求損害賠償時，得就下列方式擇一計算其損害（商 71）：

(1) 請求具體損害賠償：依《民法》第 216 條之規定，請求損害賠償。

(2) 請求差額：如果不能提供證據方法以證明其損害時，商標權人得就其使用註冊商標通常所可獲得之利益，減除受侵害後使用同一商標所得之利益，以其差額為所受損害。例如：商標權人在未受到商標侵權時，所得到的利益為每月 50 萬，受到他人侵權後，每月營業利益減少為 20 萬，則得請求的利益，為 50-20 萬之差額，即 30 萬元。

---

[78] 趙晉枚等，《智慧財產權入門》，頁 158-159。

(3) **請求銷售總利益**：**依侵害商標權行為所得之利益**。例如：商標侵權人所得利益為 50 萬，扣除成本或必要費用後，所得為 30 萬，即為該銷售的總利益。

(4) **請求銷售總價額**：侵害商標權者不能就其成本或必要費用舉證時，以銷售該項商品**全部收入**為所得利益。例如：商標侵權人所得利益為 50 萬，但並不能就其成本或必要費用舉證時，則商標權人得請求該銷售的總價額，即 50 萬元。

(5) **商品單價加倍計算**：就查獲侵害商標權商品之零售單價 1500 倍以下之金額。但所查獲商品超過 1500 件時，以其總價定賠償金額。例如：對於商標侵權人在市場上銷售的金額無從估算，而商標權人亦難以計算其損害時，則由法院依照此法定標準與侵害事實，在商品零售單價 1500 倍以下的金額範圍內，來裁定損害賠償。但所查獲商品超過 1500 件時，法院則應就其總價定賠償金額。

(6) **視同授權他人所得收取之權利金數計算**：以相當於商標權人授權他人使用所得收取之權利金數額為其損害。

(7) **請求法院酌定**：前述幾種賠償金額顯不相當者，法院得予酌減之。

　　除了上述商標侵權人應負的損害賠償責任外，如果因為故意或過失而陳列、販賣、輸出、輸入仿冒商品者，則應與製造該仿冒商標商品之侵權人，依《民法》**共同侵權行為**的規定，負連帶賠償責任（民185）[79]。

---

[79] 趙晉枚等，《智慧財產權入門》，頁 157。

3-14 侵害商標權的刑事處罰

(1) 仿冒商標罪：未得商標權人或團體商標權人同意，為行銷目的而有下列情形之一，處 3 年以下有期徒刑、拘役或科或併科新臺幣 20 萬元以下罰金：①於同一商品或服務，使用相同於註冊商標或團體商標之商標者；②於類似之商品或服務，使用相同於註冊商標或團體商標之商標，有致相關消費者混淆誤認之虞者；③於同一或類似之商品或服務，使用近似於註冊商標或團體商標之商標，有致相關消費者混淆誤認之虞者（商 95 I）。意圖供自己或他人用於與註冊商標或團體商標同一商品或服務，未得商標權人或團體商標權人同意，為行銷目的而製造、販賣、持有、陳列、輸出或輸入附有相同或近似於註冊商標或團體商標之標籤、吊牌、包裝容器或與服務有關之物品者，處 1 年以下有期徒刑、拘役或科或併科新臺幣 5 萬元以下罰金。前項之行為透過電子媒體或網路方式為之者，亦同（商 95II、III）。換言之，未得商標權人或團體商標權人同意，而**使用該尚有效的商標，若構成《商標法》第 35 條第 2 項的行為之一者**，不但應負民事賠償責任，亦有刑責。

(2) 使用仿冒證明標章罪：未得證明標章權人同意，於同一或類似之商品或服務，使用相同或近似於其註冊證明標章之標章，有致相關消費者誤認誤信之虞者，處 3 年以下有期徒刑、拘役或科或併科新臺幣 20 萬元以下罰金（商 96 I）。

(3) 意圖製造、販賣、持有、陳列、輸出或輸入仿冒證明標章標籤罪：意圖供自己或他人用於與註冊證明標章同一商品或服務，未得證明標章權人同意，為行銷目的而製造、販賣、持有、陳列、輸出或輸入附有相同或近似於註冊證明標章之標籤、吊牌、包裝容器或與服務有關之物品者，處 3 年以下有期徒刑、拘役或科或

併科新臺幣 20 萬元以下罰金。前項之行為透過電子媒體或網路方式為之者，亦同（商 96 II、III）。

(4) 販賣或意圖販賣仿冒商品罪：販賣或意圖販賣而持有、陳列、輸出或輸入他人所為之前二條第一項商品者，處 1 年以下有期徒刑、拘役或科或併科新臺幣 5 萬元以下罰金。前項之行為透過電子媒體或網路方式為之者，亦同（商 97 I）。所謂「販賣」指有營利意圖，明知（即直接故意）為他人商標而仿冒商標商品、販入或賣出，有其一者，即構成既遂，並不以販入後賣出為必要。而所謂意圖販賣而「陳列」，指明知為仿冒商標商品而持有，後來起意，圖利販賣而陳列，但尚未賣出者。而「輸出」或「輸入」則指明知為仿冒商標商品而出口或進口該商品而言。

(5) 沒收：侵害商標權、證明標章權或團體商標權之物品或文書，不問屬於犯罪行為人與否，沒收之（商 98）。

上述仿冒商標罪，僅針對**仿冒商標、團體商標、證明標章設有刑事責任**，如果未經商標權人同意而仿冒團體標章，固然應負民事侵權責任，但依照罪刑法定主義[80]，並無刑事責任。

---

[80] 《刑法》第 1 條：「行為之處罰，以行為時之法律有明文規定者為限。拘束人身自由之保安處分，亦同。」

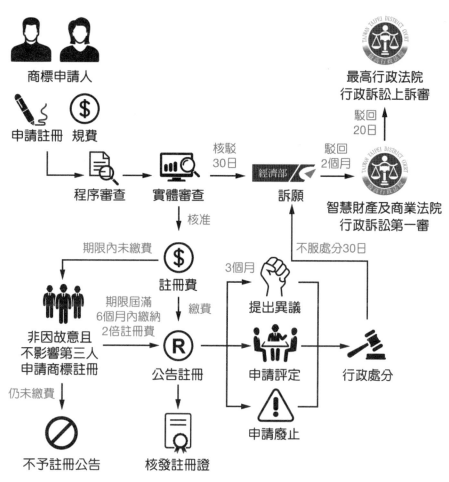

◆ 圖 3-9　商標審查及行政救濟流程圖

https://www.tipo.gov.tw/tw/cp-57-802503-f74d0-1.html

3-15　邊境管制措施

3-15.1　申請海關查扣

　　商標權人對輸入或輸出之物品有侵害其商標權之虞者，得申請海關先予查扣。前項申請，應以書面為之，並釋明侵害之事實，及提供

相當於海關核估該進口貨物完稅價格或出口貨物離岸價格之保證金或相當之擔保。海關受理查扣之申請，應即通知申請人；如認符合前項規定而實施查扣時，應以書面通知申請人及被查扣人。被查扣人得提供第 2 項保證金 2 倍之保證金或相當之擔保，請求海關廢止查扣，並依有關進出口貨物通關規定辦理。查扣物經申請人取得法院確定判決，屬侵害商標權者，被查扣人應負擔查扣物之貨櫃延滯費、倉租、裝卸費等有關費用（商 72）。

海關在不損及查扣物機密資料保護之情形下，得依第 72 條所定申請人或被查扣人或第 75 條所定商標權人或進出口人之申請，同意其檢視查扣物。海關依第 72 條第 3 項規定實施查扣或依前條第 3 項規定採行暫不放行措施後，商標權人得向海關申請提供相關資料；經海關同意後，提供進出口人、收發貨人之姓名或名稱、地址及疑似侵權物品之數量。商標權人依前項規定取得之資訊，僅限於作為侵害商標權案件之調查及提起訴訟之目的而使用，不得任意洩漏予第三人（商 76）。

3-15.2　廢止查扣

有下列情形之一，海關應廢止查扣（商 73）：

(1) 申請人於海關通知受理查扣之翌日起 12 日內，未依第 69 條規定就查扣物為侵害物提起訴訟，並通知海關者。

(2) 申請人就查扣物為侵害物所提訴訟經法院裁定駁回確定者。

(3) 查扣物經法院確定判決，不屬侵害商標權之物者。

(4) 申請人申請廢止查扣者。

(5) 符合前條第 4 項規定者。

前項第 1 款規定之期限，海關得視需要延長 12 日。

海關依第 1 項規定廢止查扣者，應依有關進出口貨物通關規定辦理。

查扣因第 1 項第 1 款至第 4 款之事由廢止者，申請人應負擔查扣物之貨櫃延滯費、倉租、裝卸費等有關費用。

3-15.3　保證金

查扣物經法院確定判決不屬侵害商標權之物者，申請人應賠償被查扣人因查扣或提供第 72 條第 4 項規定保證金所受之損害。申請人就第 72 條第 4 項規定之保證金，被查扣人就第 72 條第 2 項規定之保證金，與質權人有同一之權利。但第 73 條第 4 項及第 72 條第 5 項規定之貨櫃延滯費、倉租、裝卸費等有關費用，優先於申請人或被查扣人之損害受償（商 74 I、II）。

3-15.4　保證金的返還

有下列情形之一者，海關應依申請人之申請，返還第 72 條第 2 項規定之保證金（商 74 III）：

(1) 申請人取得勝訴之確定判決，或與被查扣人達成和解，已無繼續提供保證金之必要者。

(2) 因第 73 條第 1 項第 1 款至第 4 款規定之事由廢止查扣，致被查扣人受有損害後，或被查扣人取得勝訴之確定判決後，申請人證明已定 20 日以上之期間，催告被查扣人行使權利而未行使者。

(3) 被查扣人同意返還者。

有下列情形之一者，海關應依被查扣人之申請返還第 72 條第 4 項規定之保證金（商 74 IV）：

(1) 因第 73 條第 1 項第 1 款至第 4 款規定之事由廢止查扣，或被查扣人與申請人達成和解，已無繼續提供保證金之必要者。

(2) 申請人取得勝訴之確定判決後，被查扣人證明已定 20 日以上之期間，催告申請人行使權利而未行使者。

(3) 申請人同意返還者。

第 72 條至第 74 條規定之申請查扣、廢止查扣、保證金或擔保之繳納、提供、返還之程序、應備文件及其他應遵行事項之辦法，由主管機關會同財政部定之。第 75 條至第 77 條規定之海關執行商標權保護措施、權利人申請檢視查扣物、申請提供侵權貨物之相關資訊及申請調借貨樣，其程序、應備文件及其他相關事項之辦法，由財政部定之（商 78）。

3-15.5 海關依職權暫不放行及查扣

海關於執行職務時，發現輸入或輸出之物品顯有侵害商標權之虞者，應通知商標權人及進出口人。

海關為前項之通知時，應限期商標權人進行認定，並提出侵權事證，同時限期進出口人提供無侵權情事之證明文件。但商標權人或進出口人有正當理由，無法於指定期間內提出者，得以書面釋明理由向海關申請延長，並以一次為限。

商標權人已提出侵權事證，且進出口人未依前項規定提出無侵權情事之證明文件者，海關得採行暫不放行措施。

商標權人已提出侵權事證，且進出口人亦依第 2 項規定提出無侵權情事之證明文件者，海關應通知商標權人於通知之時起 3 個工作天內，依第 72 條第 1 項規定申請查扣。

商標權人未於前項規定期限內，依第 72 條第 1 項規定申請查扣者，海關得於取具代表性樣品後，將物品放行（商 75）。

3-15.6　向海關申請調借貨樣

商標權人依第 75 條第 2 項規定進行侵權認定時，得繳交相當於海關核估進口貨樣完稅價格及相關稅費或海關核估出口貨樣離岸價格及相關稅費 120% 之保證金，向海關申請調借貨樣進行認定。但以有調借貨樣進行認定之必要，且經商標權人書面切結不侵害進出口人利益及不使用於不正當用途者為限。

前項保證金，不得低於新臺幣 3000 元。

商標權人未於第 75 條第 2 項所定提出侵權認定事證之期限內返還所調借之貨樣，或返還之貨樣與原貨樣不符或發生缺損等情形者，海關應留置其保證金，以賠償進出口人之損害。

貨樣之進出口人就前項規定留置之保證金，與質權人有同一之權利（商 77）。

3-16　網域名稱與商標權[81]

3-16.1　網域名稱的意義及類別

「網域名稱」(Domain Name)或稱「域名」，是指用以與網際網路位址相對映，便於網際網路使用者記憶 TCP/IP(Transmission Control Protocol/Internet Protocol)主機所在的文字或數字組合[82]。換言之，網

---

[81]　徐振雄，《資訊網路法導論》，臺北：藍海文化，2011 年 6 月，頁 70~103。本單元經檢視最新規定與案例修正後改寫。

[82]　《網際網路位址及網域名稱註冊管理業務監督及輔導辦法》第 2 條第 2 款。

域名稱就是電腦主機在網際網路中的電子住址[83]，也就是對映於 IP Address 的文字或數字型態。

網域名稱的組成依照「從右到左」的次序，分別為頂級網域名稱(Top Level Domain Name, TLD)、第二層網域名稱及第三層網域名稱。出現在最右邊者，即頂級網域名稱，其類別可以分為：

(1) 國家代碼的頂級網域名稱(Country code TLD, ccTLD)：如結尾是.tw（台灣）、.cn（中國）、.jp（日本）、.uk（英國）、.au（澳洲）、.fr（法國）之 ccTLD，其是根據國家代碼縮寫，而由各國之網路資訊中心(Network Information Center, NIC)，負責網域名稱的註冊及服務業務。如「財團法人台灣網路資訊中心」(Taiwan Network Information Center, TWNIC)即是負責管理台灣.tw 頂級網域名稱的註冊管理機構。

(2) 屬性型的頂級網域名稱(generic TLD, gTLD)：如「網際網路名稱與號碼分配組織」(Internet Corporation for Assigned Names and Numbers, ICANN)直接管理註冊國際網域名稱，其多為屬性型的頂級網域名稱，如.com（公司）、.gov（政府機構）、.edu（教育機構）.mil（軍隊）、.net（網路服務者）、.org（上述以外的組織）、.int（國際組織）.biz（商業機構）、.name（個人申請之姓名）、.info（資訊）、.pro（專業人士）、.coop（合作機構）、.aero（航空界）、.museum（博物館）等之 gTLD。

---

[83] 1999 年美國《反搶註消費者保護法》(Anticybersquatting Consumer Protection Act, ACPA)，Sec.3005 界定「網域名稱」為：任何為網域名稱管理機構註冊或分配的任何包含文字與數字符號的組合(alphanumeric)，用以作為在網際網路上的電子住址(an electronic address on the Internet)。原文取自＜http://www.patent.com.acpa.htm＞。

　　從「頂級網域」名稱向左出現的網域名稱，稱為「第二層網域名稱」(Second Level Domain Name, 2nd LD)，其居於頂級網域名稱之下，依類別可為：「屬性型的第二層網域名稱」，以及不限屬性直接使用第二層網域名稱的「泛用型網域名稱」。

　　在台灣，TWNIC 是負責 ccTLD-.tw 之下層網域名稱的註冊管理機構(Registry)，再由 TWNIC 授權其他單位、受理註冊機構(Registrar)從事註冊業務，**且依循「先申請，先發給原則」**(first-come, first-served)**的國際慣例，辦理網域名稱註冊。**

　　目前 TWNIC 已不再直接受理新申請網域名稱服務，欲申請者需直接向受理註冊機構辦理，其提供之服務項目包括下列網域名稱的類別[84]：

(1) **屬性型英文網域名稱**：指「edu.tw」、「gov.tw」、「com.tw」、「net.tw」、「org.tw」、「mil.tw」、「idv.tw」、「game.tw」、「club.tw」、「ebiz.tw」及其他經本中心網域名稱委員會審核通過之網域名稱。

(2) **屬性型中文網域名稱**：指「教育.tw」、「政府.tw」、「商業.tw」、「網路.tw」、「組織.tw」、「軍事.tw」及其他經本中心網域名稱委員會審核通過之網域名稱。

---

[84] https://www.twnic.net.tw/dnservice_catag.php（瀏覽日：2018/06/09）。見《財團法人台灣網路資訊中心網域名稱(Domain Name 註冊管理業務規章》第 5 條、《第二代泛用型中文域名開放註冊公告事項》、《「.台灣」頂級中文網域名稱開放註冊公告事項》、《財團法人台灣網路資訊中心網域名稱受理註冊授權辦法》、TWNIC《註冊管理業務規章》第 5 條。申請第二層網域名稱的取得，不得與現有的第二層網域名稱（.com、.net、.org、.edu、.gov、.mil、.idv）；著名之商標、姓名或法人英文名稱、簡稱；我國縣市級以上地名、政府機關名稱、學校名稱或與國家主權相關之英文全稱或簡稱重複，見 TWNIC「新增第二層網域名稱受理註冊授權資格申請說明須知」，貳（一）。

(3) **泛用型英文網域名稱**：指不限屬性直接使用第二層英文網域名稱。如英文 XXX.tw。(ascii.tw)

(4) **泛用型中文網域名稱**：指不限屬性直接使用第二層中文網域名稱。如中文 XXX.tw。（台網中心.tw）

(5) **頂級中文網域名稱**：指以「.台灣」及「.台湾」為頂級國碼之各類型網域名稱。（如「台網中心.台灣」）

(6) 其他經本中心網域名稱委員會審核通過之網域名稱。

從「第二層網域名稱」再向左便稱為「第三層網域名稱」(Third Level Domain Name, 3rd LD)，**第三層網域名稱是由網域名稱申請註冊人指定的特別名稱，這部分也是與商標權發生衝突之所在。**

3-16.2 網域名稱與商標權的衝突

3-16.2.1 網域名稱的搶註

網域名稱的搶註是某些申請註冊人因為網域名稱有其潛在的商業利益，遂利用「先申請先發給」的原則，惡意將一些著名商標或具知名度的人名、企業名稱，「搶先註冊」起來，以便向真正的權利人進行轉售(sell back)。由於這種行徑通常是意圖攀附著名企業商譽或意圖混淆消費者，增加消費者進入自己經營網站的瀏覽率等不正當的競爭行為，故被稱為是「網路蟑螂」(cybersquatting or cybersquatter)[85]。常見的網域名稱搶註行為，例如：

(1) **一般的網域名稱搶註**：是指申請註冊人惡意搶先註冊與他人姓名、商標、企業名稱相同或相近的網域名稱，以待價而沽，從中

---

[85] Constance D. Hawke, *Computer and Internet Use on Campus: A Legal Guide to Issues of Intellectual Property, Free Speech, and Privacy* (San Francisco: Jossey-Bass, Inc., 2001), p.29.

牟利。例如：在 adidas.tw 案中，申訴人（即阿迪達斯公司/adidas AG）多年來以「adidas」商標致力於運動行銷，並以該商標在許多國家贊助運動賽事，享有極高品牌知名度，且為著名商標。但卻被註冊人以「adidas」申請作為自己之網域名稱，專家小組認為此行為本身已難謂是出於善意或是具有正當目的。又本案因以瀏覽器鍵入系爭網域名稱連線時，會自動遭轉指向連結至 Rakuten Global Market (https://global.rakuten.com/en/) 或 AliExpress (http://activities.aliexpress.com/)等網站，…。然而由註冊人並未自己積極使用系爭網域名稱之事實觀之，**其目的無非是搶先註冊網域名稱以便待價而沽，或是藉由網址轉接獲取潛在利益**；…應即可推定其目的即在於妨礙申訴人使用著名商標及商業活動，以藉機獲取利益；或是為營利之目的，意圖與申訴人之商標或事業名稱產生混淆，引誘而誤導網路使用者瀏覽註冊人之網站或其他線上位址，以維護申訴人之權利；此外，註冊人註冊系爭網域之行為亦將對申訴人未來欲以其商標名稱「adidas」註冊「adidas.tw」網域名稱之正當行為造成妨礙，亦屬顯而易見。因此，申訴人主張註冊人所為是搶註行為，即有理由[86]。

(2) **淡化著名商標的網域名稱搶註**：所謂「淡化」或「減損」(dilution)是指網域名稱的搶註行為將導致商標的識別性被淡化，削弱商標表彰商品或服務的作用，那就等於剝奪真正權利人在網路開發其商標價值的權利。例如：申訴人（即西班牙商・迪西儂紡織工業股份有限公司/NDUSTRIA DEDISENO TEXTIL, S.A./INDITEX, S. A.）所經營之「ZARA」品牌服飾，乃自西元

---

[86] 引自台北律師公會專家小組決定書，106 年網爭字第 004 號，系爭網域名稱：adidas.tw，處理現況及決定：移轉。(處理程序開始：2017/11/13。決定日期：2017 年 12 月 18 日)。見台北律師公會 http://www.tba.org.tw/announcement_detail.html?id=64 (瀏覽日：2018/06/09)。

1975 在西班牙成立,主要為銷售男裝、女裝、童裝等服飾及其配件等商品之品牌,於全球 88 個國家中擁有超過 2,100 家分店,且在報章雜誌、電子媒體之廣告宣傳,其已成為全世界知名之服裝連鎖品牌。…但被註冊人(即 TY W)惡意的將系爭網域名稱(即 zara.com.tw)轉址連結至與申訴人有競爭關係之「H&M」官方網站,**如此不僅減損申訴人「ZARA」商標長期累積之良好信譽,還淡化減弱申訴人「ZARA」商標指示單一來源之識別性,乃嚴重影響申訴人之商譽**。此外,申訴人及所屬集團所有之「ZARA」商標,乃深受全球、我國消費者所喜愛,此亦為註冊人所知悉,當註冊人以申訴人之「ZARA」商標,作為系爭網域名稱之主要部分,則誘使欲瀏覽申訴人網站之消費者,並進入註冊人之網站,如此已混淆、誤導消費者,且增加系爭網域名稱之曝光與瀏覽人數,實有獲取商業利益之嫌[87]。

另外,搶註行為也可能違反公平交易,**因為網域名稱具有表彰或識別的功能,而具有《公平交易法》第 20 條第 1 款所稱的「表徵」概念**。所謂「表徵」是指某項具識別力或次要意義之特徵,其得以表彰商品或服務來源,使相關事業或消費者用以區別不同之商品或服務。例如:姓名、商號或公司名稱、商標、標章等等。如果不具表彰商品或來源的功能,則非表徵,例如:商品普通之說明文字、內容、顏色或商業或服務之慣用名稱。例如:奕昕電腦公司使用 <www.carrefour.com.tw> 為網域名稱,即被公平交易委員會認為違反公平競爭原則,使家樂福公司無法再申請使用 carrefour(家樂福)為網

---

[87] 引自財團法人資訊工業策進會科技法律研究所「專家小組決定書」。案號:STLI2017-001 2-1。系爭網域名稱:zara.com.tw。https://stli.iii.org.tw/twnic/bulletin/2017/bulletin-01.pdf(瀏覽日:2018/06/09)。

域名稱，喪失消費者以原熟悉的名稱，進入網路市場交易的機會，顯失公平，違反《公平交易法》第 24 條。

▶ 3-16.2.2 網域名稱與商標的差異

網域名稱使用於電子商務或網路購物，有助於網路使用人透過網路瀏覽而記憶網站中所提供的商品與服務內容，因此網域名稱便具有吸引網路消費者的功能，這使得企業紛紛以其公司名稱或商標來作為其網域名稱，以爭取更多商業行銷，擴大市場的機會，於是網域名稱有了潛在的商業價值。

基本上，**網域名稱若能符合《商標法》的規定，便可以申請商標註冊**。例如：經營網路書店的博客來公司即向智慧財產局申請註冊商標為 WWW.BOOKS COM TW，網域名稱為 www.books.com.tw。不過，網域名稱與商標在功能、內容、範圍及受理註冊機關等均不相同。詳言之，網域名稱的使用是為了便於記憶網路上的 IP 位址，並非如商標用來識別商品或服務的來源；而且網路名稱通常為文字或數字，並不若商標除文字外，亦可以圖形、記號、顏色、聲音、立體形狀、動態、全像圖或其聯合式所組成；再者網域名稱具有跨國性，商標權卻是屬地主義，只及於所註冊國內的行銷上使用。況且，網域名稱未必都使用於商業行銷目的，也未必符合商標所要求的識別性，但商標是企業用來表彰商品或服務的標識，它使消費者能夠辨識商品或服務的來源。

因此，商標權人固然可以排除其他人將其商標使用在相同或相類似的商品或服務上，但在網域名稱，先申請先使用的慣例下，卻可能被其他人將其商標文字部分，向網域名稱註冊管理機構，申請註冊為網域名稱，這便容易引起爭議。

為了避免讓無權利或利益人，惡意註冊或使用他人應受《商標法》保護的名稱，受到侵害或商譽淡化，在《商標法》中便規定：「**在未得商標權人同意，明知為他人著名之註冊商標，而以該著名商標中之文字作為自己公司、商號、團體、網域或其他表彰營業主體之名稱，有致相關消費者混淆誤認之虞或減損該商標之識別性或信譽之虞者，視為侵害商標權。**」（商 70②）。

3-16.3　TWNIC 網域名稱爭議處理機制

財團法人台灣網路資訊中心(TWNIC)，為了解決 ccTLD 為.tw 下之網域名稱爭議，根據 1999 年 10 月 24 日 ICANN 通過的《統一網域名稱爭議解決政策》(Uniform Domain Name Dispute Resolution Policy, UDRP)及《統一網域名稱爭議解決政策程序規則》(Rules for Uniform Domain Name Dispute Resolution Policy, Rules for UDRP)模式，在 2001 年 3 月 8 日通過了《財團法人台灣網路資訊中心網域名稱爭議處理辦法》與《財團法人台灣網路資訊中心網域名稱爭議處理辦法實施要點》（兩者合稱 TWDRP），並於 2001 年 3 月 29 日通過網域名稱爭議處理附則，**提供一種訴訟外具替代性爭議解決**(Alternative Dispute Resolution, ADR)性質之網域名稱爭議處理機制[88]。

---

[88]　ADR 服務可由政府機構及私人機構提供，如美國的 AAA(America Arbitration Association)，而私人機構所提供的 ADR 服務，可以由當事人選擇決定公聽日期、中立第三者之仲裁人、由其依照程序談判、協議並作出裁決。參閱 Roger LeRoy Miller and Gaylord A. Jentz, *Marketing and E-Commerce: The Online Legal Environment*(West Legal Studies in Business, 2002), p.16.TWNIC 亦具有類似性質，不過專家小組之決定並不具有法律上的仲裁效力。依《處理辦法》第 10 條第 1 項：「本辦法之規定，不妨礙當事人向法院提出有關該網域名稱之訴訟」。另第 4 項：註冊人於前項期間內提出前項證明文件者（指註冊管理機構於接獲爭議處理機構送達日起 10 工作日內，註冊人依《實施要點》第 3 條第 4 項第 12 款提出「申訴書記載並敘明對網域名稱之取消或移轉之決定不服者，申訴人得向法院提起訴訟之文件」，註冊管理機構暫不執行該決定。但任一方當事人向註冊管理機構提出：經公證之當事人和解契約書；撤回訴訟之證明文件、法院之確定裁判或與確定判決有相同效力之證明文件者，應依該文件之內容執行之。

依據《處理辦法》第 5 條第 1 項規定：「申訴人得以註冊人之網域名稱具有下列情事為由，依本辦法向爭議處理機構提出申訴」，茲將該條有關提起申訴的原因、相關認定與參酌之條件，整理列表 3-1 如下：

TWNIC 本身為註冊管理機構，其在網域名稱爭議案件中居於中立地位，並不介入註冊人與他人之間有關網域名稱註冊與使用之爭議，而由其認可之爭議處理機構[89]，**如資訊工業策進會科技法律研究所、台北律師公會受理網域名稱的申訴案件。**TWNIC 在爭議程序中，除須應爭議處理機構之要求，提供與網域名稱註冊及使用相關資訊外，不得以任何方式參與爭議處理程序，且其依照專家小組的決定執行[90]，不對爭議處理結果負任何責任[91]。例如：台灣第一件有關網域名稱爭議案 M＆M'S 對 m-ms.com.tw 案，在該事實之申訴人為美國瑪斯公司(Mars, Incorporated)所註冊之商標「M&M'S」，係指定用於蜜餞、糖果等商品。2000 年 3 月，美國瑪斯公司擬將「M&M'S」向 TWNIC 申請註冊為網域名稱時，卻發現欽品科技公司已將「m-ms.com.tw」註冊為網域名稱，瑪斯公司遂於 2001 年 6 月向當時的資策會科法中心提出申訴。科法中心專家小組依據《處理辦法》、《實施要點》及處理附則，並參酌 UDRP 處理本案，判斷該網域名稱係屬不當註冊，而須取消或移轉給美國瑪斯公司[92]。

꙼ ───────

[89] TWNIC《處理辦法》第 2 條第 4 款：「爭議處理機構指經註冊管理機構認可處理網域名稱之中立機構。」目前經 TWNIC 認可為爭議處理機構者，有資策會科技法律研究所及台北律師公會。

[90] TWNIC《處理辦法》第 2 條第 8 款：「專家指經爭議處理機構遴選並公布具有處理網域名稱爭議資格之個人」；第 9 款：「專家小組指由專家所組成處理網域名稱爭議之小組。」

[91] 《處理辦法》第 12 條。

[92] m-ms.com.tw 案(STLC2001-001)。全文可參閱周天主編，《2001 年台灣網域名稱爭議處理案例彙編》，台北：書泉，2002 年 4 月，頁 1~21。

表 3-1　提起申訴原因、相關認定與參酌之條件

提起申訴原因	相關認定與參酌之條件
(1)網域名稱與申訴人之商標、標章、姓名、事業名稱或其他標識相同或近似而產生的混淆。(§5Ⅰ①)	第 5 條第 2 項：認定左列各款事由之存否，應參酌雙方當事人所提出之證據及其他一切資料。有下列各款情形之一者，得認定註冊人擁有該網域名稱之權利或正當利益： (1)註冊人在收到第三人或爭議處理機構通知有關該網域名稱時前，已以善意使用或可證明已準備使用該網域名稱或與其相當之名稱，銷售商品或提供服務。 (2)註冊人使用該網域名稱，已為一般大眾所熟知。 (3)註冊人為合法、非商業或正當之使用，而未以混淆、誤導消費者或減損商標、標章、姓名、事業名稱或其他標識之方式，獲取商業利益者。
(2)註冊人就其網域名稱無權利或正當利益。(§5Ⅰ②)	
(3)註冊人惡意註冊或使用網域名稱。(§5Ⅰ③)	第 5 條第 3 項：認定左列 3.（§5Ⅰ③）惡意註冊或使用網域名稱，得參酌以下各款情形： (1)註冊人註冊或取得該網域名稱之主要目的是藉由出售、出租網域名稱或其他方式，自申訴人或其競爭者獲取超過該網域名稱註冊所需相關費用之利益。 (2)註冊人註冊該網域名稱，係以妨礙申訴人使用該商標、標章、姓名、事業名稱或其他標識註冊網域名稱為目的。 (3)註冊人註冊該網域名稱之主要目的，係為妨礙競爭者之商業活動。 (4)註冊人為營利之目的，意圖與申訴人之商標、標章、姓名、事業名稱或其他標識產生混淆，引誘、誤導網路使用者瀏覽註冊人網站或其他線上位址。

＊申訴人應就註冊管理機構所認可之爭議處理機構擇一提出申訴(§5Ⅳ)。

CHAPTER   ⚖️   **04**

專利法

• • •

4-1　基本概念

4-1.1　專利與科技管理

二十世紀中期後，資訊科技帶動了知識產業，科學技術在商業貿易上的應用，不但使智慧財產權成為知識經濟重要的利基，也使科技管理、智慧財產權與法律保護的關係日益密切。

美國 IBM 公司的專利管理素為各國企業典範，其在 1993 年專利收入僅有 2 億美元，但是經過有效的管理與科技創新後，在 2001 年共獲得 3411 件專利，權利金收入為 15 億美元，至 2002 年投入研發費用為 47 億 5 百萬美元，營收已高達 811 億 8 千 6 百萬美元。IBM投入研發、獲取專利數量，說明智慧財產權管理與維持其科技優勢的正向關係，使 IBM 在美國電子科技產業居於龍頭地位[1]。

企業重視智慧財產並建立妥善管理機制，有助於提升產業經濟利益及發揮人力資源；例如控制 DRAM、DDR RAM 專利的 Rambus 公司，其公司人數不足 150 人[2]，又如控制數位影音輸出的 Marcovision公司，其員工也不足 80 人，但卻因為掌握基礎專利，而獲利豐厚。相對的，假若企業未能獲知這些基礎專利，或者未經授權而製造、販賣、使用等，即可能付出侵權賠償的代價，如聯發科技就曾被美國ESS 公司控告其 DVD 控制晶片侵害 ESS 所有的專利權，而在 2003 年6 月以 9 千萬美元與 ESS 達成和解；又如 Kodak 也曾因為 Polaroid

---

[1]　劉江彬、黃俊英，《智慧財產權管理總論》，臺北：華泰，2004 年 2 月，頁 9，23。

[2]　Rambus 公司採取的策略是將專利價值最大化，因此其並不以生產製造為主，而專以研發授權為其核心業務。馮震宇，〈從國際專利申請趨勢談企業專利申請策略〉，《萬國法律》，130期，2003 年 8 月，頁 30 註(3)。

控告其侵害即時顯像專利，而被判決需賠償達 9 億美元的天價[3]。由此可見專利管理與相應的智慧財產權法制保護，對企業維護其市場優勢具有重要意義。美國林肯總統曾言：「**專利制度是在天才的火焰，加上利益的燃料。**」一點也沒錯。

近年來，由於經濟全球化已然成形，使政府不得不面對智慧財產權的國際保護趨勢。尤其，2002 年 1 月，我國成為世界貿易組織(WTO)會員，為遵循國際公約與相關協議，在智慧財產權法制更有了大幅的修訂，而企業為了在國際市場取得更大的優勢地位，亦逐漸重視智慧財產權管理，並已獲致初步的成效[4]，從而發揮研發產能與全球市場的競爭力。

4-1.2　專利保護的客體

專利權為一排他權利，依照專利保護的客體，可區分為[5]：

(1) 物之專利：又可分為「物品專利」（如機器設備）與「物質專利」（如藥物）。物品專利權人有權禁止他人未經其同意，而製

---

[3]　Kodak 與 Polariod 的專利侵權案，纏訟 14 年，最後 Kodak 敗訴，需賠償 9 億 5 千 5 百萬美元，使 Kodak 被迫關閉耗資 15 億美元興建的廠房，裁員 700 名員工，並且花 5 億美元買回自 1976 年至 1985 年間賣出的 1 千 6 百萬臺拍立得相機。見孫祥禮，〈軟體技術上網，引爆專利地雷〉，載於周天等，《科技管理與法律對策》，臺北：財團法人資訊工業策進會科技法律中心，2000 年 11 月，頁 6。

[4]　在世界經濟論壇(World Economic Forum, WEF)公布的全球競爭力報告(Global Competitiveness Report, 2003-2004)中，臺灣的成長競爭力已經達到第 5 名，在科技指標中表現優異，其關鍵即是臺灣在美國專利核准數量表現。World Economic Forum, Global Competitiveness Report(http://www.weforum.org/site/homepublic.nsf/Content/Global+Competitiveness+Programme%5Cglobal+Competiteveness+Report)，另據學者研究從 2003/1998-2002 年臺灣企業在美國取得專利之平均件數前 4 名，分別為鴻海精密（483/272.4 件）、臺灣積體電路（434/428.6 件）、工業技術研究院（207/211.6 件）與聯華電子（188/398.2 件）。見陳達仁、黃慕萱、楊牧民，〈從美國專利看臺灣企業科技創新競爭力〉，《政大智慧財產權評論》，2004 年 10 月，2 卷 2 期，頁 10。

[5]　TRIPS 第 28 條、《專利法》第 58 條。

造、為販賣之要約、販賣、使用，或者為了上述目的而進口該物品的行為。

(2) 方法專利：指製造產品的方法或為一種技術方法，如檢測空氣汙染的技術方法。專利權人有權禁止未經其同意，而**使用該方法及使用**、為販賣之要約、販賣或為上述之目的而進口該方法直接製成物品之權。

4-1.3 專利權及其權利性質

「專利權」是根據法律賦予專利權人或其合法受讓人，在一定地域及法律所規定的有效期間內，享有排除他人製造、販賣、為販賣之要約、使用、進口的權利。所以，專利權為一排他權利，指排除或禁止未經過專利權人同意或授權的特定行為，不代表取得專利權後，專利權人即專有實施其專利的權能。這種情況，多發生於「專利中有他人的專利」。例如：取得設計（新式樣）專利的彈簧床內使用了別人具有專利的獨立筒，故在一般情況下，可透過交互授權來解決這個問題。此外，專利權具有地域性與排他性。所以在某國取得的專利權，只受該國的專利法保護，並不能避免受到其他國家企業或人民的可能侵害。例如：在美國取得專利權，只受美國專利法保護，無法據以處罰在其他國家所發生的侵權行為。所以，專利權人必須向各國申請專利，才能獲得更周全的法律保護。

專利制度賦予發明人專利權，使專利權人就其發明有排他權利，其法律性質有以下觀點[6]：

(1) 自然權利說：認為專利權為財產權，且為自然權利。所以，國家不但應承認專利權，亦應該制定法律保護之。

---

[6]　蔡明誠，《發明專利法研究》，臺北：春風煦日論壇，2000 年 3 月，頁 53-55。

(2) **公平正義說**：認為發明人對其技術研發投入時間精力，本於公平正義原則，社會對其貢獻應該提供一定的對價或報酬，故此說也稱為「對價說」、「報酬說」。

(3) **獎勵說**：認為基於提升科技產業與公共利益，由國家賦予專利權人一定的權利，以鼓勵專利權人能繼續從事或刺激更多人投入技術研發與創新。

(4) **契約說**：認為專利權是國家為了與專利權人交換專利技術的公開，同時也避免其他人重複研發，造成資源浪費，是以將**專利權作為專利權人放棄保密而公開技術內容的對價**，故此說也稱「公開技術說」，而非僅是獎勵、獲取報酬或維持公平正義的性質而已。

4-2　專利要件

4-2.1　實用性

「實用性」(utility)或稱「產業利用性」(industrial applicability)，**指欲申請專利必須具有提供產業上利用或應用的價值，而其利用對人類社會生活具有某種程度的貢獻，且對產業具有特定的用途。**

所謂「產業」的範圍很廣，如農礦漁牧業、工商運輸業、通訊傳播業、電子光電業、生物科技業等等均屬之。而「利用性」，指可應用於該產業的技術，如果申請專利引述了不可能被執行的要件，如發明包覆整個地球的膠模；或不可能達成的結果、不正確或不可能的運作理論，如在銅片上形成鍍鐵，便是欠缺產業利用性[7]。至於取得專利

---

[7]　鄭中人，《智慧財產權導讀》，臺北：五南，2004 年 4 月，頁 28。未完成的發明，如欠缺達成目的的技術手段的構想，或有技術手段，但顯然不能達到目的的構想。如以銀耳蔗粉渣培養種菌，屬於一種農作物的培養方法，欠缺產業可利用性（行政法院 57 年判字 207 號參照）。

後，將之實施或利用於產業，是否果真能夠獲致市場利益，則非專利審查重點。

4-2.2 新穎性

「新穎性」(novelty)是指**申請專利範圍中所載的發明或創作，雖非前所未有的技術，但亦非屬於已公開技術或先前技術的一部分時**，即具備新穎性。在《專利法》中規定某些情況下喪失新穎性，包括：

(1) 申請前已見於刊物者。

(2) 申請前已公開實施者。

(3) 申請前已為公眾所知悉者（專 22 I、120、122 I）。

換言之，申請發明、新型或設計專利，在申請前如果已經是存在的已知技藝／先前技術(prior art)，即喪失新穎性（絕對新穎性）。此外，申請專利之發明，與申請在先而在其申請後始公開或公告之發明或新型專利申請案所附說明書、申請專利範圍或圖式載明之內容相同者，不得取得發明專利。但其申請人與申請在先之發明或新型專利申請案之申請人相同者，不在此限（專 23）。因此，發明或創作技術一旦被公開，原則上即喪失新穎性。不過，為避免失之過嚴，故《專利法》針對某些情況，給予不喪失新穎性的優惠期間。

依《專利法》第 22 條規定：發明雖無前項各款所列情事，但為其所屬技術領域中具有通常知識者依申請前之先前技術所能輕易完成時，仍不得取得發明專利（第 2 項）。申請人出於本意或非出於本意所致公開之事實發生後 12 個月內申請者，該事實非屬第一項各款或前項不得取得發明專利之情事（第 3 項）。因申請專利而在我國或外國依法於公報上所為之公開係出於申請人本意者，不適用前項規定（第 4 項）。

　　簡言之，在以上情形，若申請人**於其事實發生後 12 個月內申請者，仍不喪失新穎性**。至於公眾實際上是否已經閱覽或是否已經真正得知該發明的內容，則非所問。

4-2.3　進步性

　　「進步性」(non-obviousness)或稱「非顯而易見性」或「非顯著性」，指該發明並非「**為其所屬技術領域中具有通常知識者，依申請前之先前技術所能輕易完成時**」，即具有進步性（專 22 II、122 II）[8]。

　　進步性的判斷並非依照專利審查人員的知識水準，而是依照所屬領域中具有通常知識之人，是否能夠從先前技術所知的資訊輕易完成[9]。如果該發明是所屬技術領域中顯而易見的熟知技術，則不具有進步性；反之，則有進步性，因此，進步性可說是一種**比熟知技術更高的技術，具有創造性質**(inventiveness)，其判斷有三：

(1) 申請前以公開的技術知識為判斷。

(2) 判斷對象限於該發明所屬技術領域者。

(3) 其判斷標準以該發明所屬技術領域中之具有通常知識之人的能力(a person skilled in the art)為斷。至於，是否「運用」申請前既有的技術知識，並非必要[10]。

---

[8] 關於進步性的判斷時點，以申請前已公開的技術知識為判斷，並非以申請日後之技術水準為比較對象（91 年判字第 1539 號判決參照）。換言之，判斷時點以申請日為準。另，《專利法》第 122 條第 2 項：「設計雖無前項各款所列情事，但為其所屬技藝領域中具有通常知識者依申請前之先前技藝易於思及時，仍不得取得設計專利。」

[9] 「進步性」的判斷比「新穎性」的判斷，更具有主觀性，使所謂是否該項申請專利之發明為熟習該項技術者所能輕易完成，即使同行業也可能得到南轅北轍的結論。見劉國讚，〈有關專利實體審查之行政訴訟判決之研究〉，《智慧財產權月刊》，2004 年 9 月，69 期，頁 15。

[10] 2003 年 2 月《專利法》修正理由。又專利之進步性為專利要件之一，自係專利審查人員應審查事項，其於專業智能，判斷是否較習知技術具有較佳的功效。專利是否具有進步性，非以市場之反應為定，產品是否暢銷，因素不一，自不能以產品銷路較佳即認該產品之功效較優越，執為該產品具進步性之依據（88 年判字第 2065 號裁判參照）。另有關專利三性判斷的法院實務，可參閱劉國讚，〈有關專利實體審查之行政訴訟判決之研究〉，頁 5-23。

實用性、新穎性、進步性，通稱「專利三性」，其判斷順序是，申請人必須先通過實用性判斷，才進入到新穎性檢驗，而具有實用性、新穎性後才會進入進步性的判斷。如果先前技術或已知技術與所請求的發明或創作相同，則因為已經不具備新穎性，當然就沒有必要進入進步性的判斷。

4-3 專利的法定標的

為鼓勵產業從事創新、改良或外觀設計，增強企業競爭力；各國在專利制度上，發明專利與訴諸視覺、外觀設計的設計（新式樣）專利[11](new design or industrial design)為大多數國家所採。而有關物品形狀、構造或組合改良的新型(new model, petty patent or utility model)，則只有少數國家採行，如我國、日本、德國、中國大陸等。依我國《專利法》規定的專利標的，包括發明、新型與設計專利。

4-3.1 發明與再發明

「發明」指利用自然法則之技術思想之創作（專 21）。所以，發明不是單純的自然發現[12]，也**不是指自然法則的本身**，而是利用自然

---

[11] 《專利法》原稱「新式樣」，為符合國際趨勢與社會現狀，故新法已修正為「設計」專利。

[12] 專利保護的「發明」與純粹的「發現」不同，主要在於「是否經過人為之研發與創造，使其脫離自然存在之既有狀態，而具備一定或潛在之工業實用性與產業利用性」。所以，發明的本質乃是創造，自然產物的本身並無人工創造的因素，並非專利保護的客體。而就基因的專利性爭議言，如果是就 DNA 序列或其功能為發現者，則應該屬於單純的發現，但如果是該 DNA 序列是首次以人為創造的方式，而從自然界中分離、制備、利用，並可發展出獲得該 DNA 物質之方法者，則該方法應屬於發明，而具有可專利性。相同地，經過分離或純化的微生物、蛋白質、自人體、動物、植物或人為產製的基因及基因序列分離者，也可認為是一種人為的創造。但亦有爭論基因序列屬於自然產物及自然法則利用之一種，蓋基因序列及其衍生物，本來就存在於自然界，而屬於自然物質，且具有基因之人類共通性，而為公共財產，不應該使其受到專利壟斷或強占。請參閱余信達，〈論基因技術之可專利性：以人本價值與思維為中心〉，《智慧產權月刊》，67 期，2004 年 7 月，頁 55-57、頁 61-62。有反對說，即認為人為創造的部分僅及於該分離或純化的方法及設備，不及於縱經分離或純化的微生物、

法則(rule of nature)。例如：萬有引力定律本身為自然界的固有規律，其本身不具有技術性，除非將之實際利用，成為發明的技術特徵，才可算是利用自然法則的技術思想之創作；而利用自然法則，也不能違反自然法則。例如：違反能量守恆定律的創作，雖然可以想像其存在，但卻難以真正實施。

由於，發明是利用自然法則之技術思想之創作；所以，不是技術思想的創作，如藝術繪畫，並非《專利法》所保護；此外，發明是前所未有，具有高度創作性，如果只是利用一般機械裝置的組合或數學邏輯的運用，亦非屬發明。例如：在一項專利申請案中，由排檔鎖之鎖栓、鎖定組件及附屬電子防盜裝置等三個元件構成，而此三個元件構成僅係簡單的組合應用，其構造之改變，難認係利用自然法則之技術思想之（高度）創作[13]。

發明依其內涵，可以區分為物之發明及方法發明。

(1) 物之發明：又包括**物品發明及物質發明**。「物品發明」係指具有一定空間的裝置、機器或產品等；而「物質發明」係指有關化學物質或醫療品的發明。

(2) 方法發明：指為能產生具體且非抽象的結果，而施予一系列的動作、過程或步驟，不包括純粹使用抽象思維的方法。例如：數學邏輯方法或人類智力思維方法等。方法發明又可分為：①**產物的製造方法**，如螺絲、化學物質的製造方法；②**無產物的技術方法**，如檢測排放廢氣的方法；以及③**用途方法**，如使用除草藥劑的方法等[14]。

DNA 序列，以及分離自人體、動物、植物或人為產製的基因及其序列，蓋其仍屬於自然界存在之物。見馮達發，〈關於生物相關發明專利審查之淺論〉，《萬國法律》，126 期，2002 年 12 月，頁 59。

[13] 84 年判字第 1933 號參照。原《專利法》第 19 條係有利用自然法則之技術思想之「高度」創作。2003 年修法時將「高度」兩字刪除。

[14] 趙晉玫等，《智慧財產權入門》，臺北：元照，2008 年 9 月，頁 40。

另，實務上尚有「**再發明專利**」，係指利用他人發明或新型之主要技術內容所完成的發明。因為再發明專利是利用其他原有的發明或新型專利中的構成元件，因此再發明專利，實際上是一種對基礎專利的改良行為，其中含有他人的專利技術。所以，發明或新型專利權之實施，將不可避免侵害在前之發明或新型專利權，且較該在前之發明或新型專利權具相當經濟意義之重要技術改良。此時，申請人**若曾以合理之商業條件在相當期間內仍不能協議授權者，得依規定申請強制授權**，其專利權人得提出合理條件，請求就申請人之專利權強制授權（專 87 II、IV、V）。

4-3.2　新型

「新型」也稱為 petty patent、utility model、new model，**是指利用自然法則之技術思想，對物品之形狀、構造或組合之創作**（專104）。換言之，新型專利是就物品的形狀、構造或裝置[15]所為之創作或改良，而表現在**占有一定空間的物品實體**。所以，液狀、氣態或粉末粒狀等不具確定形狀／實體、動植物品種或繪畫、雕刻等單純美術的創作，均非新型專利標的。

「新型」與「發明」最大的不同，即在於新型專利的標的，僅限於有形物品在形狀、構造或裝置上的改良或創作，而不包括製造方法。通常發明的技術思想層次較高，而新型屬於物品之改良，創作程度較低，毋須屬於高度創作的思想，如果是運用申請前既有的技術或

---

[15] 更詳細的說，所謂「物品」是指占有一定空間，為一般商場上交易對象，可自由搬運、使用目的明確者。形狀指由線與面等所表現的外形形象，例如：齒輪的齒形、工具的刃形。「構造」指由空間的、立體的組合，可藉由平面圖與立體圖，或以側面圖與斷面圖來表現者，並非物品之外觀。「裝置」則指物品使用時或不使用時該物品具有兩個或兩個以上物件的空間分離型態，且該物具有一定構造或形狀，藉以使該等物件的機能能夠相互關聯而產生使用價值者，該物品即稱為裝置。例如：螺栓與螺帽所構成的繫結具。見黃文儀，〈新型形式審查概述〉，《智慧財產權月刊》，63 期，2004 年 3 月，頁 7-8。

知識，即便是就原有物品元件的改良或重新組合，甚或突發奇想，改變原有物品的結構，增進其功能，也可以申請新型專利。例如：在口罩上加上鰓片，防止口水外溢的改良式口罩，或是將電路板加裝在烤肉架上，都可以取得新型專利。

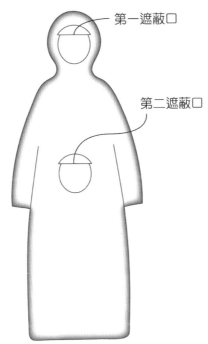

◆ 圖 4-1　雨衣─新型 M324997：具有一雨衣本體；一第一遮蔽口，位於雨衣本體頂端；以及一第二遮蔽口，位於雨衣本體正面側，其中該第一及第二遮蔽口可遮護由內伸出的頭部。

　　然而，新型專利的創作層次並不如發明，許多國家甚至沒有這類型的專利，即便有也多採取**形式審查**[16]。2004 年 7 月 1 日起，我國對新型專利改採形式審查，申請人必須提出技術報告與提示。

---

[16]　如我國、中國大陸、日本、德國、韓國仍保留新型專利。

4-3.3 設計

設計，指對物品之全部或部分之形狀、花紋、色彩或其結合，透過視覺訴求之創作。應用於物品之電腦圖像及圖形化使用者介面，亦得依本法申請設計專利（專 121）。

設計著重在對**物品外觀**的設計創作，用以提升物品的質感；如藝術性、裝飾性，或功能價值，如鞋底花紋、輪胎花紋；且具有可視性、為固定具體物，如水、煙火即不具可視、固定，不能申請設計專利（新式樣）。

依《專利法》對於設計之定義，設計專利所保護之標的大致包含「物品之全部設計（整體設計）」、「物品之部分設計（部分設計）」及「應用於物品之電腦圖像及圖形化使用者介面設計（圖像設計）」之一般申請態樣；另依《專利法》申請成組物品之設計（成組設計）及申請「衍生設計」專利者，二者雖分屬「一設計一申請」及「先申請原則」之特殊申請態樣，惟其仍須符合《專利法》有關設計之定義。亦即，不論申請專利之設計係屬一般申請態樣或特殊申請態樣，皆應符合《專利法》所稱「對物品之形狀、花紋、色彩或其結合，透過視覺訴求之創作」之設計之一般定義[17]。

申請專利之設計必須是透過視覺訴求之具體創作，亦即必須是肉眼能夠辨識、確認而具備視覺效果（裝飾性）的設計，惟若該類物品通常係藉助儀器觀察以供普通消費者進行商品選購者，例如鑽石、發光二極體等，亦得視為肉眼能夠辨識、確認而具備視覺效果的設計。申請專利之設計係將圖式所呈現物品之外觀的具體設計，並得參酌說明書所記載有關物品及外觀之說明，整體構成設計專利權範圍。未以圖式具體呈現物品之形狀，或未以圖式具體呈現應用於物品上之花

---

[17] 引自經濟部智慧財產局，《專利審查基準》，2020 年版，頁 3-2-1。

紋、色彩，或僅以文字描述之形狀或發明、新型的技術思想等，均非設計專利保護之標的，不符合設計之定義。此外，純粹取決於功能需求而非以視覺訴求為目的之設計者，其僅是實現物品功能之構造或裝置，例如電路布局、功能性構造等，均非設計專利保護之標的；惟若具視覺效果之設計亦具功能性者，得取得設計與發明或新型專利之雙重保護[18]。

4-4　法定不予專利之標的

4-4.1　法定不予發明專利之標的

　　專利保護的對象，主要是其技術方法屬於自然法則的運用，才具有專利性。如果屬於人為的規則或人類心智活動，如數學邏輯、科學原理、遊戲或運動的規則或方法等人為的規則、方法或其他必須藉助人類推理力、記憶力等心智活動才能執行的方法、規則或計畫，因都不具利用自然法則的技術性，所以並不是專利制度保護的標的。

　　不過，雖然屬於數學邏輯、科學原理，但卻是應用在某種設備、方法，如探勘方法、連結於儀器，則仍可為申請專利標的。同理，若單純屬於營業方法、遊戲方法或規則等，均非專利標的，但如果是以電腦程式設計出的電子商務商業方法或以電腦程式應用於線上遊戲，則仍能作為專利的標的。

---

[18] 引自經濟部智慧財產局，《專利審查基準》，2020 年版，頁 3-2-5。

依《專利法》第 24 條規定，下列各款，**不予**發明專利：

(1) 動、植物及生產動、植物之主要生物學方法。但微生物之生產方法，不在此限

生產動物或植物之方法，若係以整個基因組的有性雜交及其後之選擇動物或植物為基礎，即使於該雜交及選擇步驟前後，請求項中另外包括有關生產該動物或植物或其進一步處理之其他技術步驟，該方法屬於主要生物學方法。例如僅係為育種而選擇具有某種特徵之動物，並將其集中在一起之雜交、種間育種或選擇性育種動物之方法，即使該方法包含一額外的技術性特徵，例如使用基因分子標記以選擇親代或子代等，仍屬主要生物學方法。另一方面，若一方法包含藉由基因工程將一基因或性狀(trait)引入植物，而非基於整個基因組的重組以及植物基因的自然混合，則該方法非屬主要生物學方法。處理動、植物以改善其性質、產量或促進、抑制其生長的方法，例如修剪樹木的方法，由於其並非以整個基因組的有性雜交及其後之選擇動物或植物為基礎，故非屬主要生物學方法。特徵在於利用刺激生長物質或輻射處理植物之方法，如用技術手段處理土壤以抑制或促進植物生長的方法等，亦非屬主要生物學方法[19]。

另，一般觀念上並不將微生物歸類為動、植物，故以微生物為申請標的或以微生物學之生產方法為申請標的之發明，均得予以專利，但以微生物學方法所生產之動、植物為申請標的之發明，則不予以專利。例如，以製造新物種的基因工程方法，並非專利保護的標的，但如果屬於植物育成方法，仍可為專利標的[20]。而微生物之生產方法，

---

[19] 引自經濟部智慧財產局，《專利審查基準》，2020 年版，頁 2-2-8~2-2-9。

[20] 有關動物新物種或複製人技術，目前各國多否定其技術可為專利保護的客體。至於基因治療方法(gene therapy)以及基因晶片(DNA chip)等技術或產物，則已經被各國所承認，可為專利保護的客體。有關基因技術所牽涉到的人性尊嚴與倫理、公序良俗議題，可參閱余信達，〈論基

則可以申請專利，如 1980 年美國聯邦最高法院於 Diamond v. Chakrabarty 一案，已承認利用基因工程方法所產生的一種細菌，可以因為其具有分解原油與防治原油汙染的特性，而獲准專利[21]。

(2) 人類或動物之診斷、治療或外科手術方法

基於倫理道德之考量，顧及社會大眾醫療上的權益及人類之尊嚴，使醫生在診斷、治療或外科手術過程中有選擇各種方法和條件的自由，人類或動物之診斷、治療或外科手術方法，屬於法定不予發明專利之標的。惟在人類或動物之診斷、治療或外科手術方法中所使用之器具、儀器、裝置、設備或藥物（包含物質或組成物）等物之發明，不屬於法定不予發明專利之標的。不予發明專利之外科手術方法，必須是利用器械對有生命之人體或動物實施剖切、切除、縫合、紋刺、採血等創傷性或介入性之治療或處理方法。雖然有關診斷、治療或外科手術方法的發明不予專利，但如果是有關診斷、外科手術的醫療設備或有關治療的**藥品發明**，則仍許取得專利[22]。

因技術之可專利性：以人本價值與思維為中心〉，頁 69-80。

[21] 1988 年美國專利商標局核准了全世界第一件動物專利，亦即基因轉殖動物「哈佛鼠」(Harvard Mouse)專利。馮震宇，《智慧財產權發展趨勢與重要問題研究》，臺北：元照，2003 年 10 月，頁 109、116。

[22] 見黃三榮，〈醫療行為與專利戰略〉，《萬國法律》，127 期，2003 年 2 月，頁 61-62。以下例示法定不予發明專利之治療方法：(1)外科手術治療方法、藥物治療方法、物理性療養方法、心理療法；(2)以治療為目的之傳統或民俗療法，例如針灸、拔罐、推拿、按摩、刮痧、氣功、催眠、藥浴、泥浴、森林浴等方法；(3)以治療為目的利用電、磁、聲、光、熱等刺激或照射的方法；(4)以治療為目的之整形、抽脂減肥、增高、復健等方法；(5)以治療為目的之人體或動物體人工受孕、增加精子數量、避孕、人工流產、胚胎移植等方法；(6)為治療而採用的輔助方法，例如重回同一人體或動物體之細胞、器官或組織的處理方法、血液透析方法、藥物內服方法、藥物外敷方法、藥物注射方法等；(7)為護理而採用的處理方法，例如傷口處理、包紮、防止褥瘡等處理方法；(8)預防疾病之方法，例如蛀牙或感冒之預防方法，預防疾病之方法包括為維持健康狀態而採用的處理方法，例如按摩、指壓方法；(9)以治療為目的之其他方法，例如人工呼吸方法、安裝人造器官、假牙或義肢等之方法。經濟部智慧財產局，《專利審查基準》，第 3 篇，2005 年版，頁 2-2-10~2-2-11。

(3) 妨害公共秩序或善良風俗者

　　例如郵件炸彈及其製造方法、吸食毒品之用具及方法、服用農藥自殺之方法、複製人及其複製方法（包括胚胎分裂技術）、改變人類生殖系統之遺傳特性的方法、人類胚胎於工業或商業目的之應用等。

4-4.2　不予新型專利之標的

　　新型專利係指利用自然法則之技術思想，對物品之形狀、構造或組合之創作。所以，申請專利之新型必須符合：

(1) 利用自然法則之技術思想。

(2) 範疇為物品。

(3) 具體表現於形狀、構造或組合。

　　申請專利之新型僅限於有形物品之形狀、構造或組合的創作，非僅屬抽象的技術思想或觀念，因此舉凡物之製造方法、使用方法、處理方法等，及無一定空間形狀、構造的化學物質、組成物，均不符合新型之定義[23]。

　　新型專利申請案，經形式審查認有下列各款情事之一，應為不予專利之處分（專 112）：

(1) 新型非屬物品形狀、構造或組合者。

(2) 違反第 105 條規定者（即有妨害公共秩序或善良風俗者）。

(3) 違反第 120 條準用第 26 條第 4 項規定之揭露方式者（即違反專利法施行細則所定的揭露方式）。

(4) 違反第 120 條準用第 33 條規定者（即違反一新型一申請原則）。

(5) 說明書、申請專利範圍或圖式未揭露必要事項，或其揭露明顯不清楚者。

---

[23] 經濟部智慧財產局，《專利審查基準》，2020 年版，頁 4-1-1。

(6) 修正，明顯超出申請時說明書、申請專利範圍或圖式所揭露之範圍者。

申請專利之新型，經形式審查認無不予專利之情事者，應予專利，並應將申請專利範圍及圖式公告之（專 113）。

4-4.3　不予設計專利之標的

根據《專利法》規定，下列不予設計專利（專 124）[24]：

(1) 純功能性之物品造形：例如螺釘與螺帽之螺牙、鎖孔與鑰匙條之刻槽及齒槽等，其造形僅取決於純功能性考量，此等物品必須連結或裝配於另一物品始能實現各自之功能而達成用途者，其設計僅取決於兩物品必然匹配(must-fit)部分之基本形狀，這類純功能性之物品造形不得准予設計專利。惟若設計之目的在於使物品在模組系統中能夠多元組合或連結，例如積木、模組玩具或文具組合等，這類物品之設計不屬於純功能性之物品造形，而應以各組件為審查對象。

(2) 純藝術創作：設計與著作權之美術著作雖均屬視覺性之創作，惟兩者之保護範疇略有不同。**設計為實用物品之外觀創作，必須可供產業上利用**；著作權之美術著作屬精神創作，著重思想、情感之文化層面。**純藝術創作無法以生產程序重複再現之物品，不得准予專利**。就裝飾用途之擺飾物而言，若其為無法以生產程序重複再現之單一作品，得為著作權保護的美術著作；若其係以生產程序重複再現之創作，無論是以手工製造或以機械製造，均得准予專利。

(3) 積體電路電路布局及電子電路布局：積體電路或電子電路布局係基於功能性之配置而非視覺性之創作，不得准予設計專利。

---

[24]　經濟部智慧財產局，《專利審查基準》，2020 年版，頁 3-2-5~3-2-6。

(4) 物品妨害公共秩序或善良風俗者：基於維護倫理道德，為排除社會混亂、失序、犯罪及其他違法行為，將妨害公共秩序或善良風俗之設計均列入法定不予專利之項目。若於說明書或圖式中所記載之物品的商業利用會妨害公共秩序或善良風俗者，例如信件炸彈、迷幻藥之吸食器等，應認定該設計屬於法定不予專利之項目。設計所應用之物品的商業利用不會妨害公共秩序或善良風俗者，即使該物品被濫用而有妨害之虞，則非屬法定不予專利之項目，例如各種棋具、牌具或開鎖工具等。

4-5　專利的申請

4-5.1　先發明主義與先申請主義

有關專利申請的制度，可分為「先發明主義」與「先申請主義」。所謂「先發明主義」是指**專利權的取得，以最先完成發明者(the first and true inventor)為判斷，所以如有兩人以上有同一發明時，以先發明者取得優先權**。美國採此制度。其優點是，依照最先完成發明者，取得專利權，符合公平性、鼓勵技術研發的用意。但其缺點是，當誰是最先發明者有爭議時，往往陷於舉證困難，而且因為申請程序沒有公開，往往也造成他人的重複投資。

「先申請主義」是指**先提出專利申請的人，經過審查後，可以獲得專利權**。所以，若有兩人以上同時有一發明時，以先申請者，取得專利權。大多數國家採之，我國亦同。其優點是可以保護真正發明人、維護交易穩定性，以及獎勵專利技術早日公開[25]。我國《專利

---

[25] 許雅雯，〈專利法上之先發明主義與先申請主義〉，《智慧財產權月刊》，50 期，2003 年 2 月，頁 39-58。

法》規定：相同發明有二以上之專利申請案時，僅得就其**最先申請者**准予發明專利，但**後申請者所主張之優先權日**早於先申請者之申請日者，不在此限（專 31 I）。申請日、優先權日為同日者，應通知申請人協議定之；協議不成時，均不予發明專利（專 31 II 前段）。

如果先發明人欠缺相關專利知識，而未能即時申請專利，反而被其他人將其技術拿去申請取得專利權，將會使先發明人不能使用該技術，似有未平。因此，《專利法》特別規定，發明專利權之效力，不及於申請前已在國內實施，或已完成必須之準備者（專 59 I ③），不過為顧及影響層面，僅限於在其原有事業目的範圍內繼續利用（專 59 II）。

4-5.2　專利申請權人

申請發明專利，應就**每一發明提出申請**。二個以上發明，屬於一個廣義發明概念者，得於一申請案中提出申請（專 33）。申請發明專利，由專利申請權人備具申請書、說明書、申請專利範圍、摘要及必要之圖式，向專利專責機關申請之（專 25 I）。申請人申請專利及辦理有關專利事項，得委任代理人辦理之（專 11 I）。

申請專利首先須在專利說明書當中確定誰是「專利申請權人」，因為專利申請核准後，通常專利申請人就成為專利權人，因此影響重大。**專利申請權是指得依《專利法》申請專利之期待權利**[26]，而專利申請權人，除《專利法》另有規定或契約另有約定外，指**發明人、新型創作人、設計人或其受讓人或繼承人**（專 5 II）[27]。因此，發明人必

---

[26] 專利申請權是指職司專利專責機關依法賦予其獨占特定發明創造之權利。由於，專利申請權是取得專利權的先行步驟，但這種權利卻不具有排他性或獨占性，因此無法排除其他人就相同主題的發明創造提出專利申請，而且一旦獲得專利權後，專利申請權程序也隨之結束。見詹炳耀，《智慧財產權新論》，臺北：華立，2005 年 10 月，頁 41。

[27] 另，《專利法》第 6 條第 1 項：「專利申請權及專利權，均得讓與或繼承。」專利申請權與專利權均以同種專利為標的，兩者又均得讓與或繼承，所以申請專利權與專利權，性質上屬於私法上的權利（參照 88 年判字第 4110 號）。

為利用自然法則之技術思想之創作者，但專利申請權人卻未必是利用
自然法則之技術思想之創作者。例如，在職務上完成的發明，法人雖
無法成為發明人，但得依《專利法》規定成為專利申請權人（專
7）；或者是依照契約約定，例如一方出資聘請他人從事研究開發
者，其專利申請權及專利權之歸屬依雙方契約約定；契約未約定者，
屬於發明人、新型創作人或設計人。但出資人得實施其發明、新型或
設計（專 7 III）。

申請發明專利，以申請書、說明書、申請專利範圍及必要之圖式
齊備之日為申請日。說明書、申請專利範圍及必要之圖式未於申請時
提出中文本，而以外文本提出，且於專利專責機關指定期間內補正中
文本者，以外文本提出之日為申請日（專 25 II、III）。申請生物材料
或利用生物材料之發明專利，申請人最遲應於申請日將該生物材料寄
存於專利專責機關指定之國內寄存機構。但該生物材料為所屬技術領
域中具有通常知識者易於獲得時，不須寄存（專 27 I）。

假若是由非專利申請權人所為的申請，並已獲得專利權的情形，
可經專利申請權人或專利申請權共有人，於該專利案公告後 2 年內，
依第 71 條第 1 項第 3 款[28]規定提起舉發，並於舉發撤銷確定後 2 個月
內就相同發明申請專利者，以該經撤銷確定之發明專利權之申請日為
其申請日（專 35 I）。

所以，當真正專利申請權人不一致或有爭議時，真正專利申請權
人應提出舉發，以保障自身權益。

---

[28] 《專利法》第 71 條第 1 項第 3 款：「違反第 12 條第 1 項規定或發明專利權人為非發明專利
申請權人。」

4-5.3　優先權的主張

　　「優先權」(right of priority)是指任何締約國的申請人，向其中一締約國提出專利申請後，在一定期間內如果再向其他締約國家就同一發明提出專利申請，則可以主張優先的權利，以第一次提出專利申請的申請日（優先權日），作為後來向其他締約國家提出申請的日期（申請日為優先權日）。

　　優先權可分為「國際優先權」與「國內優先權」：

(1) 國際優先權：申請人就相同發明在與中華民國相互承認優先權之國家或世界貿易組織會員第一次依法申請專利，並於第一次申請專利之日後 12 個月內，向中華民國申請專利者，得主張優先權。申請人於一申請案中主張二項以上優先權時，前項期間（即 12 個月內）之計算以最早之優先權日為準。外國申請人為非世界貿易組織會員之國民且其所屬國家與中華民國無相互承認優先權者，如於世界貿易組織會員或互惠國領域內，設有住所或營業所，亦得依第 1 項規定主張優先權。主張優先權者，其專利要件之審查，以優先權日為準（專 28）[29]。

(2) 國內優先權：申請人基於其在中華民國先申請之發明或新型專利案再提出專利之申請者，得就先申請案申請時說明書、申請專利範圍或圖式所載之發明或新型，主張優先權。但有下列情事之一，不得主張之：①自先申請案申請日後已逾 12 個月者；②先申請案中所記載之發明或新型已經依第 28 條或本條規定主張優先權

---

[29]　《專利法》第 29 條：「依前條規定主張優先權者，應於申請專利同時聲明下列事項：(1)第 1 次申請之申請日。(2)受理該申請之國家或世界貿易組織會員。(3)第 1 次申請之申請案號數。申請人應於最早之優先權日後 16 個月內，檢送經前項國家或世界貿易組織會員證明受理之申請文件。違反第 1 項第 1 款、第 2 款或前項之規定者，視為未主張優先權。申請人非因故意，未於申請專利同時主張優先權，或違反第 1 項第 1 款、第 2 款規定視為未主張者，得於最早之優先權日後 16 個月內，申請回復優先權主張，並繳納申請費與補行第 1 項規定之行為。」

者；③先申請案係第 34 條第 1 項或第 107 條第 1 項規定之分割案，或第 108 條第 1 項規定之改請案；④先申請案為發明，已經公告或不予專利審定確定者；⑤先申請案為新型，已經公告或不予專利處分確定者；⑥先申請案已經撤回或不受理者。前項先申請案自其申請日後滿 15 個月，視為撤回（專 30 I、II）。

先申請案申請日後逾 15 個月者，不得撤回優先權主張。依第 1 項主張優先權之後申請案，於先申請案申請日後 15 個月內撤回者，視為同時撤回優先權之主張。申請人於一申請案中主張二項以上優先權時，其優先權期間之計算以最早之優先權日為準。主張優先權者，其專利要件之審查，以優先權日為準。主張優先權者，應於申請專利同時聲明先申請案之申請日及申請案號數；未聲明者，視為未主張優先權（專 30 III~VII）。

4-5.4 專利申請

申請發明專利，由專利申請權人備具申請書[30]、說明書、申請專利範圍、摘要及必要之圖式，向專利專責機關申請之。申請發明專利，以申請書、說明書、申請專利範圍及必要之圖式齊備之日為申請日（專 25 I、II）。

(1) 說明書：應明確且充分揭露，使該發明所屬技術領域中具有通常知識者，能瞭解其內容，並可據以實現。其說明書應載明下列事項：①發明名稱；②技術領域；③先前技術：申請人所知之先前技術，並得檢送該先前技術之相關資料；④發明內容：發明所欲解決之問

---

[30] 《專利法施行細則》第 16 條：「申請發明專利者，其申請書應載明下列事項：(1)發明名稱。(2)發明人姓名、國籍。(3)申請人姓名或名稱、國籍、住居所或營業所；有代表人者，並應載明代表人姓名。(4)委任代理人者，其姓名、事務所。有下列情事之一，並應於申請時敘明之：(1)主張本法第 28 條第 1 項規定之優先權者。(2)主張本法第 30 條第 1 項規定之優先權者。(3)聲明本法第 32 條第 1 項規定之同一人於同日分別申請發明專利及新型專利者。」

題、解決問題之技術手段及對照先前技術之功效；⑤圖式簡單說明：有圖式者，應以簡明之文字依圖式之圖號順序說明圖式；⑥實施方式：記載一個以上之實施方式，必要時得以實施例說明；有圖式者，應參照圖式加以說明；⑦符號說明：有圖式者，應依圖號或符號順序列出圖式之主要符號並加以說明（專施 17 I）。

(2) 申請專利範圍：應界定申請專利之發明；其得包括一項以上之請求項，各請求項應以明確、簡潔之方式記載，且必須為說明書所支持。

(3) 摘要應敘明所揭露發明內容之概要[31]：其不得用於決定揭露是否充分，及申請專利之發明是否符合專利要件。

　　說明書、申請專利範圍、摘要及圖式之揭露方式，於本法施行細則定之（專 26）。專利專責機關於審查發明專利時，除本法另有規定外，得依申請或依職權通知申請人限期修正說明書、申請專利範圍或圖式。修正，除誤譯之訂正外，不得超出申請時說明書、申請專利範圍或圖式所揭露之範圍（專 43 I）。

　　申請專利範圍的撰寫，一般常見者為「吉普森型」(Jepson Type Claim)：即申請專利範圍前段為構成元件的說明，後段為該申請專利標的的發明特點。「吉普森式請求項」之形式，係將習知部分或舊有成分於前言中敘述，以揭示本專利案完成所必要之習知技術，然後於請求主體中敘述新的或改良部分者。一般以「一種……（專利標

---

[31] 《專利法施行細則》第 21 條：「摘要，應簡要敘明發明所揭露之內容，並以所欲解決之問題、解決問題之技術手段及主要用途為限；其字數，以不超過 250 字為原則；有化學式者，應揭示最能顯示發明特徵之化學式。摘要，不得記載商業性宣傳用語。摘要不符合前二項規定者，專利專責機關得通知申請人限期修正，或依職權修正後通知申請人。申請人應指定最能代表該發明技術特徵之圖為代表圖，並列出其主要符號，簡要加以說明。未依前項規定指定或指定之代表圖不適當者，專利專責機關得通知申請人限期補正，或依職權指定或刪除後通知申請人。」

http://twpat1.tipo.gov.tw/tipotwousr/00447/dc.xml?1434486292

發明專利說明書

※申請案號：096126916　　　　　　　　　※IPC分類：

一、發明名稱：
改良煮麵鍋

二、中文發明摘要：
本發明係有關於一種改良煮麵鍋，尤指係提供一種隨時、隨意快速煮量多、量少的麵條使用便利者之改良煮麵鍋。其主要係於一大煮麵鍋鍋體底部中央設一圓形穿孔，並於該穿孔上固定裝置一圓筒；且包含有一概呈杯型形狀小煮麵鍋，直接插裝置於該大煮麵鍋中央之斜度圓筒中而構成之改良煮麵鍋。

三、英文發明摘要：

四、指定代表圖：
(一)本案指定代表圖為：　第2圖
(二)本代表圖之元件符號簡單說明：
1 · · · 本發明改良煮麵鍋
3、3' · · · 水
11 · · · 大煮麵鍋
12 · · · 小煮麵鍋
111 · · · 穿孔
112 · · · 承緣
113 · · · 圓筒
22 · · · 分隔盤
221 · · · 穿孔

五、本案若有化學式時，請揭示最能顯示發明特徵的化學式：

六、　發明說明：
【發明所屬之技術領域】
[_0001]　　本發明係有關於一種改良煮麵鍋，尤指係提供一種由一大煮麵鍋中央分隔設置一杯型小煮麵鍋，俾便於隨時、隨意快速煮量多、量少的麵條使用的改良煮麵鍋。
【先前技術】
[_0002]　　按，傳統習用之煮麵鍋2乃如第3、4圖所示，僅由一斷面概呈方上型之圓形大煮麵鍋21嵌置一設有若干穿孔221之概呈扁方U型分隔盤22構成而已。在作煮麵條動作時，需於該鍋21中盛裝頗多的水3，並將該水3煮滾才能作煮麵條動作。雖然於一般正餐時間(如中午12點~1點；下午5點~6點)人潮多時，係可同時由該分隔盤22上的兩、三個或全部穿孔221中，一只或一串置妥待煮麵條的煮麵勺(圖中略)進入該大鍋21內的水3中作煮麵條的動作，並無任何不便之處；惟，於非正餐時間(如中午12點之前與1點之後；及下午5點之前與6點之後)人潮少時，則只能於該分隔盤22上一個穿孔221中，置入一串或僅入一只置妥待煮麵條的煮麵勺進入該大鍋21內的水3中作煮麵條的動作，而仍需將該大鍋內全部的水3煮滾才能作煮麵條的動作，因此即嫌頗浪費瓦斯能源。尤其，在正餐時段之前該水3未煮滾時或在正餐時段之後該水3處於保溫狀態時，為置入一只或一串置妥待煮麵的煮麵勺作煮麵的動作，更顯耗時不便與浪費瓦斯能源。
[_0003]　　晚近，雖有煮麵鍋製售業者鑑於前述傳統習用煮麵鍋乃有前述之缺失而改良創出我國新型專利公告第00100862「煮麵鍋」。查，該引證案固已改良於一鍋體內部設置一間隔裝置，以將鍋內分隔成多數單一煮食空間，俾各別或其同意追加熱作者煮麵的動作。在使用上引證案之煮麵鍋雖已略較前述傳統習用煮麵鍋便利實用；惟，因其結構甚為複雜，製作成本與售價甚高，且於用畢做清洗、清理工作十分不便，同時，僅能於每一單一煮食空間內放置一只煮麵勺作煮麵條動作，而無法確實達到節省瓦斯能源的目的。
【發明內容】
[_0004]　　本發明之目的為提供一種可便於隨時、隨意快速煮量多、量少之麵條使用的改良煮麵鍋。
[_0005]　　為達到本發明之目的，特將本發明改良煮麵分設包括一大煮麵鍋、一小煮麵鍋和分隔盤構成。其中：該大煮麵鍋係於其鍋體底部中央設一圓形穿孔，並於該穿孔上焊固固定裝置一圓筒；而該小煮麵鍋，係對應該圓筒內徑大小而設製之概呈杯型形狀鍋體，俾直接插裝置於該大煮麵鍋中央之圓筒中，而構成一改良煮麵鍋。如此，於正餐人潮多時，即可於分隔盤上的全部穿孔中，分別置入一只或一串置妥待煮麵條的煮麵勺進入大煮麵鍋或小煮麵鍋內的水中作快速煮麵條的動作；而於非正餐人潮較少或僅一位客人時，則可將一串或僅一只置妥待煮麵條的煮麵勺進入小煮麵鍋內的水中作快速煮麵條的動作。隨時隨意煮量多、量少的麵條使用便利，且可節省時間與瓦斯能源。
【實施方式】
[_0006]　　如第1、2圖所示，本發明之改良煮麵鍋1係包括：一大煮麵鍋11、小煮麵鍋12和一分隔盤22構成。該大煮麵鍋11的基本形狀、構造乃與前述傳統習用煮麵鍋2的大鍋21相同，惟改良後於其

◆ 圖 4-2　　發明專利說明書範例

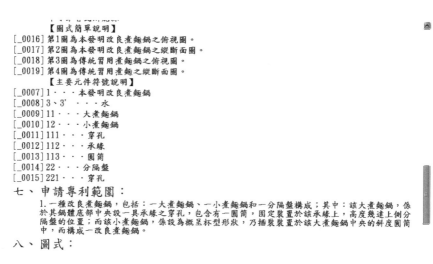

【圖式簡單說明】
[_0016] 第1圖為本發明改良煮麵鍋之俯視圖。
[_0017] 第2圖為本發明改良煮麵鍋之縱斷面圖。
[_0018] 第3圖為傳統習用煮麵鍋之俯視圖。
[_0019] 第4圖為傳統習用煮麵之縱斷面圖。
【主要元件符號說明】
[_0007] 1‧‧‧本發明改良煮麵鍋
[_0008] 3、3'‧‧‧水
[_0009] 11‧‧‧大煮麵鍋
[_0010] 12‧‧‧小煮麵鍋
[_0011] 111‧‧‧穿孔
[_0012] 112‧‧‧承緣
[_0013] 113‧‧‧圓筒
[_0014] 22‧‧‧分隔盤
[_0015] 221‧‧‧穿孔

七、申請專利範圍：

1.一種改良煮麵鍋，包括：一大煮麵鍋、一小煮麵鍋和一分隔盤構成；其中：該大煮麵鍋，係於其鍋體底部中央設一具承緣之穿孔，包含有一圓筒，固定裝置於該承緣上，高度幾達上側分隔盤的位置；而該小煮麵鍋，係設為概呈杯型形狀，乃插裝裝置於該大煮麵鍋中央的斜度圓筒中，而構成一改良煮麵鍋。

八、圖式：

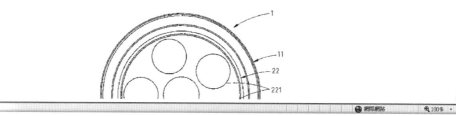

◆ 圖 4-2　發明專利說明書範例（續）

http://twpat1.tipo.gov.tw/tipotwousr/00447/dc.xml?1434486292

的），係由……構（組成），……，其特徵在於……」之方式書寫[32]。例如：一種改良煮麵鍋，包括：一大煮麵鍋、一小煮麵鍋和一分隔盤構成；其中：該大煮麵鍋，係於其鍋體底部中央設一具承緣之穿孔，包含有一圓筒，固定裝置於該承緣上，高度幾達上側分隔盤的位置；而該小煮麵鍋，係設為概呈杯型形狀，乃插裝裝置於該大煮麵鍋中央的斜度圓筒中，而構成一改良煮麵鍋。

---

[32] 《專利侵害鑑定基準》。另有「直敘型」，即以直敘性的方式，說明申請專利範圍的構成元件；以及「分列型」，即以分列的方式，說明申請專利範圍的各個構成元件，以及各構成元件之間的相互關係。冷耀世，《專利實務論》，臺北：全華，2005 年 9 月，頁 37-41。

申請新型專利，由專利申請權人備具申請書、說明書、申請專利範圍、摘要及圖示，向專利專責機關申請之。申請新型專利，以申請書、說明書、申請專利範圍及圖式齊備之日為申請日。說明書、申請專利範圍及圖式未於申請時提出中文本，而以外文本提出，且於專利專責機關指定期間內補正中文本者，以外文本提出之日為申請日。未於前項指定期間內補正中文本者，其申請案不予受理。但在處分前補正者，以補正之日為申請日，外文本視為未提出（專 106）。申請專利之新型，實質上為二個以上之新型時，經專利專責機關通知，或據申請人申請，得為分割之申請。分割申請應於下列各款之期間內為之：①原申請案處分前。②原申請案核准處分書送達後 3 個月內（專 107）。

申請設計專利，由專利申請權人備具申請書、說明書及圖式，向專利專責機關申請之。申請設計專利，以申請書、說明書及圖式齊備之日為申請日。說明書及圖式未於申請時提出中文本，而以外文本提出，且於專利專責機關指定期間內補正中文本者，以外文本提出之日為申請日。未於前項指定期間內補正中文本者，其申請案不予受理。但在處分前補正者，以補正之日為申請日，外文本視為未提出（專 125）。說明書及圖式應明確且充分揭露，使該設計所屬技藝領域中具有通常知識者，能瞭解其內容，並可據以實現。說明書及圖式之揭露方式，於本法施行細則定之（專 126）。

發明、新型專利說明書與設計專利說明書及圖示的撰寫，均應以**明確、充分揭露**該發明、新型或設計，使所屬該技術領域具有通常知識者能瞭解其內容，並據以實施。新型雖然改採形式審查，但仍應注意新型專利說明書是否符合形式格式，以及所揭露的必要事項是否明確，否則於形式審查時，仍需補充或修正。而設計專利因為**沒有記載**申請專利範圍，所以在撰寫創作說明與繪製圖面時，將創作特點與圖面描述清楚，較有助於將來發生爭議時，提出有利於己身權益的主張[33]。

---

[33] 黃文儀，〈新專利法架構下專利說明書之撰寫〉，《智慧財產權月刊》，2004年6月，66期，頁54。

4-6　專利審查程序

4-6.1　形式審查與早期公開

專利申請案提出於專利審查機關（智慧財產局）後，便進入形式審查階段。專利審查機關會在形式上審查申請文件是否符合一定程式[34]，或是否有不予公開的事項，審查該專利申請案；是否有自申請日後 15 個月內撤回；是否有涉及國防機密或其他國家安全的機密；或妨害公共秩序或善良風俗的情形（專 37 III）。

我國自 2001 年起採行**早期公開制**(laid open)，亦即在發明專利申請案提出的 18 個月內，如果發明專利申請案符合法定程式，且無應不予公開的情形，**自申請日後經過 18 個月**，專利專責機構應將該申請案公開，亦得因申請人之申請，提早公開其申請案（專 37 I、II）。同時，為保護專利申請人的技術內容，在發明專利申請案公開後，如有非專利申請人為商業上之實施者，專利專責機構得依申請，並由申請者檢附有關證明文件，優先審查之（專 40）。

採取早期公開制的好處，是使產業界能夠知道研究開發的新資訊，避免重複投資而可進一步提升產業研發動能。不過，為避免專利申請人因為早期公開其技術，而有所損失，《專利法》另訂有**補償金請求權**的規定，以填補專利申請人因為早期公開技術內容，以迄於核准審定公告前的損失，其補償金請求權自公告之日起，**2 年間不行使而消滅**。其情形有：

---

[34]　《專利法施行細則》第 11 條：「申請文件不符合法定程式而得補正者，專利專責機關應通知申請人限期補正；屆期未補正或補正仍不齊備者，依本法第 17 條第 1 項規定辦理。」

(1) 發明專利申請人對於申請案公開後，曾經以書面通知發明專利申請內容，而於通知後**公告前就該發明仍繼續為商業上實施之人**，得於發明專利申請案公告後，請求適當之補償金（專 41 I）。

(2) 發明專利發明人對於明知發明專利申請案已經公開，於公告前就該發明仍繼續為商業上實施之人，亦得請求補償金（專 41 II）。

上述二項規定之請求權，不影響其他權利之行使。但依《專利法》第 32 條分別申請發明專利及新型專利，並已取得新型專利權者，僅得在請求補償金或行使新型專利權間擇一主張之。第 1 項、第 2 項之補償金請求權，自公告之日起，2 年間不行使而消滅（專 41 III、IV）。

另要注意者，**早期公開制適用於發明專利**。新型專利因採取形式審查，雖未適用早期公開制，但因為新型專利經公告後，任何人得向專利專責機關申請新型專利技術報告（專 115 I），且在得撤銷的情形，任何人或利害關係人（違反第 12 條第 1 項規定或新型專利權人為非新型專利申請權人者），向專利專責機關提出舉發（專 119），所以仍**具有公眾審查**的內涵。而**設計專利則沒有準用早期公開制**的規定[35]，因此設計專利並無早期公開的問題。

4-6.2 實體審查

發明專利申請案符合形式審查要件，自**發明專利申請日後 3 年內，任何人均得**向專利專責機關（智慧財產局）申請實體審查。如果因為依第 34 條第 1 項規定申請分割，或依第 108 條第 1 項規定改請為發明專利，逾前項期間者，得於申請分割或改請後 30 日內，向專利專責機關申請實體審查（專 38 II）。申請審查者，應檢附申請書。

---

[35] 《專利法》第 142 條，並無準用《專利法》第 119 條。

專利專責機關應將申請審查之事實，刊載於專利公報。申請審查由發明專利申請人以外之人提起者，專利專責機關應將該項事實通知發明專利申請人（專 39）。

發明專利申請案進入實體審查程序，專利專責機關應指定專利審查人員審查之（專 36）[36]。

(1) 實體審查的基準：在實體審查程序中，主要審查申請案是否完全符合法定專利要件，包括法定專利標的之發明、實用性（產業利用性）、新穎性與進步性（非顯而易知性），以及請求具體明確揭露完整、可實施性，始能獲准專利[37]。申請案經申請向專利專責機構申請審查後，不得撤回（專 38 III）。

(2) 實體審查得為的處置：專利專責機關審查發明專利時，得依申請或依職權通知申請人為下列行為，包括：①至專利專責機關面詢；②為必要之實驗、補送模型或樣品，專利專責機關認為必要時，得至現場或指定地點實施勘驗；③依申請或依職權通知申請人限期補充、修正說明書、申請專利範圍或圖式（專 42、43 I）。

(3) 無人申請實體審查的效果：申請分割或依規定改請為發明專利，雖然超過 3 年，仍得於申請分割或改請後 30 日內申請實體審查。未在規定期限內申請實體審查者，該發明專利申請案，**視為撤回**（專 38 IV）。

對新型專利申請案，為顧及技術能迅速進入市場應用及技術生命週期，使新型專利申請人能以較短的時間，取得新型專利權，新法已**改採形式審查**（或註冊主義），不需要經過繁複的實質審查程序。但

---

[36] 《專利法》第 15 條：「專利專責機關職員及專利審查人員於任職期內，除繼承外，不得申請專利及直接、間接受有關專利之任何權益。專利專責機關職員及專利審查人員對職務上知悉或持有關於專利之發明、新型或設計，或申請人事業上之秘密，有保密之義務，如有違反者，應負相關法律責任。專利審查人員之資格，以法律定之。」

[37] 鄭中人，《智慧財產權法導讀》，臺北：五南，2004 年 4 月，頁 37。

也因為如此，新型專利權的權利內容存在著相當的不安定性與不確定性。所以，為避免新型專利權人利用形式審查程序，去阻礙其他人研發技術的開發，《專利法》也特別規定，任何人在新型專利公告後，得向專利專責機關申請**新型技術報告**（專 115 I），以取得該新型專利是否合於專利實體要件的判斷依據，避免新型專利權人濫用權利[38]。

4-6.3　核駁先行通知及答辯

專利審查人員就申請案進行實體審查，如認發明專利申請案有下列規定者，則應不予專利之審定（專 46），包括：

(1) 申請專利之發明不屬於利用自然法則的技術思想之創作；不具有實用性、新穎性與進步性；符合擬制喪失新穎性的情形；及法定不予發明專利的事項（專 21-24）。

(2) 說明書未明確且未充分揭露，使該發明所屬技術領域中具有通常知識者，能瞭解其內容，並可據以實現；申請專利範圍未界定申請專利之發明，其請求項未能為說明書所支持；摘要未敘明所揭露發明內容之概要（專 26）。

(3) 申請人違反先申請案優先原則（專 31）。

(4) 同一人同日就同一技術分別申請發明及新型，而未分別聲明、不依期擇一或發明專利審定前，新型專利權已當然消滅或撤銷確定者（專 32 I、III）[39]。

---

[38] 《專利法》第 116 條：「新型專利權人行使新型專利權時，如未提示新型專利技術報告，不得進行警告。」

[39] 《專利法》第 32 條：「同一人就相同創作，於同日分別申請發明專利及新型專利者，應於申請時分別聲明；其發明專利核准審定前，已取得新型專利權，專利專責機關應通知申請人限期擇一；申請人未分別聲明或屆期未擇一者，不予發明專利。申請人依前項規定選擇發明專利者，其新型專利權，自發明專利公告之日消滅。發明專利審定前，新型專利權已當然消滅或撤銷確定者，不予專利。」

(5) 申請人違反一發明一申請的專利單一性原則（專 33）。

(6) 分割後之申請案超出原申請案申請時所揭露之範圍（專 34 IV）。

(7) 違反依第 34 條第 2 項第 2 款規定所為分割（即原申請案核准審定書、再審查核准審定書送達後 3 個月內為之的分割）。應自原申請案說明書或圖式所揭露之發明且與核准審定之請求項非屬相同發明者，申請分割（專 34VI 前段）

(8) 申請人為說明書、圖式為補充、修正時，超出申請時原說明書或圖式所揭露的範圍（專 43 II）。

(9) 補正之中文本超出申請時外文本所揭露之範圍（專 44 II）、誤譯之訂正超出申請時外文本所揭露之範圍（專 44 III）。

(10) 改請後之發明申請案超出原申請案申請時所揭露之範圍（專 108 III）。

　　專利專責機關為上述審定前，應通知申請人限期申復；屆期未申復者，逕為不予專利之審定（專 46 II）[40]。發明專利申請人對於不予專利之審定有不服者，得於審定書送達後 2 個月內備具理由書，申請再審查。但因申請程序不合法或申請人不適格而不受理或駁回者，得逕依法提起行政救濟（專 48）。

4-6.4　專利的審定

　　申請案經審查後，**應作成審定書**送達申請人（專 45 I）。申請專利之發明經過審查認為無不予專利之情事者，應予專利，並應將**申請**

---

[40] 《專利法》第 49 條：「申請案經依第 46 條第 2 項規定，為不予專利之審定者，其於再審查時，仍得修正說明書、申請專利範圍或圖式。申請案經審查發給最後通知，而為不予專利之審定者，其於再審查時所為之修正，仍受第 43 條第 4 項各款規定之限制。但經專利專責機關再審查認原審查程序發給最後通知為不當者，不在此限。有下列情事之一，專利專責機關得逕為最後通知：(1)再審理由仍有不予專利之情事者；(2)再審查時所為之修正，仍有不予專利之情事者；(3)依前項規定所為之修正，違反第 43 條第 4 項各款規定者。」

專利範圍及圖式公告之；經公告的專利案，任何人均得申請閱覽、抄錄、攝影或影印其審定書、說明書、申請專利範圍、摘要、圖式及全部檔案資料。但如有依法應予保密者[41]，不在此限（專 47）。經審查不予專利者，審定書應備理由。

　　審定書應由專利審查人員具名。再審查、更正、舉發、專利權期間延長及專利權期間延長舉發之審定書，亦同（專 45 III）。再審查時，專利專責機構應指定未曾審查原案之專利審查人員審查，並作成審定書送達申請人（專 50）。

4-6.5　專利權的取得與期限

　　申請專利之發明，經核准審定者，申請人應於審定書送達後 3 個月內，繳納證書費及第 1 年專利年費後，始予公告；屆期未繳費者，不予公告。申請專利之發明，自公告之日起給予發明專利權，並發證書。**發明專利權期限，自申請日起算 20 年屆滿。**申請人非因故意，未於第 1 項或前條第 4 項所定期限繳費者，得於繳費期限屆滿後 6 個月內，繳納證書費及 2 倍之第 1 年專利年費後，由專利專責機關公告之（專 52）。

　　申請新型、設計專利，亦與發明專利相同，經核准審定者，申請人應於審定書送達後 3 個月內，繳納證書費及第 1 年專利年費後，始予公告；屆期未繳費者，不予公告。申請專利之新型、設計，自公告之日起給予新型、設計專利權，並發證書。申請人非因故意，未於期

---

[41]　《專利法》第 51 條：「發明經審查涉及國防機密或其他國家安全之機密者，應諮詢國防部或國家安全相關機關意見，認有保密之必要者，申請書件予以封存；其經申請實體審查者，應作成審定書送達申請人及發明人。申請人、代理人及發明人對於前項之發明應予保密，違反者該專利申請權視為拋棄。保密期間，自審定書送達申請人後為期 1 年，並得續行延展保密期間，每次 1 年；期間屆滿前 1 個月，專利專責機關應諮詢國防部或國家安全相關機關，於無保密之必要時，應即公開。第 1 項之發明經核准審定者，於無保密之必要時，專利專責機關應通知申請人於 3 個月內繳納證書費及第 1 年專利年費後，始予公告；屆期未繳費者，不予公告。就保密期間申請人所受之損失，政府應給與相當之補償。」

限繳費者，得於繳費期限屆滿後 6 個月內，繳納證書費及 2 倍之第 1 年專利年費後，由專利專責機關公告之（專 120、142 I）。但兩者專利權期限不同，新型專利權期限，自申請日起算 10 年屆滿（專 114）。設計專利權期限，自申請日起算 15 年屆滿；衍生設計專利權期限與原設計專利權期限同時屆滿（專 135）[42]。由於，設計專利的期限從原本規定的 12 年修正為 15 年屆滿，為釐清新舊法屆滿期限的問題，《專利法》特別規定，在民國 108 年 4 月 16 日修正之條文施行之日，設計專利權仍存續者，其專利權期限，適用修正施行後之規定。而在民國 108 年 4 月 16 日修正之條文施行前，設計專利權因第 142 條第 1 項準用第 70 條第 1 項第 3 款規定之事由當然消滅，而於修正施行後準用同條第 2 項規定申請回復專利權者，其專利權期限，適用修正施行後之規定（專 157-4）。

4-7　專利權

4-7.1　專利權的歸屬

申請專利權人申請專利獲准後，成為專利權人。依《專利法》規定，專利權的歸屬可以分為下列幾種型態：

---

[42] 《專利法》針對特殊情形，設有延長的規定。如《專利法》第 53 條第 1 項至第 3 項：「醫藥品、農藥品或其製造方法發明專利權之實施，依其他法律規定，應取得許可證者，其於專利案公告後取得時，專利權人得以第一次許可證申請延長專利權期間，並以一次為限，且該許可證僅得據以申請延長專利權期間一次。前項核准延長之期間，不得超過為向中央目的事業主管機關取得許可證而無法實施發明之期間；取得許可證期間超過 5 年者，其延長期間仍以 5 年為限。第一項所稱醫藥品，不及於動物用藥品。」第 54 條：「依前條規定申請延長專利權期間者，如專利專責機關於原專利權期間屆滿時尚未審定者，其專利權期間視為已延長。但經審定不予延長者，至原專利權期間屆滿日止。」且延長專利權期間的權利範圍，亦有有不同，即依第 56 條：「經專利專責機關核准延長發明專利權期間之範圍，僅及於許可證所載之有效成分及用途所限定之範圍。」又如第 66 條：「發明專利權人因中華民國與外國發生戰事受損失者，得申請延展專利權 5 年至 10 年，以一次為限。但屬於交戰國人之專利權，不得申請延展。」

型態	專利申請權及專利權的歸屬	利益平衡
受僱人於職務上所完成的發明、新型、設計（專7I）。	1. 原則上屬於僱用人。 2. 契約另有約定者，從其約定。	1. 僱用人應支付受僱人適當的報酬。 2. 僱用人最好取得受僱人的專利申請權讓渡證明。 3. 屬於僱用人時，發明人、新型創作人或設計人享有姓名表示權（專7IV）。
受僱人於非職務上所完成的發明、新型、設計（專8）。	屬於受僱人。	如果是利用僱用人資源或經驗者，僱用人得於支付合理報酬後，實施該發明、新型或設計[43]。
出資聘請他人從事研究開發者（專7III）。	1. 依雙方契約約定。 2. 契約未約定者，屬於發明人、新型創作人或設計人。	1. 屬於出資人時，發明人、新型創作人或設計人享有姓名表示權（專7IV）。 2. 屬於發明人、新型創作人或設計人時，出資人具有實施權。

　　「職務上」之發明、新型或設計，**指受僱人於僱傭關係中之工作所完成的發明、新型或設計**。受僱人「非職務上」所完成的發明、新型或設計，應該以書面通知僱用人，僱用人於書面通知到達後 6 個月內，未向受僱人為反對的表示者，**不得主張**該發明、新型或設計為職務上的發明、新型或設計，以釐清專利申請權與專利權的歸屬。如果僱用人或受僱人對於上述權利的歸屬有爭執而達成協議者，得附具證明文件，向專利專責機構申請變更權利人名義[44]。

---

[43] 僱主支付合理報酬後的實施權，屬於一種法定授權，而且解釋上為非專屬授權。因此，受僱人仍然可以授權他人實施其發明，僱主若要取得專屬授權，仍應與受僱人以契約約定之。

[44] 《專利法》第 10 條。而專利專責機構認為有必要時，得通知當事人具附依其他法令取得之調解、仲裁或判決文件。

　　另外，在受僱人於非職務上所完成的專利，若是**利用僱用人資源或經驗者**，例如，利用僱用人所提供的實驗室、實驗器材、已有的技術資源或開發技術的經驗，雖然是由受僱人取得專利權，但為了平衡僱用人的權益，**僱用人得於支付合理報酬後，實施該專利技術或創作**。此「合理報酬」類似英美法上的僱用人**實施權**(shop right)的對價，亦即僱用人依法律規定取得該實施權，而為一種法定授權，且為一種非專屬授權。因此，受僱人仍得將專利技術再授權給其他人製造、使用、為販賣之要約、販賣或進口該專利之物或方法，僱用人並無法阻止。是以，僱用人若認為受僱人在非職務上所完成的專利有利於公司或市場競爭，最好與受僱人另行約定授權事宜[45]。

4-7.2　科技計畫研發成果的歸屬及應用

　　1998 年 12 月 29 日立法院三讀通過《科學技術基本法》，此為我國推動科學技術發展的基本法源。依據《科學技術基本法》第 6 條第 1 項規定：「政府補助、委託、出資或公立研究機關（構）依法編列科學技術研究發展預算所進行之科學技術研究發展，應依評選或審查之方式決定對象，評選或審查應附理由。其所獲得之研究發展成果，得全部或一部歸屬於執行研究發展之單位所有或授權使用，不受國有財產法之限制。」為落實本條立法意旨，行政院、經濟部分別頒布《政府科學技術研究發展成果歸屬及運用辦法》（以下簡稱《政府成果運用辦法》）及《經濟部科學技術研究發展成果歸屬及運用辦法》（以下簡稱《經濟部成果運用辦法》）。

　　據《科學技術基本法》第 6 條及其子法係將研發成果歸屬科技計畫執行單位（以下簡稱執行單位）為原則，智慧財產權及成果之歸屬與運用，應依公平及效益原則，參酌資本與勞務之比例及貢獻，科學

---

[45]　趙晉玫等，《智慧財產權入門》，頁 62。

技術研究發展成果之性質、運用潛力、社會公益、國家安全及對市場之影響，以提升產業技術水準，並有助於整體產業發展。不宜由執行單位取得成果者，始例外歸屬國有。例如：研發成果涉及國家安全者，應歸屬國家所有。經濟部參酌研發成果之性質、運用潛力、社會公益及對市場之影響，事先認定研發成果應歸屬國家所有者，該研發成果歸屬國家所有（《經濟部成果運用辦法》7）。

《科學技術基本法》及其子法，為確保研發成果的有效運用，依《政府成果運用辦法》及《經濟部成果運用辦法》規定，研發成果取得者應負有一定之成果管理及運用義務[46]。執行單位有定期報告研發成果的義務，所獲得的計畫研發成果，目的若在提升國內產業競爭力，則研發成果的實施對象即應以我國研究機構或企業為優先，並以在我國管轄區域內製造使用為原則。同時，為防止執行單位、受讓人或專屬被授權人取得研發成果後，未有效運用或以不當方式運用研發成果，因而違背《科學技術基本法》第 6 條成果歸屬執行單位之立法意旨，主管機關亦有介入權[47]。

---

[46] 依《政府科學技術研究發展成果歸屬及運用辦法》第 5 條規定：「資助機關或執行研究發展之單位依第三條第一項規定取得研發成果者，應負管理及運用之責，並建置研發成果管理機制，管理運用歸屬其所有之研發成果。前項研發成果之管理及運用，包括申請及確保國內外權利、授權、讓與、收益、迴避及其相關資訊之揭露、委任、信託、訴訟或其他一切與管理或運用研發成果有關之行為。第一項管理機制應包括下列事項：一、指定管理單位：專人管理或由法務、研發部門之人員兼任或以任務性編組方式運作或委託代為管理。二、維護管理：研發成果之維護與終止維護程序，將研發成果記錄管理，並定期盤點。三、運用管理：研發成果授權、讓與或其他運用方式之作業流程。四、利益衝突迴避、資訊揭露管理：受理資訊申報、審議利益衝突迴避、公告揭露資訊等程序。五、文件保管：落實人員、文件及資訊等保密措施。六、會計處理：單獨列帳管理研發成果之收入及支出。七、股權處分管理：建立處分股權之價格、時點等評估程序。」另請參閱《經濟部科學技術研究發展成果歸屬及運用辦法》第 12 條及第 12 條之 1 有關研發成果運用的規定。

[47] 李素華，〈由美國科技立法研析科學技術基本法第六條及其子法之技術移轉法制〉，《科技法律透析》，13 卷 5 期，2001 年 5 月，頁 20-22。依《政府科學技術研究發展成果歸屬及運用辦法》第 16 條：「研發成果歸屬於執行研究發展之單位所有，而有下列情形之一者，資助機關得要求執行研究發展之單位或研發成果受讓人將研發成果授權第三人實

　　此外，為規範執行單位與研發人員之間的權利義務關係，在《經濟部成果運用辦法》第 34 條中也明訂：「執行單位應與研發人員簽訂契約，規範下列各款事項：一、要求新進研發人員聲明其既有之智慧財產權。二、研發人員於計畫執行期間所產生之智慧財產權歸屬。三、研發人員對於因職務或執行計畫所創作、開發、蒐集、取得、知悉或持有之一切業務上具有機密性及重要性之資訊，負有保密義務。執行單位基於產業特性或執行計畫之需要，應與研發人員約定，其離職後一定期間內，不得利用執行單位之研發成果為自己或他人從事相同或近似業務。但其新任職企業與原執行單位簽訂研發成果授權或讓與契約者，不在此限。執行單位對於涉及研發成果之人員管理事宜，應訂定相關制度及規範，並報本部備查。」

4-7.3　專利權的效力

　　專利申請人取得專利權後，得主張專利權的排他權利，包括製造、販賣、販賣之要約、使用與進口權等權利。

(1) 發明專利權：發明專利權人，除本法另有規定外，專有排除他人未經其同意而實施該發明之權。分為：①**物之發明之實施**：指製造、為販賣之要約、販賣、使用或為上述目的而進口該物之行為；②**方法發明之實施**：指下列各款行為：使用該方法，使用、為販賣之要約、販賣或為上述目的而進口該方法直接製成之物。發明專利權範圍，以申請專利範圍為準，於解釋申請專利範圍時，並得審酌說明書及圖式。摘要不得用於解釋申請專利範圍（專 58）。

施，或於必要時將研發成果收歸國有：(1)執行研究發展之單位、研發成果受讓人或專屬被授權人，於合理期間無正當理由未有效運用研發成果；(2)執行研究發展之單位、研發成果受讓人或專屬被授權人，以妨礙環境保護、公共安全或公共衛生之方式實施研發成果；(3)為增進國家重大利益。依前項規定取得授權之第三人，應支付合理對價予權利人。資助機關依本條介入授權第三人實施或收歸國有，其行使之要件及程序，應於訂約時，以書面為之。」

(2) 新型專利權：新型專利權人，除本法另有規定外，專有排除他人未經其同意而實施該發明之權。新型專利之實施，指製造、為販賣之要約、販賣、使用或為上述目的而進口該物之行為。新型專利權範圍，以申請專利範圍為準，於解釋申請專利範圍時，並得審酌說明書及圖式。摘要不得用於解釋申請專利範圍（專 120 準用 58 I、II、IV、V）。

(3) 設計專利權：設計專利權人，除本法另有規定外，專有排除他人未經其同意而實施該設計或近似該設計之權。設計專利權範圍，以圖式為準，並得審酌說明書（專 136）。衍生設計專利權得單獨主張，且及於近似之範圍（專 137）。

4-7.4 專利權的限制

雖然，專利權人得主張法定的各項權能，但在若干情況下，為平衡社會實際，緩和因為實施或利用該專利技術卻導致侵權的結果。《專利法》第 59 條第 1 項對發明專利權另設有限制規定，使發明專利權的效力，**不及**於下列事項：

(1) 非出於商業目的之未公開行為。

(2) 以研究或實驗為目的實施發明之必要行為。

(3) 申請前已在國內實施，或已完成必須之準備者。但於專利申請人處得知其發明後未滿 12 個月，並經專利申請人聲明保留其專利權者，不在此限。

(4) 僅由國境經過之交通工具或其裝置。

(5) 非專利申請權人所得專利權，因專利權人舉發而撤銷時，其被授權人在舉發前，以善意在國內實施或已完成必須之準備者。

(6) 專利權人所製造或經其同意製造之專利物販賣後，使用或再販賣該物者。上述製造、販賣，不以國內為限。

(7) 專利權依《專利法》第 70 條第 1 項第 3 款規定消滅後，至專利權人依第 70 條第 2 項回復專利權效力並經公告前，以善意實施或已完成必須之準備者（專 59 I）[48]。

(8) 發明專利權之效力，不及於以取得藥事法所定藥物查驗登記許可或國外藥物上市許可為目的，而從事之研究、試驗及其必要行為（專 60）。

(9) 混合二種以上醫藥品而製造之醫藥品或方法，其發明專利權效力不及於依醫師處方箋調劑之行為及所調劑之醫藥品（專 61）。

新型專利與設計專利係準用《專利法》第 59 條規定（專 120）。

4-7.5　權利耗盡與真品平行輸入

「權利耗盡原則」也稱為「第一次銷售原則」，是指**專利權人就其製造或經其同意製造的專利物品經過販賣後，其專利權在該專利物品上已經耗盡，即已非專利權效力所及，不得再向該專利物品的買受人主張專利權利**。「權利耗盡原則」適用於國內或國際市場，可分為：

(1) 國內耗盡原則：指專利權人對於已經在**國內**合法製造之專利物品販賣後，使用或再販賣該專利物品者，有權利耗盡原則的適用，但對於在國外製造、販賣的專利物品**仍得主張進口權**。因此，未經過專利權人同意或授權，即使是真品的進口（輸入），仍被禁止。

---

[48] 《專利法》第 59 條第 2 項：「前項第 3 款、第 5 款及第 7 款之實施人，限於在其原有事業目的範圍內繼續利用。」
《專利法》第 59 條第 3 項：「第 1 項第 5 款之被授權人，因該專利權經舉發而撤銷之後，仍實施時，於收到專利權人書面通知之日起，應支付專利權人合理之權利金。」

(2) 國際耗盡原則：指專利權人對於已經在**國內外**合法製造之專利物品販賣後，使用或再販賣的專利物品者，均有權利耗盡的適用。換言之，該專利物品只要在國內或國外市場為第一次銷售後，即已非專利權效力所及，所以他人得為真品的平行進口（輸入）。

專利權人以外的第三人從他國進口專利物品至國內販賣，以致與國內相同專利物品在市場上產生競爭的現象。在過去往往認為真品平行輸入有導致國內專利代理商經濟利益、信譽損害之虞，故否定真品平行輸入的合法性[49]。但如果從所謂「真品平行輸入」，本係「真品」，基於市場競爭與消費者選擇權，似乎又不宜禁止[50]。對此爭論，目前《專利法》規定發明專利權人，除本法另有規定外，專有排除他人未經其同意而實施該發明之權。物之發明之實施，指製造、為販賣之要約、販賣、使用或為上述目的而進口該物之行為（專 58 I、II）。所以，原則上未經過專利權人同意或授權，除本法另有規定外，自不得進口該專利物品。而依《專利法》第 59 條第 1 項第 6 款規定：專利權人所製造或經其同意製造之專利物品**販賣後，使用或再販賣該物品者，為專利權效力所不及**，且製造、販賣，不以國內為限（專 59 I ⑥），此即上述「除本法另有規定外」的規定。

因此，現行《專利法》**已承認真品平行輸入的合法性**，且有國際權利耗盡原則的適用，排除了第 58 條第 2 項的進口權，使在國外製造、販賣的真品得以進口[51]。

---

[49] 陳文吟，《我國專利制度之研究》，臺北：五南，2002 年 10 月，頁 180-186。

[50] 臺灣最高法院 80 年臺上字第 421 號判決認為：平行輸入原發明人在外國讓與他人製產的專利品，在我國申請專利權的專利權人，不得對該真品平行輸入者，主張專利權受侵害。

[51] 曾陳明汝，《兩岸暨歐美專利法》，高雄：復文，2004 年 2 月，頁 134-135。

4-7.6　專利權之讓與、設定質權與授權

　　「**專利權的讓與**」**指當事人透過買賣、贈與等方式所為的專利權移轉行為**。在專利權歸屬一人時，固然可由該人決定專利權的讓與，但如果是專利權為共有時，除共有人自己實施外，非經共有人全體之同意，不得讓與、信託、授權他人實施、設定質權或拋棄（專 64、120、142 I）。又，專利權共有人非經其他共有人之同意，不得以其應有部分讓與、信託他人或設定質權[52]，專利權共有人拋棄其應有部分時，該部分歸屬其他共有人（專 65、120、142 I）。

　　「**專利權的授權或專利授權**」**指專利權人以專利技術內容作為標的，與他人簽訂授權契約，他人得在授權範圍內行使該專利權**。所以，專利授權與專利權的讓與不同，後者是專利權人將專利權全部移轉（讓與）給被讓與人，由其取得原專利權人的權利地位。專利授權的類型，可分為[53]：

(1) 專屬授權(exclusive license)：指專利權人／授權人(licensor)將專利權的全部或一部分實施權，單獨授權給被授權人(licensee)行使，除非有特別約定，否則專利權人不得將專利權再授予他人行使，故稱為「專屬授權」。換言之，**專屬被授權人得將其被授予之權利再授權第三人實施。但契約另有約定者，從其約定**（專 63 I）。由於專屬授權，除另有約定外，專利權人在授權範圍內已經不能行使該專利權，而由被授權人取得專利的排他權能。所以，如果專利權受到侵害時，該**被授權人自得本於被害人地位**，行使原專利權人相關之請求權。

---

[52]　《民法》第 900 條：權利質權，謂以可讓與之債權或其他權利為標的物之質權。

[53]　金延華，〈專利授權契約協商時應注意事項〉，《專利管理高手》，2000 年 8 月，頁 285-286。

(2) 非專屬授權(non-exclusive license)：是指專利權人將專利權的全部或一部分實施權，非單獨授權給被授權人行使，而專利權人保留再授權給第三人使用或實施的權利，故稱「非專屬授權」（即被授權人可為多數人）。由於，非專屬授權並不是使該被授權人取得相當於原專利權人的地位，而僅是取得授權範圍內的專利實施權，故**非專屬被授權人非經發明專利權人或專屬被授權人同意，不得將其被授予之權利再授權第三人實施**（專 63 II）。因此，如果專利權受到侵害時，該被授權人並無法自行提起民事訴訟。

上述，如有再授權情況，非經向專利專責機關登記，不得對抗第三人（專 63 III）。「專利授權」牽涉技術授權(license)與技術移轉(assignment)及共同開發(joint development)的問題，而為技術合作契約（廣泛包括商標授權）的一種。如果，雙方對各自的專利技術具有市場利益或對價關係，可以透過交互授權(cross license)授予對方實施，而互蒙其利[54]。

發明專利權人以其發明專利權讓與、信託、授權他人實施或設定質權，非經向專利專責機關登記，**不得對抗第三人**。前項授權，得為專屬授權或非專屬授權。專屬被授權人在被授權範圍內，排除發明專利權人及第三人實施該發明。發明專利權人為擔保數債權，就同一專利權設定數質權者，其次序依登記之先後定之。新型與設計專利亦準用之（專 62、120、142 I）。換言之，專利權人如果未為登記，即不得向第三人主張其專利權已經讓與、授權或設定質權。

---

[54] 權利金的計算，原則上由授權契約當事人約定。常見的方法，例如：一次或分次付清全額(a lump sum)，以專利物品銷售價額的一定比例計算，以每件專利物品應支付一固定金額計算。此專利物品銷售價額的確定，多採取淨銷售價額(net selling price)，也就是發票價額扣除售貨折讓後的價額。不過，為避免銷售價額計算基礎的紛爭，最好還是由當事人在授權契約中明訂計算售價的基礎。見金延華，〈專利授權契約協商時應注意事項〉，頁 289。

　　此外，有關專利權之核准、變更、延長、延展、讓與、信託、授權、強制授權、撤銷、消滅、設定質權、舉發審定及其他應公告事項，應於專利公報公告之（專 84、120、142 I）。

4-7.7　專利權的強制授權

　　專利權的「強制授權」係指**在某種條件下，利用專利人只需要符合《專利法》規定的條件，即可由專利專責機關採取強制授權，或依申請強制授權以實施該專利權，而不需要另行取得專利權人的同意。**例如：2004 年經濟部智慧財產局同意飛利浦可錄式光碟 CD-R 專利強制授權案，以及 2006 年底，智慧財產局同意克流感「學名藥」(generic drug)的專利強制授權案。

　　《專利法》上的強制授權，只適用於發明專利，新型及設計專利並無準用規定，其情況依《專利法》第 87 條規定，可分為：

(1) 為因應國家緊急危難或其他重大緊急情況：專利專責機關應依緊急命令或中央目的事業主管機關之通知，強制授權所需專利權，並盡速通知專利權人（專 87 I）。

(2) 依申請強制授權：有下列情事之一，而有強制授權之必要者，專利專責機關得依申請強制授權：①增進公益之非營利實施；②發明或新型專利權之實施，將不可避免侵害在前之發明或新型專利權，且較該在前之發明或新型專利權具相當經濟意義之重要技術改良；③專利權人有限制競爭或不公平競爭之情事，經法院判決或行政院公平交易委員會處分（專 87 II）[55]。

---

[55] 《專利法》第 87 條第 3 項至第 5 項：「就半導體技術專利申請強制授權者，以有前項第 1 款或第 3 款之情事者為限（專 87 III）。專利權經依第 2 項第 1 款或第 2 款規定申請強制授權者，以申請人曾以合理之商業條件在相當期間內仍不能協議授權者為限（專 87 IV）。專利權經依第 2 項第 2 款規定申請強制授權者，其專利權人得提出合理條件，請求就申請人之專利權強制授權（專 87 V）。」

(3) 強制授權的程序：專利專責機關於接到強制授權的申請後，應通知專利權人，並限期答辯；屆期未答辯者，得逕予審查。強制授權之審定應以書面為之，並載明其授權之理由、範圍、期間及應支付之補償金（專 88 I、III）。

(4) 強制授權的效果：強制授權之實施應以供應國內市場需要為主。但依第 87 條第 2 項第 3 款規定強制授權者，不在此限；強制授權不妨礙原專利權人實施其專利權；強制授權不得讓與、信託、繼承、授權或設定質權，但有下列情事之一者，不在此限：①依第 87 條第 2 項第 1 款或第 3 款規定之強制授權與實施該專利有關之營業，一併讓與、信託、繼承、授權或設定質權；②依第 87 條第 2 項第 2 款或 5 項規定之強制授權與被授權人之專利權，一併讓與、信託、繼承、授權或設定質權（專 88 II、IV、V）。

(5) 強制授權的廢止：依第 87 條第 1 項規定強制授權者，經中央目的事業主管機關認**無強制授權之必要時**，專利專責機關應依其通知廢止強制授權。有下列各款情事之一者，專利專責機關**得依申請廢止強制授權**：①作成強制授權之事實變更，致無強制授權之必要；②被授權人未依授權之內容適當實施；③被授權人未依專利專責機關之審定支付補償金（專 89）。

　　另外，為協助無製藥能力或製藥能力不足之國家，取得治療愛滋病、肺結核、瘧疾或其他傳染病所需醫藥品，專利專責機關得依申請，強制授權申請人實施專利權，以供應該國家進口所需醫藥品（專 90 I）[56]。

---

[56] 《專利法》第 90 條第 2 項至第 5 項：「依前項規定申請強制授權者，以申請人曾以合理之商業條件在相當期間內仍不能協議授權者為限。但所需醫藥品在進口國已核准強制授權者，不在此限。進口國如為世界貿易組織會員，申請人於依第一項申請時，應檢附進口國已履行下列事項之證明文件：(1)已通知與貿易有關之智慧財產權理事會該國所需醫藥品之名稱及數量；(2)已通知與貿易有關之智慧財產權理事會該國無製藥能力或製藥能力不足，而有作為進

4-7.8 專利權的撤銷

(1) 撤銷專利權的事由：發明專利權有下列情事之一，任何人得向專利專責機關提起舉發：①違反第 21 條至第 24 條、第 26 條、第 31 條、第 32 條第 1 項、第 3 項、第 34 條第 4 項、第 6 項前段、第 43 條第 2 項、第 44 條第 2 項、第 3 項、第 67 條第 2 項至第 4 項或第 108 條第 3 項規定者；②專利權人所屬國家對中華民國國民申請專利不予受理者；③違反第 12 條第 1 項規定或發明專利權人為非發明專利申請權人，以此款情事提起舉發者，限於利害關係人始得為之（專 71 I、II）。

(2) 舉發後的處置：專利專責機關接到申請書後，應將其副本送達專利權人。專利權人應於副本送達後 1 個月內答辯；除先行申明理由，准予展期者外，屆期未答辯者，逕予審查。舉發案件審查期間，專利權人僅得於通知答辯、補充答辯或申復期間申請更正。但發明專利權有訴訟案件繫屬中，不在此限。專利專責機關認有必要，通知舉發人陳述意見、專利權人補充答辯或申復時，舉發人或專利權人應於通知送達後 1 個月內為之。除准予展期者外，逾期提出者，不予審酌。依前項規定所提陳述意見或補充答辯有遲滯審查之虞，或其事證已臻明確者，專利專責機關得逕予審查（專 74）。專利專責機關於舉發審查時，在舉發聲明範圍內，得依職權審酌舉發人未提出之理由及證據，並應通知專利權人限期答辯；屆期未答辯者，逕予審查（專 75）。

口國之意願。但為低度開發國家者，申請人毋庸檢附證明文件；(3)所需醫藥品在該國無專利權，或有專利但已核准強制授權或即將核准強制授權。前項所稱低度開發國家，為聯合國所發布之低度開發國家。進口國如非世界貿易組織會員，而為低度開發國家或無製藥能力或製藥能力不足之國家，申請人於依第一項申請時，應檢附進口國已履行下列事項之證明文件：(1)以書面向中華民國外交機關提出所需醫藥品之名稱及數量；(2)同意防止所需醫藥品轉出口。」

(3) 舉發案的審查：專利專責機關於舉發審查時，應指定專利審查人員審查，並作成審定書，送達專利權人及舉發人。舉發之審定，應就各請求項分別為之（專 79）。同一專利權有多件舉發案者，專利專責機關認有必要時，得合併審查。依前項規定合併審查之舉發案，得合併審定（專 78）。

(4) 舉發的審查程序：專利專責機關於舉發審查時，得依申請或依職權通知專利權人限期為下列各款之行為：①至專利專責機關面詢；②為必要之實驗、補送模型或樣品。前項第②款之實驗、補送模型或樣品，專利專責機關認有必要時，得至現場或指定地點勘驗（專 76）。舉發案件審查期間，有更正案者，應合併審查及合併審定。前項更正案經專利專責機關審查認應准予更正時，應將更正說明書、申請專利範圍或圖式之副本送達舉發人。但更正僅刪除請求項者，不在此限。同一舉發案審查期間，有二以上之更正案者，申請在先之更正案，視為撤回（專 77）[57]。

(5) 舉發案的撤回：舉發人得於審定前撤回舉發申請。但專利權人已提出答辯者，應經專利權人同意。專利專責機關應將撤回舉發之事實通知專利權人；自通知送達後 10 日內，專利權人未為反對之表示者，視為同意撤回（專 80）。

(6) 舉發案不成立：他舉發案曾就同一事實以同一證據提起舉發，經審查不成立者；或依《智慧財產案件審理法》第 33 條規定向智慧財產及商業法院提出之新證據，經審理認無理由者。**任何人對同一專利權，不得就同一事實以同一證據再為舉發**（專 81）。

---

[57] 《專利法》第 118 條：「新型專利權人除有依第 120 條準用第 74 條第 3 項規定之情形外，僅得於下列期間申請更正：(1)新型專利權有新型專利技術報告申請案件受理中。(2)新型專利權有訴訟案件繫屬中。」另請參見第 119 條、第 220 條的修正。新型專利更正案的審查，已由過去的形式審查改為實體審查，而其更正案的申請時間點，則限於 118 條所規定的三種情形。

(7) 舉發案成立及撤銷確定：專利權經舉發審查成立者，應撤銷其專
　　利權；其撤銷得就各請求項分別為之。專利權經撤銷後，有下列
　　情事之一，即為撤銷確定：①未依法提起行政救濟者；②提起行
　　政救濟經駁回確定者。發明專利權經撤銷確定者，專利權之效
　　力，視為自始不存在（專 82、120、142 I）。

4-7.9　專利權人的義務

(1) 專利標示的義務：專利物上應標示專利證書號數；不能於專利物
　　上標示者，得於標籤、包裝或以其他足以引起他人認識之顯著方
　　式標示之；**其未附加標示者，於請求損害賠償時，應舉證證明侵
　　害人明知或可得而知為專利物**（專 98、120、142 I）。

(2) 行使新型專利權的提示義務：新型專利權人行使新型專利權時，
　　如未提示新型專利技術報告，不得進行警告（專 116）。

(3) 繳交專利費用的義務：包括申請專利的費用及年費。前者，申請
　　人於申請時，應繳納申請費。核准專利者，發明專利權人應繳納
　　證書費及專利年費；請准延長、延展專利權期間者，在延長、延
　　展期間內，仍應繳納專利年費（專 92、120、142 I）。申請專利
　　經核准審定者，申請人應於審定書送達後 3 個月內，繳納證書費
　　及第 1 年專利年費後，始予公告；屆期未繳費者，不予公告（專
　　52 I）。

(4) 年費的繳納方式：專利年費自公告之日起算，第 1 年年費，應依
　　第 52 條第 1 項規定繳納；第 2 年以後年費，應於屆期前繳納之。
　　前項專利年費，得一次繳納數年；遇有年費調整時，毋庸補繳其
　　差額（專 93、120、142 I）。專利第 2 年以後之專利年費，未於
　　應繳納專利年費之期間內繳費者，得於期滿後 6 個月內補繳之。
　　但其專利年費之繳納，除原應繳納之專利年費外，應以比率方式

加繳專利年費。前項以比率方式加繳專利年費,指依逾越應繳納專利年費之期間,按月加繳,每逾 1 個月加繳 20%,最高加繳至依規定之專利年費加倍之數額;其逾繳期間在 1 日以上 1 個月以內者,以 1 個月論(專 94、120、142 I)。

(5) 專利權異動登記的義務: 發明或新型專利權人以其發明專利權讓與、信託、授權他人實施或設定質權,非經向專利專責機關登記,不得對抗第三人。前項授權,得為專屬授權或非專屬授權。專屬被授權人在被授權範圍內,排除發明或新型專利權人及第三人實施該發明。發明或新型專利權人為擔保數債權,就同一專利權設定數質權者,其次序依登記之先後定之(專 62、120)。而專利專責機關應備置專利權簿,記載核准專利、專利權異動及法令所定之一切事項。前項專利權簿,得以電子方式為之,並供人民閱覽、抄錄、攝影或影印(專 85)。

4-7.10　專利權的消滅

有下列情事之一者,專利權當然消滅(專 70、120、142 I):

(1) 專利權期滿時,自期滿後消滅。

(2) 專利權人死亡而無繼承人。

(3) 第 2 年以後之專利年費未於補繳期限屆滿前繳納者,自原繳費期限屆滿後消滅。

(4) 專利權人拋棄時,自其書面表示之日消滅。

專利權人非因故意,未於《專利法》第 94 條第 1 項所定期限補繳者,得於期限屆滿後 1 年內,申請回復專利權,並繳納 3 倍之專利年費後,由專利專責機關公告之。

4-8　專利權範圍的解釋

如何確定專利權受到侵害，釐清受到侵害的具體範圍，以防止或排除侵害，在有關對專利權範圍的解釋至為關鍵，其方法有：

4-8.1　中心限定主義

「中心限定主義」(central definition/the central claiming doctrine)，指專利權的保護範圍不以申請專利範圍(claim)所記載的文字意義為限，而是以申請專利範圍為中心，而得實質延伸（擴大）包括說明書或圖式中所揭露的發明觀念或實施例。

採中心限定主義者，是因為技術發明有時難以文字明確確定，而且在申請專利範圍所記載的實施例，也不足以涵蓋申請人所有的發明觀念。換言之，該申請專利的文字內容，僅是將申請人的發明技術具體化，或者提出一最典型的實施例，文字並非用以界定專利技術獨占的範圍[58]。

4-8.2　周邊限定主義

「周邊限定主義」(peripheral definition/the peripheral claiming doctrine)，**指專利權的保護範圍以申請專利範圍中所記載的文字意義（字義）為判斷依據，該字義所界定的範圍也就是該專利所要保護的範圍（周邊），所以即使專利說明書中另有其他記載，但因為未寫入**申請專利範圍，**仍不受保護**。

採周邊界定主義者，申請人必須指出申請標的的技術內容之範圍，列舉出構成要件的所有構成要素及各要素的關係[59]，不能援引說

---
[58]　林洲富，《智慧財產權法：案例式》，頁 112。
[59]　林洲富，《智慧財產權法：案例式》，頁 113。

明書或圖式而為申請專利範圍的延伸解釋，該部分視為申請人以揭露技術換取專利權的代價，奉獻給社會。

4-8.3 折衷主義

上述兩種專利權範圍的解釋，採「中心界定主義」可透過申請專利技術方案為中心做出延伸解釋，較具有彈性，對申請人的保護較為周到，但缺點是申請專利範圍較不確定，有損及公共利益之虞。而採取「周邊界定主義」則因為申請專利範圍已經專利主管機關審定，申請專利範圍較為明確，但缺點卻是對申請人略嫌保護不周，且不具彈性。

因此，各國已經較少採取嚴格的「中心界定主義」或「周邊界定主義」，而是折衷兩說，亦即原則上**以申請專利範圍為專利權的保護範圍，但說明書、圖式也可以作為專利範圍解釋的依據**。但專利說明書中的摘要、實施例，原則上不能作為審酌申請專利範圍的解釋參考，這種折衷主義也被稱為「折衷式的主題內容限定主義」或「折衷限定主義」。

4-8.4 《專利法》對於專利權範圍的界定

專利訴訟中有關專利的有效性、侵害與否的判斷，對專利申請時間、專利範圍的解讀與要件比對至為重要[60]。《專利法》對專利權範圍的界定，依專利類型分為：

---

[60] 劉尚志、王俊凱、張宇樞，〈美國國際貿易委員會專利紛爭之案例分析與因應策略〉，《萬國法律》，142 期，2005 年 8 月，頁 21。另，司法院於 2004 年 11 月 2 日曾函送《專利侵害鑑定要點》，提供各法院法官於專利侵害鑑定時的參考。有關《專利侵害鑑定要點》與 1996 年 1 月訂定之《專利侵害鑑定基準》的比較及內容，可參閱張仁平，〈專利侵害鑑定基準修正紀要〉，《萬國法律》，143 期，2005 年 10 月，頁 6-21。

(1) 發明、新型專利範圍：主要是以專利說明書所載之**申請專利範圍為準**，於解釋申請專利範圍時，並得審酌說明書及圖式（專 58 IV、120）[61]。

(2) 設計專利範圍：以**圖式為準**，並得審酌說明書（專 136 II）。

4-9　專利侵權的判斷

　　從事專利侵權鑑定與分析，最好要閱卷取得系爭專利案於專利申請過程的審查文件，以便確認其有效的技術範圍[62]。從細部的專利侵權判斷上，主要是比較系爭專利的申請專利範圍與被控產品，是否在申請專利範圍涵蓋被控產品(claim reads on the accused product)，亦即比較被控產品是否含有申請專利範圍所引述的元件及其他限制，如果有，原則上即構成侵害，除非有逆均等論的適用（即元件雖然相同或類似，但**原理不同**）；反之，如被控產品內缺任何一要件，即不構成侵害[63]。換言之，專利侵權的判斷要從事侵權比對，需分別將該專利的權利範圍與被控產品拆解成許多個獨立的元件(element)或步驟(step)，然後再將每一個相對應的元件或步驟逐項一一比對，以確認是否構成專利侵權。在方法上有[64]：

---

[61] 專利說明書除應載明申請專利範圍外，並應載明有關之先前技術、發明目的、技術內容、特點及功效，使熟習該項技術者能瞭解其內容並可據以實施（89 年判字第 116 號裁判參照）。

[62] 陳建銘，〈企業的專利管理〉，《萬國法律》，129 期，2003 年 6 月，頁 32。

[63] 鄭中人，《智慧財產權法導讀》，頁 54。

[64] 許泉毓，〈論專利侵權處理〉，《月旦法學雜誌》，101 期，2003 年 10 月，頁 221；王世仁、王世堯，《智慧財產權剖析─論生物科技專利策略與實務》，臺北：全華，2003 年 6 月，頁 26。

4-9.1　全要件原則

「全要件原則」(all elements rule)指只有在全部的要件都相同(read on)的情況下，才可初步判斷為字義侵權(literal infringement)。

例如：申請專利範圍的要件為 A+B+C+D，而另一被控侵權的專利要件亦為 A+B+C+D，比對結果，兩者要件相同，後者即屬侵權。不過，以字義來界定專利權範圍，仍不免發生模糊地帶，因此遂有均等論(doctrine of equivalent)的程序提出，亦即無論初步的判斷在字義上是侵權還是不侵權，都必須再以「均等論」來進一步判定該不相同（相同）的元件或步驟究竟是不是實質(substantially)不相同（或相同）。

4-9.2　均等論與反均等論

「均等論」(Doctrine of Equivalents)是由美國法院累積判決經驗所得[65]，其採取「功能—方式—結果」(function-way-result)的三部測試來判斷專利侵權與否。換言之，**均等論是以「三部測試」與「是否容易置換」來做比對，如果該專利所定義的某一元件與被控產品上相對應的某元件係運用實質相同的方法、發揮實質相同的功能與實質相同的結果時，就會被認定均等或等效，那麼即使字義上不相同的兩元件也應被視作實質上相同**。例如：申請專利範圍的要件為 A+B+C+D，另一被控侵權專利要件為 A+B+C+E，依照字義比對，兩者有些微不同，但依照「功能—方式—結果」來比對，D 與 E 在實質上功能相同，亦即兩者在技術上均等，後者具有置換容易性，所以仍屬侵權。

相反地，被控侵權人應該主張**逆均等論**(Reverse Doctrine of Equivalents)，係為防止專利權人任意擴大申請專利範圍之文義範圍，

---

[65] 「均等論」的產生是因為如果專利權只從字面上的意義做出解釋，恐怕會遭到競爭者刻意利用文字的不完足性或文字概念上的差異落差，而從事非實質性的改變而避開專利侵權的控訴，使專利的保護功能受到影響。見錢逸霖，〈論美國專利法下之均等論與禁反言—深入剖析美國 Festo 案〉，《智慧財產權月刊》，2004 年 10 月，70 期，頁 62。

而對申請專利範圍之文義範圍予以限縮。若待鑑定對象已為申請專利範圍之文義範圍所涵蓋，但待鑑定對象係以實質不同之技術手段達成實質相同之功能或結果時，則阻卻「文義讀取」，應判斷未落入專利權（文義）範圍[66]。亦即主張被控專利申請範圍，不但與提出侵權指控之專利權人之專利要件不同（字義不同），在發明或技術創作原理上亦有不同，實係以不同的方式達成相同或類似的功能，而非技術置換可能或技術均等，亦即反駁均等論的主張。

4-9.3　禁反言原則

「禁反言原則」(principle of estoppel)源自英美法上的衡平原則，亦即在申請專利時，**曾就專利申請書中放棄或限縮某專利範圍或權利，而後若發生專利侵權訴訟時，則不能再行主張先前已經放棄或限縮的權利／部分**。假若被告企業未主張禁反言，他人也不得主動要求被告或法院提供申請歷史檔案[67]。

所以，在專利法上禁反言也被稱為「專利審批歷史禁反言」(prosecution history estoppel)。美國在 1980 年以前將之稱為「申請卷宗禁反言」(file wrapper estoppel)，指在申請專利過程中，任何階段或任何文件，申請人為獲准專利而表示放棄的部分，在專利權取得後或在專利侵權訴訟中，不得重新主張該放棄的部分為其專利範圍內。換言之，專利權人如果以放棄的部分重為主張，將會被判斷為不侵權[68]。

根據上述，對於專利侵權判斷的流程，可以再描述如次：首先確定可能侵權的行為是否屬於專利說明書中權利主張的範圍，如果該侵

---

[66] 《專利侵害鑑定要點》，2005 年版，頁 39。http://www.tipo.gov.tw/ch/Download_Download
Page.aspx?path=1650&Language=1&UID=13&ClsID=14&ClsTwoID=151&ClsThreeID=0

[67] 陳建銘，〈專利侵害鑑定要點釋疑現行侵害鑑定之爭議〉，《萬國法律》，143 期，2005 年 10
月，頁 4。

[68] 趙晉玫等，《智慧財產權入門》，頁 57。

權產品在全要件原則判斷之外,那麼,就採取均等論,檢查被控侵權產品是否在功能方法上與專利產品或方法,具有實質相同的效果,且無適用禁反言,判斷出是否確實構成侵權[69]。反之,被控侵權者,亦

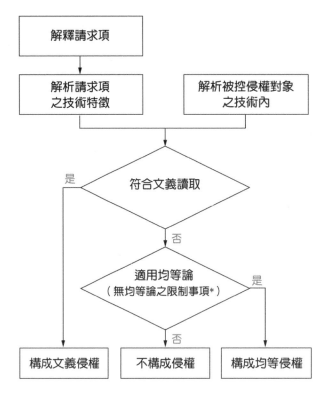

* 均等論之限制事項,主要包括「全要件原則」、「申請歷史禁反言」、「先前技術阻卻」及「貢獻原則」。

◆ 圖 4-3 發明、新型專利侵權判斷流程圖[70]

---

[69] 「均等論」的缺點主要是會使大眾對某一裝置、方法或組成物是否構成侵權的可預測性降低,所以法院必須以禁反言原則來加以限制,而在美國實務上,禁反言的適用並不當然阻卻均等論,只是針對專利權人對於「專利範圍的修正」並無禁反言的適用,以及對「該修正並未放棄系爭均等物」需負舉證責任。而其關鍵即在對「系爭均等物無法預見」,以及「修正理由與系爭均等物關連微弱」的舉證上。見錢逸霖,〈論美國專利法下之均等論與禁反言—深入剖析美國 Festo 案〉,頁 70-71。

[70] 被告可擇一或一併主張適用禁反言或適用先前技術阻卻,判斷時,兩者無先後順序關係。智慧財產局,《專利侵害鑑定要點》,2016 年版,頁 3。https://topic.tipo.gov.tw/patents-tw/cp-746-871864-17e71-101.html

可提出逆均等論加以反駁，主張不構成侵權，若無逆均等適用，則在有適用禁反言的情況下，得另向原告主張未構成專利侵權。

此外，如果被控告專利侵權時，也可主張系爭專利不具新穎性、專利無效，或者依上述判斷提出未侵權報告，但如果評估付出高額侵權的損害賠償，並不利於自己時，透過協商談判取得授權也是一途。

4-10 侵害專利權的民事救濟[71]

4-10.1 請求權的類型

本國人及未經認許的外國法人或團體就《專利法》規定事項得提起民事訴訟（專 102）。所以，本國專利權人受到侵害時，固然可以提起民事訴訟，即便是未經認許的外國法人，在訴訟平等互惠的原則下，也可以提起民事訴訟。如果同屬於 WTO 會員，則依照 TRIPS 規定，均應賦予權利人行使該協定所涵蓋之智慧財產權之民事訴訟程序的權利。侵害專利權在民事上的請求權類型有：

(1) 損害賠償請求權：專利權人對於因故意或過失侵害其專利權者，得請求損害賠償（專 96 II、120、142 I）。

(2) 除去、防止侵害請求權：專利權人對於侵害其專利權者，得請求除去之。有侵害之虞者，得請求防止之（專 96 I、120、142 I）。請求防止侵害、請求侵害排除與請求損害賠償，無論是本國人或外國人為專利權人均得主張。

---

[71] 2001 年 10 月 26 日起，侵害發明專利無刑事責任。2004 年 3 月 31 日起，侵害新型與新式樣（設計）專利亦無刑事處罰。所以，侵害專利權已無刑事責任，而回歸民事救濟程序。

(3) 銷毀或其他處置請求權：專利權人為**除去、防止侵害**之請求時，對於侵害專利權之物或從事侵害行為之原料或器具，得請求銷毀或為其他必要之處置（專 96 III、120、142 I）。

(4) 姓名表示與回復名譽請求權：發明人、新型創作人或設計人的姓名表示權受到侵害時，得請求表示發明人、新型創作人或設計人的姓名或為其他回復名譽的必要處分（專 96 V、120、142 I）。

專屬被授權人在被授權範圍內，得主張損害賠償請求權；除去、防止侵害請求權；銷毀或其他處置請求權。但契約另有約定者，從其約定（專 96 IV、120、142 I）。上述，損害賠償請求權及姓名表示與回復名譽請求權，自請求權人知有損害及賠償義務人時起，2 年間不行使而消滅；自行為時起，逾 10 年者，亦同（專 96 VI、120、142 I）。

此外，藥品許可證申請人就新藥藥品許可證所有人已核准新藥所登載之專利權，依《藥事法》第 48 條之 9 第 4 款規定為聲明者，專利權人於接獲通知後，得依第 96 條第 1 項規定，請求除去或防止侵害。專利權人未於《藥事法》第 48 條之 13 第 1 項所定期間內對前項申請人提起訴訟者，該申請人得就其申請藥品許可證之藥是否侵害該專利權，提起確認之訴（專 60-1）。

4-10.2 損害賠償的計算

依《專利法》第 97 條，請求損害賠償時，得就下列各款擇一計算其損害（專 97、120、142 I）：

(1) 請求具體損害賠償：依《民法》第 216 條之規定，請求損害賠償。

(2) 請求差額：當專利權人不能提供證據方法以證明其損害時，專利權人得就其實施專利權通常所**可獲得之利益，減除受害後實施同一專利權所得之利益，以其差額為所受損害**。

(3) 請求銷售總利益：指依侵害人因侵害行為所得之利益（扣除成本後的利益）。

(4) 請求以授權金為計算標準的損賠：依授權實施該發明專利所得收取之合理權利金為基礎計算損害。

　　依上述規定，侵害行為如屬故意，法院得因被害人之請求，依侵害情節，酌定損害額以上之賠償。但不得超過已證明損害額之 3 倍。

　　在舊法中原本有「法院囑託專利專責機關或專家代為估計之數額」規定，新法修訂時刪除，係考量專利權的價值，應取決於市場競爭，而非由專利專責機構代為估計即可決定侵害專利權的損賠數額[72]。

4-10.3　假扣押的聲請

　　專利權人對於侵害人得以訴訟主張權利或請求假扣押，並得依《民事訴訟法》之規定主張訴訟救助。

4-10.4　舉證責任的轉換

　　製造方法專利所製成之物在該製造方法申請專利前，為國內外未見者，他人製造相同之物，**推定為以該專利方法所製造**。前項推定得提出反證推翻之。被告證明其製造該相同物之方法與專利方法不同者，為已提出反證。被告舉證所揭示製造及營業秘密之合法權益，應予充分保障（專 99）。

---

[72] 毛浩吉，〈新專利法架構下民事救濟制度〉，《智慧財產權月刊》，66 期，2004 年 6 月，頁 55-68。

4-10.5 登載新聞紙

專利訴訟案件，法院應以判決書正本一份送專利專責機關（專100）。被侵害人並得在提起民事訴訟時，於訴之聲明中一併請求法院判決命侵害人登報以為填補損害。

4-10.6 民事訴訟程序的停止

舉發案涉及侵權訴訟案件之審理者，專利專責機關得優先審查（專 101、120、142 I）。另要注意的是，如果當事人主張或抗辯專利權有應撤銷、廢止之原因者，法院應就其主張或抗辯有無理由**自為判斷**（《智慧財產案件審理法》16 I）。

4-10.7 邊境保護措施

2014 年 1 月《專利法》修正，增訂邊境保護措施，期能對專利侵權達到境外遏止的作用。

(1) 申請海關查扣：專利權人對進口之物有侵害其專利權之虞者，得申請海關先予查扣。前項申請，應以書面為之，並釋明侵害之事實，及提供相當於海關核估該進口物完稅價格之保證金或相當之擔保。海關受理查扣之申請，應即通知申請人；如認符合前項規定而實施查扣時，應以書面通知申請人及被查扣人。被查扣人得提供第 2 項保證金 2 倍之保證金或相當之擔保，請求海關廢止查扣，並依有關進口貨物通關規定辦理。海關在不損及查扣物機密資料保護之情形下，得依申請人或被查扣人之申請，同意其檢視查扣物。查扣物經申請人取得法院確定判決，屬侵害專利權者，被查扣人應負擔查扣物之貨櫃延滯費、倉租、裝卸費等有關費用（專 97-1）。

(2) 廢止查扣：有下列情形之一，海關應廢止查扣：①申請人於海關通知受理查扣之翌日起 12 日內，未依第 96 條規定就查扣物為侵

害物提起訴訟，並通知海關者；②申請人就查扣物為侵害物所提訴訟經法院裁判駁回確定者；③查扣物經法院確定判決，不屬侵害專利權之物者；④申請人申請廢止查扣者；⑤符合前條第 4 項規定者。前項第 1 款規定之期限，海關得視需要延長 12 日。海關依第 1 項規定廢止查扣者，應依有關進口貨物通關規定辦理。查扣因第 1 項第 1 款至第 4 款之事由廢止者，申請人應負擔查扣物之貨櫃延滯費、倉租、裝卸費等有關費用（專 97-2）。

(3) 保證金：查扣物經法院確定判決不屬侵害專利權之物者，申請人應賠償被查扣人因查扣或提供第 97 條之 1 第 4 項規定保證金所受之損害。申請人就第 97 條之 1 第 4 項規定之保證金，被查扣人就第 97 條之 1 第 2 項規定之保證金，與質權人有同一權利。但前條第 4 項及第 97 條之 1 第 6 項規定之貨櫃延滯費、倉租、裝卸費等有關費用，優先於申請人或被查扣人之損害受償（專 97-3 Ⅰ、Ⅱ）。

(4) 保證金的返還：有下列情形之一者，海關應依申請人之申請，返還第 97 條之 1 第 2 項規定之保證金：①申請人取得勝訴之確定判決，或與被查扣人達成和解，已無繼續提供保證金之必要者；②因前條第 1 項第 1 款至第 4 款規定之事由廢止查扣，致被查扣人受有損害後，或被查扣人取得勝訴之確定判決後，申請人證明已定 20 日以上之期間，催告被查扣人行使權利而未行使者；③被查扣人同意返還者。

　　有下列情形之一者，海關應依被查扣人之申請，返還第 97 條之 1 第 4 項規定之保證金：①因前條第 1 項第 1 款至第 4 款規定之事由廢止查扣，或被查扣人與申請人達成和解，已無繼續提供保證金之必要者；②申請人取得勝訴之確定判決後，被查扣人證明已定 20 日以上之期間，催告申請人行使權利而未行使者；③申請人同意返還者（專 97-3 Ⅲ、Ⅳ）。

上述專利法第 97-1 條至第 97-3 條規定之申請查扣、廢止查扣、檢視查扣物、保證金或擔保之繳納、提供、返還之程序、應備文件及其他應遵行事項之辦法，由主管機關會同財政部定之（專 97-4）。

4-11　企業專利管理[73]

4-11.1　專利管理的兩個層面

「管理(management)」是指有關一組織部門就其業務、資源、人員、發展策略等所進行有序化的分配、管制、協調、指揮或決策。凡一組織或業務逐漸趨向專業化、部門化或分工化，且為達到某一目標或使人員資源更具有效率化的運作活動者，都具有此一作用。如企業管理、人事管理、行政管理、財務管理、專利管理等。更言之，「專利管理」是指一組織體對其所擁有的人力、資源、物力與各種資源，依照研發創新、市場競爭策略方向，進行有效率的計畫、組織、協調、指揮與控制，以達到專利申請、維護與實施目的之過程[74]。

一般而言，專利管理具有兩個層面：

(1) 國家專利管理：指國家對專利的行政管理層面。例如，國家設置專責行政機關（如美國的專利商標局、我國的智慧財產局）負責擬定及執行《專利法》等相關法令[75]，提供對專利的審查、保護或侵權判斷，進行合法性審理的機制。

73　徐振雄，〈企業專利管理與法律對策〉，《立法院院聞》，34 卷 7 期，2006 年 7 月，頁 29-49。

74　胡佐超，《專利管理》，北京，知識產權出版社，2002 年 12 月，頁 3-4。

75　如我國的《專利法》、《科學技術基本法》、《政府科學技術研究發展成果歸屬及運用辦法》、經濟部《科學技術委託發展計畫研發成果歸屬及運用辦法》等。在經濟部《科學技術委託研究發展計畫研發成果歸屬及運用辦法》，要求承接科技計畫者，應建立三種管理制度並且接受評鑑，包括：研發成果管理制度、技術移轉制度、研發成果之會計及稽核制度（第 30 條）。

(2) **企業專利管理**：指以企業經營者為主體，從事有關專利情報蒐集、專利分析、專利申請、專利維護及實施、侵權損害賠償等管理流程。通常，企業也可以透過與政府研究部門、大學的產學合作、育成中心來培植企業所需的研發人才與技術能力。

國家專利管理對企業專利管理具有法律保護與政策引導的重要性，國家如果未能提供對專利權嚴格保護的法律機制，勢必會影響企業在本國申請專利的意願。又如果國家側重某些產業，或者對商品作價格控制，那麼也同樣會影響企業申請專利的意願。換言之，國家層面的專利管理，包括政策法令、行政審查與訴訟救濟機制，企業則根據這些機制依照其研發方向、市場供需與有利技術，謀求有效的內部專利管理模式。所以，企業從事專利活動是在有效的國家專利管理基礎上運作的，企業必須合法且正當地從事專利活動，而不能違法侵權、竊取營業秘密，此理自明[76]。

企業無論是在研發階段，或是在申請階段、甚至取得專利後的維護與管理階段，都應該著重與法律的整合，方能確保企業取得最有利的合法競爭地位。而企業專利管理策略通常側重於建構完整的**專利網**(patent portfolio)[77]，亦即要能建置屬於企業研發方向的專利組合可能。企業研發人員與專利工程師必須評估產業技術趨勢、分析產品專利的可能領域，而後投入研發資源，避開專利侵權與訴訟衝突，開發出有利企業競爭力的基礎／核心專利，並由此搭起緊密的專利網絡。以下即略述幾種常見的方法。

---

[76] 在友訊公司控告威盛公司一案，威盛公司離職員工進入友訊公司竊取友訊關於 IC 晶片模擬測試程式後，又回到威盛任職並提供威盛測試研發，即有違反《營業秘密法》之虞。此說明即使商場如戰場，但也不能從事具有商業倫理非難性的行為。此案例評述可參見侯慶辰，〈由威盛商業間諜案看幾個智慧財產權法上的問題〉，《法令月刊》，55 卷 6 期，2004 年 6 月，頁 26-36。

[77] 馮震宇，〈從國際專利申請趨勢談企業專利申請策略〉，《萬國法律》，130 期，2003 年 8 月，頁 22。

4-11.2　專利檢索

專利檢索(patent search)的目的在檢視企業可發展之專門技術及其可專利性的範圍。根據世界智慧財產權組織(WIPO)統計，善加利用專利資訊，可以縮短研發時間 60%，節省研發經費 40%[78]。所以，企業從事專利檢索，有利於避免重複投資，迴避專利、進行市場行銷與產業分析，以及預防被控侵權的風險。在步驟上，可由專利工程師先擬定檢索策略，利用國際專利分類法(International Patent Classification, IPC)或美國專利分類法(UPC)，從專利檢索資料庫中檢索與企業相關市場的專利資訊，而後分析相關專利的分布範圍，降低專利侵權的風險。例如：一家從事生物科技的企業，其專利工程師從事專利檢索時，如果能從該行業的領導企業，如 Bio Discover、Informax 等大公司的專利資訊著手，就可能掌握生物科技發展的趨勢，以及避開可能重複研發或誤觸專利地雷的損失。

目前在網際網路(Internet)上幾個重要的專利檢索資料庫，如美國專利商標局 (USPTO) 提供的專利全文及專利摘要系統(http://www.uspto.gov)、中國大陸國家知識產權局建置的中國專利數據庫(https://www.cnipa.gov.cn/col/col61/index.html)、日本特許廳專利資料庫 (https://www.jpo.go.jp/index.htm) 、 歐 洲 專 利 局 (EPO) 開 發 的 ESP@CENET 世界專利系統(http://ep.espacenet.com/)、中華民國專利資訊 網 (https://twpat3.tipo.gov.tw/twpatc/twpatkm?@@0.0286953319357226) 等。

企業可根據不同需求，如是否收費、更新頻率、提供全文或摘要、收錄國家或地區、法律狀態等[79]，進入不同資料庫檢索，初步的

---

[78] 林盛富，〈專利資訊與專利檢索〉，載於周天主編，《專利管理高手》，臺北：資策會科法中心，2000 年 8 月，頁 183。

[79] 有關各專利資料庫特色的比較，可參閱黃慕萱，〈專利資料庫介紹〉，《智慧財產權月刊》，70 期，2004 年 10 月，頁 12-26。

檢索結果可由發明名稱(Title)與發明摘要(Abstract)來評估,並檢視修正檢索策略,以逐步精確化檢索的結果[80]。

4-11.3　專利地圖

企業在專利檢索後所得到的專利資訊,如果只是文件的累積或作為單純避開專利侵權的防禦作法,並不能使企業研發獲得高度的發展。因此,對於這些檢索所得的專利資訊,必須進一步從事統計、分析。例如,透過一些應用軟體來取得統計分析數據,由於這種統計分析的結果往往是以圖表呈現,故被稱為專利地圖(patent map)。詳細的專利地圖含有兩份圖表,第一份圖表資料,可包含技術生命週期圖、所屬國專利分析表、競爭公司歷年專利件數圖、發明人歷年專利件數圖、公司相互引證資數圖、專利引證次數圖、專利技術分類分布圖,以及自行制定的圖表,如專利件數股價波動圖,以獲取特定目的的資訊[81]。第二份圖表資料通常含有功效重視矩陣圖、技術／功效矩陣圖、技術矩陣挖洞圖、技術要件比對圖、關聯技術群組圖、技術應用層面圖,以及自行制定的圖表[82]。

如果我們以商場即戰場比喻,專利地圖可以產生如同戰略部署的作用,透過它可以構築起企業專利的屏障網,除了取得可行的市場產品開發外,也可以分析出企業自己對其他企業專利侵權的可能。

4-11.4　多樣評估指標的建立

企業從事專利檢索、專利地圖可以建立起企業所需的量化專利指標,但為精進專利管理策略,企業最好也從事多樣評估指標。包括:

---

[80] 陳建銘,〈企業的專利管理〉,《萬國法律》,129 期,2003 年 6 月,頁 31。

[81] 陳建銘、浦莉平,〈發展生物科技的專利情報〉,《萬國法律》,124 期,2002 年 8 月,頁 6。

[82] 陳建銘、浦莉平,〈發展生物科技的專利情報〉,頁 7。

(1) 質化評估指標：指根據專利資料分析出專利的影響力，如專利被引用次數，可以反映出該專利對其他企業的影響程度。

(2) 即時影響係數(current impact index)：顯示企業擁有的專利於近期被引用的次數與比率，次數比率越高則表示專利品質越好。

(3) 專利特性指標：指利用專利引用資料類型，分析專利引用文獻及先前專利的年代差；如，科學連結(science linkage)係透過專利引用科學文獻及非科學文獻，以瞭解基礎科學與專利技術研發的關聯性，藉以瞭解專利技術特性。

(4) 技術週期指數：計算出專利引用先前專利的年代差距中位數，以衡量專利技術的更替週期[83]。

　　企業從各種專利資訊建立起的多樣評估指標，有助於企業對其專利管理績效的評估。例如，利用專利數量、專利成長率、現行衝擊指數／即時影響係數、技術強度(technology strength)、週期技術指數、科學關聯性／科學連結、科學強度(science strength)等資訊，彙整後用SWOT(Strengths, Weaknesses, Opportunities, and Threats)分析，以找出企業研發創新專利與因應對策[84]。

---

[83] 例如在 MIT Technology Review 與 CHI Research 公司發表之 TR Patent Scorecard 報告，針對航太、汽車、生物、科技／醫療科技、化學、電腦、電子、半導體及通訊等 8 項產業進行競爭力評估，即是採多項專利分析指標，包括專利數量、即時影響係數、科學連結、技術週期指數、技術強度報告等指標。見陳達仁、黃慕萱、楊牧民，〈從美國專利看臺灣企業科技創新競爭力〉，《政大智慧財產權評論》，2 卷 2 期，2004 年 10 月，頁 4。

[84] 「技術強度」是以專利數目乘以現行衝擊指數（即時影響係數），用以評估企業專利組合的技術品質；「科學強度」是以專利數目乘以科學關聯性（科學連結），用以評估企業使用基礎科學建立其專利組合的程度，也表示企業之科學關聯活動的整體大小。可參閱薛寅莊，〈協助中小企業運用及管理智慧財產權—以喬霖科技導入智慧財產權管理制度為例〉，《電子檢測與品管》，62 期，2005 年 4 月，頁 84-85。

4-11.5　企業專利資料庫

　　經過專利檢索、繪製專利地圖、建立多樣評估指標等所得的專利資訊，可以構成企業專屬的專利資料庫。建置資料庫的檢索介面應提供對專利資料檢索的欄位，如專利權人、申請國家、發明名稱、國際專利分類、申請專利範圍、申請日、公開日、公告日等，亦可針對企業指定的技術領域、產品相關技術領域、競爭公司申請的專利技術等予以分門別類，提供研發人員參考[85]。

　　透過企業專利資料庫與經營策略的有效結合，可以決定出企業最佳的專利管理模式，協助企業評估各個公司之間的競爭性與相容性，形成企業究竟是要採取自行開發或委託開發，還是採取專利授權、交互授權，甚至採取合併、收購的判斷依據。也可以作為回應其他企業對其主張專利侵權的資訊情報。例如：從資料庫檢索出某競爭企業所主張的專利，分析其是否存在或者有不應獲准專利的事由。如果，發現該專利其實已有相同技術公開在先，或是發明人申請前的行為已經破壞其新穎性，則可以透過舉發、再審或起訴的方式，使該專利無效(invalid)[86]，使企業免於受到更大的侵權賠償。

4-12　企業專利戰略與戰術方案

4-12.1　企業專利戰略方案

　　企業層次的專利戰略是指透過企業的經濟實力、技術能力、市場經營、專利技術的競爭情況為綜合判斷，而研判出最有益於企業經營發展的方案，此方案可能是：

---

[85]　陳建銘，〈企業的專利管理〉，頁 31。
[86]　許泉毓，〈論專利侵權處理〉，《月旦法學雜誌》，101 期，2003 年 10 月，頁 223。

(1) 進攻型：如美國企業往往以其優勢科技，在專利市場中扮演主導與壟斷的地位。

(2) 防禦型：如過去的日本企業往往以大量的專利和專利申請來環繞基礎性關鍵專利的保護範圍，以嚴密的專利網覆蓋種種專利的細節，防範並減弱其他國家企業在專利技術的發展動力[87]。

　　一般而言，企業研發若擁有基礎專利，對市場具有較大支配性時，可採取攻擊型的戰略；反之，若企業專利多屬價值低且多用於阻礙、迴避設計時，可採取防禦型戰略。在這些專利戰略中也包含著各種戰術運用，如將某專利結合於某工業標準的方式，又如為了強化專利網而購買某關鍵專利，使企業技術受到更有力的保護。所以，專利戰略與專利戰術的配合運用，可以使企業在市場競爭中取得主動控制權而保持優勢地位[88]。

　　企業從事專利管理策略，除具有普遍的專利管理意識外，尚須實際進行專利管理各階段的統合。企業可以根據本身的技術資源、市場策略、組織規模與部門分工情形，採取「集中管理」，亦即企業依照其整體利益的考量，從開發、設計、製造、授權、讓與等事項，統籌由一專責單位管理，如美國的 IBM 公司；或者採行「分散管理」，企業可以充分授權各單位，依照其業務需求，自行提出開發設計與規劃，各單位亦對其績效自行負責，如日本東芝公司；抑或折衷採行「行列管理」，亦即企業依照各技術種類及產品開發項目，來從事研發，此可以避免重複投資，並且也能配合各單位的管理需求，但法務部分則仍集中管理，如德國 Bayer 公司[89]。基本上，企業無論是內部設置專責管理專利單位或採分散、行列模式，均應朝向統籌、分層或

---

[87] 胡佐超，《專利管理》，北京，知識產權出版社，2002 年 12 月，頁 189。

[88] 胡佐超，《專利管理》，頁 200。

[89] 以上參酌詹炳耀，《智慧財產權新論》，臺北：華立，2005 年 6 月，頁 16-17。

按技術種類，研擬開發專門技術，以符合企業本身最大利益的管理制度為策略方向。

企業專利戰術方案，可分述如次：

4-12.2 專利迴避設計

專利迴避設計(design around)是指如果某企業已經具有某些特定的技術專利，要避免自己成為專利侵權者，在研發過程中，就應根據專利檢索、專利地圖的分析，最好是從專利說明書中的權利請求項的意涵，來迴避他人的技術專利，以突破其專利的封鎖來創造企業生機，亦可避免侵害他人專利權[90]。不過，這種迴避設計屬於消極的防禦型戰術，因為其他企業也可以採取這種方式來迴避已有專利的設計。

所以，較積極的作法是砌起「專利圍牆」(fencing)來造成競爭對手迴避的可能性，如果當許多不同的技術解決方案，都可以達到類似的功能結果時，就可以考慮這種專利圍牆。例如，申請一化學相關的發明，可以將其化學子程式、分子設計、幾何形狀、溫度或壓力條件等範圍的變化，都一起申請專利保護，藉以形成專利圍牆，以防堵競爭對手有任何的縫隙可以迴避[91]。

4-12.3 專利結合工業標準戰術

指將某種基礎專利結合於某種工業標準(industry standard)，這是一種強而有力的專利戰術。工業標準按照制定者不同可以大致分為：

---

[90] 通常專利迴避設計的主要目的在於為專利侵權的可能性，預設停損點，其次是為了提升產品性能或升級，並避免侵權。見陳建銘，〈如何成功迴避設計避免專利侵權〉，《萬國法律》，2006 年 4 月，146 期，頁 58。

[91] 王世仁、王世堯，《智慧財產權剖析—論生物科技專利策略與實務》，臺北：全華，2003 年 6 月，頁 50。

一是個別企業制定（如 Microsoft 公司的 Windows），二是團體所制定，此又可分為「強制性標準」(mandatory de jure standard)與「同意性標準」(consensual de jure)。前者往往是由政府機關所制定，具有強制力；後者則是由某協會制定或某些公司共同制定。

例如，美國國家標準協會(American National Standards Institute, ANSI)所制定的 ASCII(American National Standard Code for Information Interchange)標準，以及由 Intel、IBM、Microsoft、Compaq、Northern Telecom 與 DEC 等公司共同制定的 USB(Universal Serial Bus)標準[92]。這種戰術的應用，是讓廠商為了商品的行銷不得不遵循此等工業標準而付出「實施」該專利權的專利金，而使企業獲得更多經濟收益，但應謹慎是否違反不正當競爭的問題[93]。

4-12.4 專利地雷

指以專利訴訟來打擊競爭對手的專利侵權，迫使對方停止侵權，妥協付出授權金，甚至付出可觀的侵權費用，都能使企業獲得更多的利益。這種專利訴訟的戰術，每每是企業透過「專利地雷」(minefield)的部署而使對手誤觸侵權。如 Citibank 開發的電子貨幣系統(electronic-monetary system)乃是被該領域中的其他企業引證次數最

---

[92] 同意性標準主要是根據廠商自願性的遵循或基於市場現實或商場的彼此協定而來，所以非政府公權力的行使結果。而強制性標準(Mandatory De Jure Standard)則具有較大強制性，如經濟部標準檢驗局制定之「高解像度單色開路電視攝影機電性能標準」。見馮達發，〈淺談專利權、工業標準與公平交易法〉，《萬國法律》，127 期，2003 年 2 月，頁 34。

[93] 這種專利戰術因為其中涉及以申請中專利或已申請專利作為工業標準的內容，往往會涉及是否違反反托拉斯法的問題，而起爭議。例如，王安公司研發記憶體之 SIMM 技術，被 JEDEC 協會(Joint Electronic Devices Engineering Council)採為記憶體的工業標準，但王安公司卻隱瞞申請專利的事實，且又在取得專利權後，向各企業提出侵權訴訟，後來被 Mitsubishi 控告違反反托拉斯法。另 Rambus 參與 DDR SDRAM 工業標準的草案制定，但草案內容 Rambus 已經取得專利，但又未告知 JEDEC，亦有違反反托拉斯法之虞，參閱馮達發，〈淺談專利權、工業標準與公平交易法〉，頁 34-36。

多的專利，此暗示其他金融企業假若開發電子貨幣系統時，極有可能誤觸到 Citibank 的專利地雷[94]。所以，當企業從事一種地毯式專利地雷布局時，可以利用一些次要專利的累積，造成競爭對手在研發過程的阻礙。

當然，這種地毯式的專利地雷布局可能別有居心，而有專利濫用之嫌，但除非對手能夠舉證該專利不具有可執行性（亦即該專利權雖然有效，但因為專利權人有專利濫用的行為，就算侵權也無法主張專利權的排他性）[95]，否則這種結合訴訟的專利地雷布局的方法，仍然有其效益。

4-12.5　專利集管

「專利集管」(patent pool)也稱為專利聯盟、專利池、專利共享等，主要是指當有兩個以上的專利所涵蓋的技術彼此相輔相成，使用其中一個技術將使另一個技術更有價值時，這些專利即具有互補性。為了能夠解決專利之間相互牽制、互補、彼此競爭等所產生的問題，遂由各專利權人組成聯盟，以集中管理專利，取得市場優勢[96]。例如，由各國業者組成 MPEG-LA 專利聯盟，對壓縮視訊訊號的 MPEG 技術部分，於 27 個國家便控制了超過 300 件與 MPEG 有關的專利[97]。

專利集管可分為內部關係與外部關係。內部關係是指專利權成員之間的交互授權與權利金分配，外部關係是專利集管成員對第三人的授權關係，主要是包裹授權(package licensing)，也就是許多專利權人，同時將數個不同的專利權授權給被授權人，而取得授權金

---

[94] 周天等，《科技管理與法律對策》，臺北：資策會科法中心，2000 年 11 月，頁 8。

[95] 許恭毓，〈論專利侵權處理〉，《月旦法學雜誌》，101 期，2003 年 10 月，頁 223

[96] 詹炳耀，《智慧財產權新論》，頁 72。

[97] 馮震宇，〈從國際專利申請趨勢談企業專利申請策略〉，頁 22。

(royalties)的方法。不過,專利集管仍須注意是否有獨占、聯合等不公平競爭的問題。例如,公平交易委員會即曾對飛利浦、新力與太陽誘電等三家公司有關 CD-R 組成專利集管,以及 CD-R 光碟技術專利聯合授權的行為,認為係違反《公平交易法》第 14 條有關聯合行為的禁制規定,又 CD-R 可錄式光碟授權專利技術市場,因聯合行為而取得市場獨占地位,復不當維持其權利金的計價方式,違反《公平交易法》第 10 條第 2 款有關獨占事業禁制行為的規定。公平交易委員會也認為,飛利浦等三家公司在與他企業的授權金談判過程中,拒絕提供授權專利的相關詳細資料,顯憑恃市場優勢地位,迫使被授權人接受授權協議,亦違反《公平交易法》第 10 條第 4 款的規定(濫用市場地位之行為),而對飛利浦等三家公司分別予以處分[98]。

因此,企業可以根據本身的研發方向採取上述不同的專利戰術方案,在實際的授權談判中取得優勢地位,必要時也可以同時採取數種戰術,相互配合以達成原先策定的戰略方案。

4-12.6 專利管理的法律策略

雖然企業對有形資產的經營,如資本、生產、原料、加工、行銷、倉儲管理等,已經獲得有效的管理模式,但對於無形資產則多欠缺法律風險的意識,以致生產的產品,往往侵權而不自覺,使企業遭受到龐大損害賠償的侵權訴訟,減損企業競爭力甚鉅。因之,企業應該使研發與法律在內部整合起來,強化專責專利法務部門與各事業研發、產銷部門的聯繫溝通。一方面培養熟悉企業研發技術的法務人員,另一方面也使研發人員具備相關的專利法制概念,而非經常透過企業外的專利事務所

---

[98] 90 公處字第 021 號。對此案件的詳盡探討,可參閱黃銘傑,〈專利集管(Patent Pool)與公平交易法—評行政院公平交易委員會對飛利浦等三家事業技術授權行為之二次處分案〉,《月旦法學雜誌》,87 期,2002 年 8 月,頁 121-148。

負責申請專利事務，方能使企業研發不致受到延滯或技術資訊外洩之虞。職是，企業擬定專利管理制度、鼓勵獎勵員工研發的同時，仍必須輔以法律策略(law strategies)，方能屹立不搖[99]。

企業智慧財產權管理人才的培養，必須有健全的法學教育制度或健全的公司訓練制度，智慧財產權的掌握，**最大的關鍵在於科技與法律兩種知識的整合**[100]。企業專利管理不能只進行專利檢索、專利布局、專利地圖等，限於統計分析與申請形式的一面。例如，專利說明書或專利主張，就絕非單純一般的專利管理所能妥善解決的，它牽涉到的法律語言，有時更是專利是否能夠為公司創造利益的最大關鍵，也是判定侵權與否的判準。所以，企業建構專利網(patent portfolio)的同時，除了必須要能評估產業技術趨勢、分析產品專利的可能領域外，也應同時評估避開專利侵權與訴訟衝突，以開發出有利企業競爭力的多樣專利指標，並根據法律謀求最有效的保護對策。例如，以大量的專利和專利申請來環繞基礎性關鍵專利的保護範圍，以嚴密的專利網覆蓋種種專利的細節，並採取法律對策，以防範或減弱其他企業在專利申請與專利技術的發展動力。

企業透過其他智慧財產權保護策略，如依《著作權法》保護電子資料庫、數位著作等，或依《營業秘密法》來強化保密協議、競業禁止等規範，進而與專利管理同時導入整體的智慧財產權管理制度[101]，這些都是讓企業專利管理更趨向合法健全的方式。

---

[99] 鄧穎懋等，《智慧財產權管理》，臺北：元勝，2005年10月，頁4。

[100] 鄧穎懋等，《智慧財產權管理》，頁377。

[101] 整體的智慧財產權管理制度，廣泛包括對專利、商標、著作權、營業秘密與積體電路電路布局等智慧財產權的管理與維護，一般高科技企業多採以研發創新的專利權為核心，而以其他智慧財產權為輔的管理策略。

4-13 企業對專利侵權的因應

4-13.1 提升專利管理意識

企業專利管理策略首在普遍具有對專利管理的意識。例如：企業內部應該加強員工對《專利法》及其制度規範的認識，善用專利資訊，鼓勵員工從事創意與發明，制定獎勵辦法，提升員工對企業研發方向的認同感。其次，有些企業申請專利未必是為了自己的產品，而是設想其他企業可能用到的技術發明，乃先申請專利而阻礙對手的專利布局，以增加企業自身在市場上的排他權利。企業為避免誤蹈這種其他企業所布下的專利地雷，因應之道，仍是企業本身也必須從事專利布局策略。例如：對員工所提出的研發建議或產品之發明改良，應針對其專利性、市場價值及公司營運方向等，予以評估後才申請專利。

申請專利前，應先檢索專利前案，避免產品上市後受到侵權的指控。如果企業決定不申請專利，但為了避免其他企業可能申請專利，反而使自己受到限制，所以，最好將已知技術公開，如在期刊雜誌上刊登或於展覽會場上公開展出，也可以利用申請專利程序，在 18 個月後公開，但卻不申請實質審查，使對手企業也無法取得專利。另，要注意的是就算取得專利權，也不代表可以依照該專利製造或販賣該物品，因為專利權的作用是排除他人對自己專利的侵權，然自己的專利產品也可能含有侵犯他人專利的元件[102]。

---

[102] 這通常發生在改良專利與基本專利的情況，亦即改良專利的發明上尚有其他發明的存在（基本專利），而該其他發明的專利權均未屆滿，則該改良專利權人即不得任意實施自己的發明。實施改良專利的發明，一定會侵害基本專利的發明。見鄭中人，《智慧財產權法導讀》，頁 52。

在研發能力高的企業公司，可以透過專屬授權、收購其他公司的專利或併購擁有相當專利數量的公司，以強化企業本身的專利實力。在公司內部也可以成立專利管理部門，有效開拓專利版圖，並可掌握專利侵權及訴訟程序，或以授權、交互授權為企業取得更大利益[103]。

4-13.2　警告函的寄發

發現專利被侵權及如何判斷侵權與啟動救濟機制，對於企業管理與實施專利而言，相當重要。專利權具有排他權的特質，這種排他的效力是從該專利核准公告日起算，而專利侵權即是指未經同意或授權，從事《專利法》上賦予專利權人的權利。例如：發明專利權人，除本法另有規定外，專有排除他人未經其同意而實施該發明之權。物之發明之實施，指製造、為販賣之要約、販賣、使用或為上述目的而進口該物之行為（專 58 I、II）。另外，《專利法》為屬地主義，因此構成專利侵權必須發生在某國已有保障該專利的情形。例如：甲確實有侵害專利權人乙的事實，但其卻是發生在其他第三國，而並未在 A 國境內從事任何侵害專利的製造、販賣，則乙尚難以 A 國專利法對甲控以專利侵權。但如果甲是在第三國從事專利侵權的物品製造，而後進口輸入至 A 國境內，從事實質的商業活動時，乙對甲就能依照 A 國專利法對甲控以專利侵權，令其承擔損害賠償責任。

一旦專利權人認為其專利權有受到侵害之虞時，實務上會先以警告函通知侵權人，以制止侵權人繼續侵權行為。發警告函的好處，是對將來的和解，事先可以得到談判的籌碼；另一方面，如果侵權人收到警告函卻未停止侵權行為，或並未防止專利權受到更大的侵害時，警告函也可作為專利權人有力的證據。反之，收到警告函的企業，也

---

[103] 黃文儀，〈我國企業的專利策略〉，載於智慧財產局編印，《智慧財產權教戰手冊》，93 年版，頁 30-31。

必須依循適當程序擬定出回應策略，例如：要求對方提出專利證明、專利範圍，或是被控侵權的產品或方法，但切忌置之不理，否則將可能被認為是故意侵權，而受到懲罰性損害賠償的不利結果。

另外，要注意的是，雖然發警告函有助於對專利侵權事先採取因應作為，但為了避免專利權人濫發警告函，反而妨礙了公平交易秩序[104]，行政院公平交易委員會曾頒布公平交易委員會〈審理事業侵害著作權、商標權或專利權警告函案件處理原則〉，對發出警告函前應該履行的程序、應記載事項、內容及違反《公平交易法》相關條文等均加以釐定[105]。

4-13.3 提起訴訟及申請保全程序

「保全程序」是以保全強制執行為目的的特別訴訟程序。換言之，為了保護債權人利益，在訴訟前、訴訟中或未到履行期的請求或於爭執的法律關係有定暫時法律狀態的必要時，即可申請保全程序救濟之。所以，專利權人在訴訟判決前，為保全其權益，得聲請法院為如下行為：

---

[104] 原則上應該事先通知可能侵害的製造商、進口商或代理商，請求排除侵害無效後，才可以發警告函，不可逕行以警告函騷擾其交易的相對人。否則被指控侵權的人，若能事後證明其無辜，將可依《公平交易法》第 22 條營業誹謗及民法損害賠償尋求救濟。劉孔中，〈公平法與智慧財產權法的衝突與調和〉，《月旦法學雜誌》，104 期，2004 年 1 月，頁 96。

[105] 行政院公平交易委員會〈審理事業侵害著作權、商標權或專利權警告函案件處理原則〉第 3 點：「事業已踐行下列確認權利受侵害程序之一，始發警告函者，為依照著作權法、商標法或專利法行使權利之正當行為：(1)經法院一審判決確屬著作權、商標權或專利權受侵害者；(2)將可能侵害著作權、商標權或專利權之標的物送請司法院與行政院協調指定侵害鑑定專業機構鑑定，取得鑑定報告，且發警告函前事先通知可能侵害之製造商、進口商或代理商，請求排除侵害者。事業未踐行前項第(2)款後段排除侵害通知，但已盡合理可能之注意義務或前項通知已屬客觀不能之情形，得視為行使權利之正當行為。」

(1) 聲請假處分：指債權人就金錢請求以外之請求，欲保全強制執行者，得聲請假處分（民訴 532）。所以，專利權人得請求法院限制侵權人為一定行為或不為一定之行為。例如，請求法院限制侵權人不得再繼續製造、販賣、使用或進口侵害專利權的產品。

(2) 聲請假執行：指債權人就金錢請求或得易為金錢請求之請求，欲保全強制執行者，得聲請假扣押（民訴 522 I）。

　　最後，105 年 12 月 30 日，修正之第 22 條、第 59 條、第 122 條及第 142 條，於施行後提出之專利申請案，始適用之（專 157-1）。此施行日期由行政院定之，亦即自 106 年 5 月 1 日施行後提出的專利申請案，始能適用。又，因《專利法》於民國 108 年 4 月再次修正，故 108 年 4 月 16 日修正之條文施行前，尚未審定之專利申請案，除本法另有規定外，適用修正施行後之規定。在 108 年 4 月 16 日修正之條文施行前，尚未審定之更正案及舉發案，適用修正施行後之規定（專 157-2）。在 108 年 4 月 16 日修正之條文施行前，已審定或處分之專利申請案，尚未逾第 34 條第 2 項第 2 款、第 107 條第 2 項第 2 款規定之期間者，適用修正施行後之規定（專 157-3）。此次修正，行政院臺經字第 1080023576 號令發布定自 108 年 11 月 1 日施行。

CHAPTER ⚖ **05**

營業秘密法

• • •

5-1　基本概念

5-1.1　營業秘密的意義與立法理由

「營業秘密」(trade secret)也被稱為「專門技術」、「工商秘密」或「技術秘密」，指**舉凡與營業有關、具有秘密性，因其不公開而具有某種經濟上利益的資訊**。WTO 與貿易有關之智慧財產權協定(TRIPS)中所稱「未經公開資訊的保護」(protection of undisclosed information)，則是指自然人及法人對其合法持有之資料，應有防止被洩露或遭他人以有違商業誠信方法取得或使用之可能[1]。換言之，**企業未經揭露的技術資訊與商業資訊，在具有秘密性與保密性措施下，不受他人非法或不當洩漏或使用**[2]。

我國《營業秘密法》所界定的**「營業秘密」是指方法、技術、製程、配方、程式、設計或其他可用於生產、銷售或經營的資訊**（營 2）[3]。例如：企業所從事的產品開發、技術方法、製程配方、設計或經售、經營所建立的經營知識、行銷策略、市場分析、商品底價、客戶資料、財務報表、廠區布局設計、電腦程式等等，都可以作為營業資訊的客體。而且營業秘密除了包括對企業具有秘密性的正面資訊外，也包括

---

[1]　TRIPS 第 39 條第 2 項。

[2]　馮震宇，《了解營業秘密法：營業秘密法的理論與實務》，臺北：永然，1998 年 6 月，頁 98。80 年度上字第 1499 號臺灣高等法院民事判決：「營業秘密，非必限於生產技能方面，舉凡生產、管理、銷售、市場、人事、財務等等僱主所營各項業務，均有其秘密性，僅其重要程度之差別而已。」

[3]　1996 年 1 月公布《營業秘密法》全文 16 條。美國 1979 年公布的《統一營業秘密法》(*Uniform Trade Secret Act*, UTSA)，已超過 40 個州採用，該法保護的營業秘密資訊，包括 formula, pattern, compilation, program, device, method, technique or process，並合乎秘密性（非一般人可得而知的資訊），以及當事人應盡力維持該資訊的秘密性（保密措施）；1996 年的《經濟間諜法》(*The Economic Espionage Act* ,EEA)針對外國政府、外國機構竊取有關經濟、營業、科學、機械、技術層面的資訊，且符合秘密性、具獨立經濟價值（實際或潛在利益）、保密措施者時，課以包括刑責的保護。David Baumer and J. C. Poindexter, *Cyberlaw and E-Commerce*(New York: McGraw-Hill Higher Company, 2002), pp. 244-246。曾勝珍，〈營業秘密權益歸屬之探討（上）〉，《法令月刊》，56 卷 1 期，2005 年 1 月，頁 78。

反面資訊(negative information)，如實驗失敗紀錄，或製程技術無法執行的因素，由於這些反面資訊能證明某種行為並不值得投入人力資金從事開發，關涉企業的成本支出與市場競爭力。所以，也被認為具有營業資訊秘密的性質[4]。

我國《營業秘密法》是繼《著作權法》、《商標法》、《專利法》等智慧財產權法律之後，並兼顧市場公平的競爭環境而制訂。在該法第1條規定：「為保障營業秘密，維護產業倫理與競爭秩序，調和社會公共利益，特制定本法。本法未規定者，適用其他法律之規定。」條文中的「為保障營業秘密」、「維護產業倫理與競爭秩序」、「調和社會公共利益」即是《營業秘密法》之立法目的。

詳言之，企業中員工應本於僱傭契約對於所服務的企業負有保守秘密的義務，基於這種契約的信賴關係，員工不但不應違背企業倫理，亦不應違反保密義務而洩漏秘密（契約義務），以維繫企業因為該秘密的不公開，而在市場上獲取經濟上的利益。假若員工違反產業倫理、洩漏營業秘密，以致破壞競爭秩序，企業即可主張具有財產權性質的營業秘密受到侵害，提起訴訟救濟（侵權＋財產權理論）。但是如果該營業秘密涉及到公共利益，例如有害人體的醫藥配方或妨害善良風俗的行銷方法，則仍被禁止，以調和社會公共利益（《營業秘密法》的調和作用）。

另，我國對外國人營業秘密之保護係採互惠原則（營 15）[5]。所以，若外國與我國有共同參加保護營業秘密的國際條約，或者該國有保護我國國民之營業秘密，且符合《營業秘密法》之規定者，其營業秘密應可受我國《營業秘密法》之保護。

---

[4]　Kurt M. Sauders, *Practical Internet Law for Business*(Boston: Artech House, Inc., 2001), p. 42.

[5]　《營業秘密法》第 15 條：「外國人所屬之國家與中華民國如未共同參加保護營業秘密之國際條約或無相互保護營業秘密之條約、協定，或對中華民國國民之營業秘密不予保護者，其營業秘密得不予保護。」

5-1.2 營業秘密的法律性質

營業秘密著重的是既有經濟利益的維護。專利與著作權，皆以權利人所擁有的資訊或是技術加以廣為流通或是公開，以換取其在法律上的地位，但是營業秘密卻是因為其具有秘密性、經濟價值及獨特性，而得以取得法律上的保障[6]。關於營業秘密的法律性質，在美國通說採財產權說(property)。但在我國《營業秘密法》是否創設權利或只是承認利益，仍值得探討[7]。

如果依《營業秘密法》之立法目的，係為「維護產業倫理與競爭秩序，調和社會公共利益」（第 1 條）而言，營業秘密主要是以企業營業資訊具有經濟上的利益，特別是企業在市場上的競爭優勢地位的維持，因此應如《商標法》、《公平交易法》之性質，主要屬保障「交易秩序」的智慧財產權。不過，也因為營業秘密並不若專利權般具有排除他人得以另行研發相同秘密技術，或以正當方法取得相同秘密資訊的排他效力，因此營業秘密所保護的法益，嚴格言之，並不是專屬的權利，而僅是一種受法律保護的利益[8]。

5-1.3 營業秘密與其他智慧財產權

營業秘密的性質與其他智慧財產，如著作權、商標權、專利權相同，都具有無體性與財產性。「無體性」指營業秘密固然可能附著於某物，但並非指該物即是營業秘密，而是附著於該物的內容，才是營業秘密。「財產性」指營業秘密如果被他人以不正當方法取得、使用、洩漏，不但可能減損企業競爭力，亦可能直接影響企業潛在或實際的市場利益。

6　謝銘洋等，《營業秘密法解讀》，臺北：月旦，1996 年 11 月，頁 17。
7　鄭中人，《智慧財產權導讀》，頁 195。
8　馮震宇，《了解營業秘密法：營業秘密法的理論與實務》，頁 30-31。

　　《營業秘密法》與其他相關法律之關係，可分述如下：

(1) **《營業秘密法》與《專利法》**：《營業秘密法》所保護的營業秘密，必須具有秘密性，即非公開或未經揭露的秘密資訊。技術性的營業秘密如果符合專利要件，或可能取得發明或新型專利，非技術性的營業秘密，例如經過創意設計出的商業設計品，也可能符合新式樣（設計專利）的申請條件。但是，若將原本秘密的技術、資訊申請專利，勢必又會因為專利說明書中應記載所屬技術領域、技術內容、實施方法、圖式（應充分揭露技術內容），且採專利早期公開制度的結果，而喪失該技術的秘密性。另，對營業秘密的保護並不能阻礙其他人可以透過自行研發或還原工程，得到相同的技術資訊與非技術資訊，也不能禁止其他人透過正當方法取得或使用與該營業秘密相同的技術、行銷、經營的資訊[9]，此與專利權或商標權具有排他性有異。但營業秘密與專利權，兩者也並非不能並存，企業可以透過契約選擇專利授權及／或營業秘密來強化本身的市場競爭力。

(2) **《營業秘密法》與《著作權法》**：營業秘密的表現形式，如果符合《著作權法》的要件規定，自然受到《著作權法》的保護。如記載營業秘密的文件、技術圖形、產銷計畫、有關營業秘密的資料庫等。反之，如果是一些簿冊、表格、客戶名單、統計資料、產品型錄等，雖然可能具有秘密性，但卻非《著作權法》保護的客體。

---

[9]　雖然對於技術內容較簡單或以還原工程即可知悉者，以《專利法》保護較妥，但利用還原工程所取得的營業秘密，如果涉及軟體漏洞或資安資訊揭露的問題，仍可能有著作侵權的疑慮，倘若涉及同業競爭秩序，尚可能有《公平交易法》的適用。另，只要該營業秘密不是其他智慧財產權的客體，則理論上可以存在多個內容、性質相同的營業秘密，各個營業秘密所有人對其營業秘密具有實施權，但無排除其他營業秘密所有人各自實施其營業秘密之權利。見黃銘傑，〈智慧財產侵害警告函與公平交易法之適用─專利權權利行使之意義與界限〉，《臺大法學論叢》，32 卷 5 期，2003 年 9 月，頁 124 註 8。

(3) 《營業秘密法》與《商標法》：《營業秘密法》所保護的標的指企業上具有競爭優勢的方法、技術、製程、配方、程式、設計或其他可用於生產、銷售或經營之資訊。而《商標法》則是以文字、圖形、記號、顏色、聲音、立體形狀或其聯合式所組成之具有識別性的商品或服務。且營業秘密必須採取合理的保密措施，與《商標法》採先審查後異議原則不同。

5-2 營業秘密的要件

營業秘密要受到《營業秘密法》的保護，尚須符合法定要件。茲說明如下：

5-2.1 秘密性

「秘密性」指非一般涉及該類資訊之人所知者，亦即主張的營業秘密並不是一般在該資訊領域中從事人員所通曉或周知的事項，故也稱為「非周知性」。因為如果所謂的營業秘密是該產業從事人員所普遍具有的知識，可以自由使用，也就不具有秘密性。是以，營業資訊應該是該領域中的少數人因為接觸到與其他多數人所周知的知識有別，才具有秘密性。而且秘密性也不要求在一國之內或在國際間都具有（絕對）秘密性。例如：某營業資訊在甲國或許已不具有秘密性，但在乙國卻可能因為不是當地涉及該類行業所通曉或周知的事項，而仍具有秘密性。

5-2.2 經濟性

「經濟性」指因其秘密性而具有實際或潛在之經濟價值者，也就是營業秘密的資訊可用於生產、製造、經營、銷售而具備產業上的經濟利益，才值得受到保護。經濟利益不只是營業秘密所有人認為具有

價值，且在客觀上也包含實際增加企業競爭的（積極）資訊，如營業價格表與客戶資料，以及潛在節省企業成本的支出，尚在研發但還未量產的技術，也包括實驗失敗紀錄等避免重複投資浪費的（消極）資訊。

假若，營業秘密並不具有此實際或潛在之經濟價值，則應與市場競爭秩序無關，實無特別保護的必要。

5-2.3　合理的保密措施

「**合理的保密措施**」**指營業秘密所有人對具有秘密性之營業資訊必須「已採取合理的保密措施**」[10]，**以防範他人以不正當或非法的方式取得、使用或洩漏該秘密資訊**。是否已經採取合理的保密措施，並不是依賴營業者的主觀認定，應視具體情形判斷。例如：資訊業者將一般從事資訊業者所知曉或周知之事，採取保密措施，並不會使該事務因此受到《營業秘密法》的保護。

所以，「合理措施」並不要求達到滴水不漏、絕對秘密的程度，其是否合理應視各行業、企業規模、秘密的種類、實際措施與一般社會通念綜合判斷之[11]。例如：企業是否採取資料建檔之分級管制、區

---

[10] 有論者認為《營業秘密法》第 2 條第 3 款規定之「所有人已採取合理之保密措施者」，不應該是構成是否受營業秘密法保護的要件。因為營業秘密的要件，主要就是秘密性，至於所有人是否採取適當的保密措施係發生侵權爭議時是否與有過失（即可否歸責）的問題。如果將採取合理保密措施當成是受營業秘密法保護的要件，若發生爭議時，當被告主張原告並未採取合理保密措施，則原告根本沒有取得營業秘密，不僅不構成侵權，且若有受授權或共有乃至歸屬上的問題，亦根本不成立。見侯慶辰，〈由威盛商業間諜案看幾個智慧財產法上的問題〉，《法令月刊》，55 卷 6 期，2004 年 6 月，頁 29。

[11] TIPS 規範第 4.4.1、7.4.4 項要求機密管制制度。包括加強實體安全管理以對於智慧財產的保護，例如設定文件機密等級，限制人員進出涉及廠商重要智慧財產之區域或接觸、存取研發紀錄等機密性資料，並設定接觸權限、記載接觸的人員或時間、及限制使用目的，以管制非內部員工或非必要人員接觸重要資料，或洩漏廠商之機密資訊。在內部文件管理，依 4.4 項，無論是內部產出或屬於外來文件（如：法院通知、招標書、政府公文等），都應該要有規範以確保該文件的來源、機密等級、管理方式，便於後續讀取、保存或舉證等。參見陳益智、陳宏志，〈運用 TIPS 建立全面智財管理制度〉，《智慧財產權月刊》，106 期，2007 年 10 月，頁 19-20。

分接觸營業秘密的員工層級、限閱被列為機密的文件、資料建檔[12]、資料庫設定帳號密碼或限制存取權限，以及是否制訂各種管制辦法（如門禁管制辦法、設備使用辦法、機密文件銷毀流程等），或是透過**保密協議、競業禁止條款**拘束員工，藉此規範員工有保密義務。

在網際網路環境中，透過資訊流傳遞訊息，其中也可能包含上述企業秘密的資訊。如線上按鍵授權契約(on-line click-wrap license agreement)，限制授權人揭露有關營業上的秘密或資料，或禁止利用還原工程探知電腦程式原始碼，以及對電子文件加密等，均屬於對營業秘密採取合理的保密措施。

5-3 營業秘密的歸屬

5-3.1 僱傭關係研發的營業秘密

所謂「僱傭關係」**指當事人約定，一方於一定或不定之期限內為他方服勞務，他方給付報酬之契約**（民 482），亦即企業與員工之間所締結的「僱傭契約」。在《專利法》、《著作權法》對於因僱傭關係所研發創作之專利或著作歸屬均有明定。《營業秘密法》中亦規定：受僱人於職務上研究或開發之營業秘密，歸僱用人所有。但契約另有約定者，從其約定。受僱人於非職務上研究或開發之營業秘密，歸受僱人所有。但其營業秘密係利用僱用人之資源或經驗者，僱用人得於支付合理報酬後，於該事業使用其營業秘密（營 3）。

營業秘密是否為受僱人在「職務上」所研究或開發而成的，僱傭契約的範圍是判定的關鍵，必須考慮：①受僱人所受僱從事的工作本質為何；②營業秘密與僱主的營業或事業內容的關係；③受僱人在開

發或研究這項營業秘密時使用僱用人資源的程度[13]。由於，這種使用權是基於法律的規定，因此，受僱人在僱用人支付合理報酬後，即不能拒絕，故為法定授權的性質。實務上常發生，受雇人離職後將受雇期間尚未完成的發明繼續完成，或者故意將發明延至離職後才完成，此時營業秘密的歸屬便有爭議。一般而言，雇傭關係存續中，不論工作性質或職務上，雇用人所完成的成品或半成品，在離職後未經過雇主同意即不得擅自使用，而受雇人如果故意延後，且可歸責事由致使不完全給付者，雇用人得行使給付遲延或給付不能之權利[14]。

　　所以，為避免將來雙方爭執營業秘密的歸屬，宜在僱傭契約中，明訂受僱人於受僱期間內的工作性質、事務內容及職務範圍，並明文約定營業秘密屬於何方所有，並且養成撰寫與記錄工作日誌的習慣，均有利於將來的舉證責任。

▎5-3.2　出資聘人研發的營業秘密

　　企業除了以僱傭契約從事研發外，亦可能透過出資聘請他人從事研究或開發相關具有秘密性的營業資訊。通常這種出資聘人的法律關係，多屬於《民法》上的承攬契約或委任契約。所謂「承攬」是指當事人約定，一方為他方完成一定之工作，他方俟工作完成，給付報酬之契約（民 490）。例如，完成某工程或程式的測試，所得到應秘密的資訊數據。而「委任」謂當事人約定，一方委託他方處理事務，他方允為處理之契約（民 528）。例如，企業委託他方處理行銷通路布局的事務。

　　出資聘請他人從事研究或開發之營業秘密，其營業秘密之歸屬依契約之約定；契約未約定者，歸受聘人所有。但出資人得於業務上使用其營業秘密（營 4）。茲將有關營業秘密之權利歸屬，整理列表如下：

---

[13]　謝銘洋等，《營業秘密法解讀》，頁 49。

[14]　曾勝珍，〈我國營業秘密法修正芻議之探討〉，《嶺東學報》，38 期，2015 年 12 月，頁 75。

型態	營業秘密的權利歸屬	利益平衡
受僱人於**職務上研究或開發**之營業秘密（營3Ｉ）。	原則上屬於僱用人，但契約另有約定者，從其約定。	
受僱人於**非職務上研究或開發**之營業秘密（營3Ⅱ）。	屬於受僱人。	但其營業秘密係利用僱用人之資源或經驗者，僱用人得於支付合理報酬後，於該事業使用其營業秘密。
出資聘請他人從事研究或開發之營業秘密（營4）。	1. 依雙方契約約定。 2. 契約未約定者，歸受聘人所有。	歸受聘人所有時，出資人得於業務上使用其營業秘密。

5-3.3　營業秘密的共有及共有權利的行使

營業秘密的共有情形，通常是因為有數人共同研究或開發，此時數人對該營業秘密均具有貢獻，為釐清個人權益，數人應自契約上約定其應有部分；無約定者，推定為**均等**（營5）。另，營業秘密亦得全部或部分讓與他人或與他人共有。營業秘密為共有時，對營業秘密之使用或處分，如契約未有約定者，應得共有人之全體同意。但各共有人無正當理由，不得拒絕同意。各共有人非經其他共有人之同意，**不得以其應有部分讓與他人**。但契約另有約定者，從其約定（營6）。

所以，營業秘密的共有，既可從契約約定其應有部分，原理上則是使營業秘密具有分割性，而為分別共有。但對於營業秘密的**使用與處分**，卻又必須依照**共有人之全體為之**，各共有人未經過他共有人的同意，即不得以其應有部分讓與他人，似乎又限制了應有部分的處分，具有**公同共有**的性質[15]。

---

[15]　趙晉玫等，《智慧財產權入門》，臺北：元照，2008年9月，頁253。

5-4　營業秘密的授權、讓與及消滅

5-4.1　營業秘密的授權

「營業秘密的授權」指營業秘密所有人透過授權契約，向被授權人收取權利金(royalty)或其他對價為基礎，同意被授權人將該營業秘密用於生產、製造、銷售或經營等行為之上[16]。

營業秘密授權使用之地域、時間、內容、使用方法或其他事項，依當事人之約定。被授權人非經營業秘密所有人同意，不得將其被授權使用之營業秘密再授權第三人使用（轉授權的禁止）。營業秘密共有人非經共有人全體同意，不得授權他人使用該營業秘密。但各共有人無正當理由，不得拒絕同意（營 7）。

5-4.2　營業秘密的讓與

「營業秘密的讓與」指營業秘密所有人將營業秘密的全部或一部分移轉給他人，由他人享有該營業秘密的財產利益，原營業秘密人則於讓與後，喪失對該讓與營業秘密的全部或部分的使用權利。所以，營業秘密的讓與和授權不同，後者並未使原營業秘密人喪失該營業秘密，只是授權他人使用該營業秘密而已。

5-4.3　營業秘密不得設質及強制執行

營業秘密不得為質權及強制執行之標的（營 8）。因為營業秘密並不需要登記或公告，無法如商標權或專利權的設質登記而為對抗要件。且如果營業秘密可以設質或作為強制執行的標的，則在拍賣程序，參與投標者勢必會對營業秘密的內容進行瞭解，以決定投標價格的參考，如此一來，營業秘密將被公開揭露，而喪失保護的必要。

---

[16] 謝銘洋等，《營業秘密法解讀》，頁 70。

5-4.4　營業秘密的消滅

　　營業秘密，法律上並無保護期限的規定，營業秘密所有人若採取合理保密措施，且在市場上仍持續具有經濟上利益者，即受到保護。所以，營業秘密一旦喪失秘密性，如營業秘密所有人未持續採取保密措施、公開該秘密或將之申請專利，或因他人洩漏時，該秘密即喪失經濟利益，而欠缺保護要件，不再受到《營業秘密法》的保護。

5-5　營業秘密的侵害類型

　　依《營業秘密法》第 10 條第 1 項，可列出五種侵害營業秘密的類型[17]：

5-5.1　以不正當方法取得營業秘密者

　　「不正當方法」指以竊盜、詐欺、脅迫、賄賂、擅自重製、違反保密義務、引誘他人違反其保密義務或其他類似方法。如無論是否有雇傭關係或其他法律關係，擅自重製他人營業秘密所附之著作，或空拍他人廠區的布置，即屬不正當方法。至於還原工程(reverse engineering)是否構成不正當方法？

　　按「還原工程」是指第三人以合法手段取得營業秘密所附著之物後，自行分析其成分、設計，而取得同樣的營業秘密。所以，還原工程有利於產品的研發、瑕疵的改良與成本的相容性。所以，原則上並不是不公平競爭的手段，不在上述所謂「其他類似方法」之列。

---

[17]　謝銘洋等，《營業秘密法解讀》，頁 104。其他法律有規定侵害營業秘密者，尚有《公平交易法》第 19 條第 5 款、《勞動基準法》第 12 條第 1 項第 5 款。

5-5.2　知悉或因重大過失而不知其為以不正當方法取得之營業秘密，而取得、使用或洩漏者

所謂「知悉」指明知、故意，而「重大過失」指欠缺一般人的注意義務，如果稍加注意，即可知道，但卻疏於注意，而不知道所取得的營業秘密是以不正當方法取得的。例如：甲明明知道乙所得到的商業資訊是從 A 公司竊取得來，但卻毫不在意，仍然使用該 A 公司的商業資訊；或是甲如果稍加注意即可知是乙竊取而來的商業資訊，但卻欠缺一般人處理事務的注意程度（重大過失）未經查證，而取得、使用或洩漏該營業秘密。

本款是以**轉得人**為規範對象，其本身並非是以不正當方法，直接取得他人營業秘密。不過，即使轉得人本身並無不正當行為，但由於該營業秘密是他人以不正當方法取得的，為保護營業秘密所有人的利益，避免營業秘密流傳出去，仍有規範必要，但其責任不宜過重。故假若為善意（不知情）且無過失或僅有輕過失，而取得、使用或洩漏之行為，原則上不構成營業秘密之侵害。

這裡所謂取得、使用或洩漏者，並不是因為自己的不正當行為去取得他人的營業秘密，而是因為自己知悉或重大過失而不知是他人以不正當方法取得的營業秘密，由自己取得使用或洩漏，致將營業秘密流傳出去，侵害企業利益。簡言之，就是**轉得人有所疏失，竟將他人不正當方法取得的營業秘密，加以取得、使用或洩漏。**

5-5.3　取得營業秘密後，知悉或因重大過失而不知其為他人不當取得之營業秘密，而使用或洩漏者

是指轉得人當初取得營業秘密時，並不知情，也無重大過失不知是他人不當取得的營業秘密，但嗣後得知或有重大過失而仍不知不得再使用或洩漏，轉得人卻仍使用或洩漏該營業秘密。例如：甲取得某公司的

營業秘密後，明知或稍加查證即可知是乙公司的營業秘密，但卻未採取查證行動，而不知該營業秘密是不當方法取得的，而仍為使用或洩漏。

5-5.4 因法律行為取得營業秘密，而以不正當方法使用或洩漏者

「法律行為」指當事人合意所成立契約的權利義務關係，如基於僱傭、委任或代理權的授與而取得他人營業秘密，卻因被受僱人、受任人或代理人以不正當方法使用或洩漏該營業秘密。例如：甲企業委外設計的乙公司，因從事設計緣故得知甲企業營業秘密，卻將之洩漏給丙。或是甲公司離職的員工，違背保密協議，而將公司的營業秘密使用於自己創業的公司，或販售給其他公司使用。

所以，本款所規範的是**直接合法取得的營業秘密，卻以不正當的方法使用或洩漏，而構成對營業秘密的侵害**。所以，與上述以「不正當的方法」取得，而因行為人、轉得人的取得、使用、洩漏不同。

5-5.5 依法令有守營業秘密之義務，而使用或無故洩漏者

「依法令」指《營業秘密法》第 9 條規定的情形：公務員因承辦公務而知悉或持有他人之營業秘密者，不得使用或無故洩漏之。如訴訟上的當事人、代理人、辯護人、鑑定人、證人及其他相關之人（如書記官、通譯、庭務員、法警、打字人員等），因司法機關偵查或審理、仲裁人及其他相關之人（如書記員、通譯、打字人員等），處理仲裁事件而知悉或持有他人營業秘密者，不得使用或無故洩漏之（營 9）。

另，依法令在業務上負有保密義務，如會計師、醫師、建築師、經營信託與證券業務人員等，如無正當理由，依法令也不得任意使用

或洩漏業務上知悉的營業秘密[18]。所以，對營業秘密的侵害，大致可分為：**以不正當方法取得的侵害；及以正當合法方式取得，但卻以不正當方法使用或洩漏該營業秘密之侵害**[19]。

又，主張營業秘密被侵害者，必須證明行為人主觀上有惡意，如果行為人能夠證明其對該營業秘密並不知悉，而且也沒有接觸過該秘密，就難以構成對營業秘密所有人的侵害[20]。

5-6 侵害營業秘密的救濟

5-6.1 民事請求權類型

由於營業秘密關係公司在市場上的競爭力，具有法律上保護的利益。因此，若有受到侵害或侵害之虞時，可尋求法律救濟的途徑，包括：

(1) 侵害禁止請求權：營業秘密受侵害時，被害人得請求排除之，有侵害之虞者，被害人得請求防止之。例如：甲公司竊取乙公司的營業秘密，並已從事生產、銷售。甲公司可以對乙公司行使排除侵害請求權，要求甲公司停止生產銷售。又如，甲公司以不正當方法取得乙公司營業秘密，但尚未正式生產上市，甲公司即可行

---

[18] 如《會計師法》第 22 條第 10 款、《醫師法》第 23 條、《建築師法》第 27 條、《銀行法》第 28 條第 4 項參照。

[19] 有學者認為侵害營業秘密的態樣，應只有以不正當方法取得營業秘密，以及依法令有守營業秘密之義務，而使用或無故洩漏者。如果從沒有保密義務的第三人取得或以其他合法方法取得他人的營業秘密，不論其是否知悉或者因重大過失而不知悉為他人營業秘密而取得，其使用或洩漏，都不構成營業秘密的侵害。鄭中人，《智慧財產權法導讀》，臺北：五南，2004 年 4 月，頁 199。

[20] 陳龍昇，〈淺論電腦軟體之商業方法發明於我國法之保護〉，《萬國法律》，145 期，2006 年 2 月，頁 73。

使防止侵害請求權，事先防止甲公司的侵害。上述排除侵害請求權與防止侵害請求權，並不以侵害人有故意或過失為條件，**只要客觀上發生侵害或有侵害之虞時**，營業秘密所有人就可以行使，並舉證有受到侵害的危險情況，或可能受到如何的侵害（營 11 I）。

(2) 銷毀或其他處置請求權：被害人為上述請求時，對於侵害行為作成之物或專供侵害所用之物，得請求銷毀或為其他必要之處置（如毀棄預備生產侵害之物的機器設備等）（營 11 II）。

(3) 損害賠償請求權：因故意或過失不法侵害他人之營業秘密者，負損害賠償責任。被侵害人主張損害賠償請求權，須主張侵害人有故意或過失的侵害行為、有使營業秘密喪失秘密或經濟利益的結果。如果是數人共同不法侵害者，應連帶負損害賠償責任。

5-6.2 損害賠償的計算方法

被害人請求損害賠償時，得依下列方法擇一請求（營 13）：

(1) 請求具體損害賠償：依《民法》第 216 條之規定請求。即損害賠償，除法律另有規定或契約另有訂定外，應以填補債權人**所受損害及所失利益為限**。依通常情形，或依已定之計劃、設備或其他特別情事，可得預期之利益，視為所失利益。

(2) 請求差額：被害人不能證明其損害時，得以其使用時依通常情形可得預期之利益，減除被侵害後使用同一營業秘密所得利益之差額，為其所受損害。

(3) 請求銷售總利益：請求侵害人因侵害行為所得之利益。

(4) 請求銷售總價額：侵害人不能證明其成本或必要費用時，以其侵害行為所得之全部收入，為其所得利益。

(5) **法院酌定**：侵害行為**如屬故意**，法院得因被害人之請求，依侵害情節，酌定損害額以上之賠償。但**不得超過已證明損害額之 3 倍**。此性質為懲罰性損害賠償，意在懲罰具有主觀上惡意及故意侵害營業秘密之行為人。

　　法院為審理營業秘密訴訟案件，得設立專業法庭或指定專人辦理。當事人提出之攻擊或防禦方法涉及營業秘密，經當事人聲請，法院認為適當者，得不公開審判或限制閱覽訴訟資料（營 14）。此外，如果員工離職後攜帶前公司有關的營業秘密資料，前公司亦可透過假處分限制該員工將營業秘密外洩。

5-6.3　損害賠償請求權的消滅時效

　　損害賠償請求權的消滅時效，即權利應該請求的期間，自請求權**人知有行為及賠償義務人時起，2 年間不行使而消滅；自行為時起，逾 10 年者亦同**（營 12 II）。詳言之，如果營業秘密受侵害之請求權人僅知有侵權行為，但不知行為人是誰時，2 年的短期消滅時效並無從起算。而且是以**請求權人**知有侵權行為與賠償義務人時起，開始計算，並不是以檢察官起訴或法院判決有罪時起算。此係按照一般民事損害賠償的法理，賦予被害人行使損害賠償請求權，以填補其損害，且採時效消滅制度，但短於一般債權的消滅時效（15 年），使在權利上睡眠者不受法律的永遠保障。

5-6.4　侵害營業秘密的刑事處罰

　　《營業秘密法》原本僅有民事損害賠償責任的規定，對於不正當方法取得營業秘密，如竊盜、詐欺、脅迫、賄賂、擅自重製、違反保密義務等均由《刑法》加以處罰[21]。但由於近年來侵害營業秘密的重

---

[21]　在營業秘密尚未刑罰化之前，主要是利用刑法上的洩漏工商秘密罪、背信罪、妨害電腦使用罪、竊盜罪、侵占罪相繩。但竊盜、侵占以附著於有體物為對象，而營業秘密為無體財產，

大案件層出不窮，為有效嚇阻侵害他人營業秘密，擾亂市場秩序的行為，**立法院遂於 2013 年 1 月修法增訂刑事制裁[22]**。

(1) 侵害營業秘密罪：意圖為自己或第三人不法之利益，或損害營業秘密所有人之利益，而有下列情形之一，處 5 年以下有期徒刑或拘役，得併科新臺幣 100 萬元以上 1000 萬元以下罰金：

① 以竊取、侵占、詐術、脅迫、擅自重製或其他不正方法而取得營業秘密，或取得後進而使用、洩漏者。

② 知悉或持有營業秘密，未經授權或逾越授權範圍而重製、使用或洩漏該營業秘密者。

③ 持有營業秘密，經營業秘密所有人告知應刪除、銷毀後，不為刪除、銷毀或隱匿該營業秘密者。

④ 明知他人知悉或持有之營業秘密有前三款所定情形，而取得、使用或洩漏者。

前項之未遂犯罰之。科罰金時，如犯罪行為人所得之利益超過罰金最多額，得於所得利益之 3 倍範圍內酌量加重（營 13-1）。本罪，須告訴乃論（營 13-3 I）。

未必附著於有體物（如單純記憶），而背信罪，僅處罰身分犯，對於不具為他人處理事務之身分的行為人，如無違背其任務，致生損害，無處罰餘地。妨害電腦使用罪，如果行為人非無故、為致生損害時，亦無法處罰，且通常侵入者，通常為企業內部有權限之員工，未必能以妨害電腦使用罪，以為有權限者為處罰對象。至於，洩漏工商秘密罪，其僅處罰洩漏之行為，對於不法持有、使用等，對於非無故、洩漏以外的行為則無法處罰。見林志潔、林益民，〈營業秘密法刑罰化後之成效——兼論 2017 年部分條文修正草案〉，《萬國法律》，214 期，2017 年 8 月，頁 11-12。

[22] 立法理由：國際立法趨勢，以增訂侵害營業秘密行為之刑事責任或加重其刑責為重要趨勢。近年來，本國產業界陸續發生幾件離職員工盜用或外洩原任職公司營業秘密以及以不法手段竊取台灣產業營業秘密的嚴重案件，不但侵害了產 業重要研發成果，更嚴重影響產業之公平競爭。現行《刑法》第 317 條、第 318 條、第 318 條之 1、第 318 條之 2、第 359 條，雖有侵害營業秘密之刑責，惟其行為態樣殊欠完整且法定刑過低，故有修正營業秘密法之必要。

(2) 意圖在國外、大陸地區、香港或澳門侵害營業秘密罪：意圖在外國、大陸地區、香港或澳門使用，而犯第 13 條之 1 第 1 項各款之罪者，處 1 年以上 10 年以下有期徒刑，得併科新臺幣 300 萬元以上 5000 萬元以下之罰金。前項之未遂犯罰之。科罰金時，如犯罪行為人所得之利益超過罰金最多額，得於所得利益之 2 倍至 10 倍範圍內酌量加重（營 13-2）。

對於共犯之一人告訴或撤回告訴者，其效力不及於其他共犯。公務員或曾任公務員之人，因職務知悉或持有他人之營業秘密，而故意犯第 13 條之 1、第 13 條之 2 之罪者，加重其刑至二分之一（營 13-3 II、III）。

法人之代表人、法人或自然人之代理人、受雇人或其他從業人員，因執行業務，犯第 13 條之 1、第 13 條之 2 之罪者，除依該條規定處罰其行為人外，對該法人或自然人亦科該條之罰金。但法人之代表人或自然人對於犯罪之發生，已盡力為防止行為者，不在此限（營 13-4）。此外，如果是未經認許之外國法人，其營業秘密也應該受到保護，可就本法規定事項得為告訴、自訴或提起民事訴訟（營 13-5）。

另依《公平交易法》的規定，對於脅迫、利誘或其他不正當方法，獲取他人事業之產銷機密、交易相對人資料或其他技術秘密的行為，而有限制競爭或妨礙公平競爭之虞者，事業[23]不得為之（公平法 19⑤）。若有違反，經中央主管機關依第 41 條規定限期命其停止、改正其行為或採取必要更正措施，而逾期未停止、改正其行為或未採取必要更正措施，或停止後再為相同或類似違反行為者，處行為人 2

---

[23] 《公平交易法》第 2 條：「本法所稱事業如左：一、公司。二、獨資或合夥之工商行號。三、同業公會。四、其他提供商品或服務從事交易之人或團體。」

年以下有期徒刑、拘役或科或併科新臺幣 5000 萬元以下罰金（公平
法 36）。

　　此外，如果營業秘密具有國家核心關鍵技術地位，如遭不正當取
得、使用或洩漏，也會使國家安全受到嚴重影響，故《國家安全法》
第 3 條乃規定：「任何人不得為外國、大陸地區、香港、澳門、境外
敵對勢力或其所設立或實質控制之各類組織、機構、團體或其派遣之
人，為下列行為：

一、以竊取、侵占、詐術、脅迫、擅自重製或其他不正方法而取得國
　　家核心關鍵技術之營業秘密，或取得後進而使用、洩漏。

二、知悉或持有國家核心關鍵技術之營業秘密，未經授權或逾越授權
　　範圍而重製、使用或洩漏該營業秘密。

三、持有國家核心關鍵技術之營業秘密，經營業秘密所有人告知應刪
　　除、銷毀後，不為刪除、銷毀或隱匿該營業秘密。

四、明知他人知悉或持有之國家核心關鍵技術之營業秘密有前三款所
　　定情形，而取得、使用或洩漏。

　　任何人不得意圖在外國、大陸地區、香港或澳門使用國家核心關
鍵技術之營業秘密，而為前項各款行為之一。

　　第一項所稱國家核心關鍵技術，指如流入外國、大陸地區、香
港、澳門或境外敵對勢力，將重大損害國家安全、產業競爭力或經濟
發展，且符合下列條件之一者，並經行政院公告生效後，送請立法院
備查：

一、基於國際公約、國防之需要或國家關鍵基礎設施安全防護考量，
　　應進行管制。

二、可促使我國產生領導型技術或大幅提升重要產業競爭力。

前項所稱國家核心關鍵技術之認定程序及其他應遵行事項之辦法，由國家科學及技術委員會會商有關機關定之。

經認定國家核心關鍵技術者，應定期檢討。

本條所稱營業秘密，指營業秘密法第二條所定之營業秘密。」

5-6.5　偵查保密令

《營業秘密法》在 2013 年 1 月增訂刑事責任後，企業對於偵辦營業秘密的情況，有所疑慮。一是擔心提供相關資料後洩密，企業會受到二次侵害。二是檢察官偵辦速度緩慢，證據資料複雜，企業提告意願低落。因此為維護營業秘密的證據資料，同時也讓檢察官能在偵查不公開和發現真實的要求下，對接觸到偵查營業秘密內容之人，課與保密義務，防免二次洩密，達到速偵速結的目的[24]。所以在 2019 年 12 月 31 日經立法院三讀通過修正《營業秘密法》，新增偵查內容秘密保持命令（偵查保密令）條文，明定檢察官偵辦營業秘密案件，必要時得核發偵查保密令，排除企業因偵查或審理過程營業秘密遭再度洩密的疑慮，並增訂 3 年以下有期徒刑的刑責，以產生嚇阻作用[25]。重要規定如下[26]：

(1) 檢察官得依職權核發偵查保密令：檢察官偵辦營業秘密案件，認有偵查必要時，得核發偵查保密令予接觸偵查內容之犯罪嫌疑人、被告、被害人、告訴人、告訴代理人、辯護人、鑑定人、證人或其他相關之人。受偵查保密令之人，**就該偵查內容，不得為下列行為：①實施偵查程序以外目的之使用；②揭露予未受偵查**

---

[24] 立法院法律系統 https://lis.ly.gov.tw/lglawc/lawsingle?002B154ABDF40000000000000000014000
000004000000^01967108123100^00000000000（瀏覽日：2021/02/01）

[25] 立法院公告訊息 https://www.ly.gov.tw/Pages/Detail.aspx?nodeid=33324&pid=191249（瀏覽日：2021/02/01）

[26] 智慧財產局 https://www.tipo.gov.tw/tw/cp-85-859499-e64c1-1.html（瀏覽日：2021/02/01）

保密令之人。前項規定，於受偵查保密令之人，在偵查前已取得或持有該偵查之內容時，不適用之（營 14-1）。

(2) **應以書面或言詞為之**：偵查保密令應以書面或言詞為之。以言詞為之者，應當面告知並載明筆錄，且得予營業秘密所有人陳述意見之機會，於 7 日內另以書面製作偵查保密令（營 14-2 I）。

(3) **銜接法院秘密保持命令**：案件起訴後，檢察官應將偵查保密令屬起訴效力所及之部分通知營業秘密所有人及受偵查保密令之人，並告知其等關於秘密保持命令、偵查保密令之權益。營業秘密所有人或檢察官，得依《智慧財產案件審理法》之規定，**聲請法院核發秘密保持命令**。偵查保密令屬起訴效力所及之部分，在其聲請範圍內，自法院裁定確定之日起，失其效力。但如果案件起訴後，營業秘密所有人或檢察官**未於案件繫屬法院之日起三十日內**，向法院聲請秘密保持命令者，法院得依受偵查保密令之人或檢察官之聲請，**撤銷偵查保密令**。偵查保密令屬起訴效力所及之部分，在法院裁定予以撤銷之範圍內，自法院裁定確定之日起，失其效力（營 14-3 IV、V）。

(4) **增訂刑事責任**：違反偵查保密令者，處 3 年以下有期徒刑、拘役或科或併科新臺幣 1 百萬元以下罰金。於外國、大陸地區、香港或澳門違反偵查保密令者，**不問犯罪地之法律有無處罰規定**，亦適用前項規定（營 14-4）。

5-7　競業禁止與保密協議

5-7.1　競業禁止的意義[27]

　　「競業禁止」是指事業單位為保護其商業機密、營業利益或維持其競爭優勢，要求特定人（員工／受僱人）與其約定於在職期間或離職後之一定期間、區域內，不得經營、受僱或經營與其相同或類似的業務工作，若員工（受僱人）有違反，應對事業（僱主）負損害賠償責任。在我國《民法》對經理人、代辦商，及公司法對經理人、董監事等都有規定[28]，此處則以一般公司員工或離職員工所簽訂的競業禁止條款為論述重點。

　　企業要求員工簽訂競業禁止條款，主要目的在：①避免其他競爭事業惡意挖角或勞工惡意跳槽；②避免優勢技術或營業秘密外洩；③避免勞工利用其在職期間所獲知的技術或營業秘密自行營業，削弱原僱主的競爭力。雖然，競業禁止條款目的在維護企業上的利益，但其條款仍須符合公平互惠原則。

5-7.2　競業禁止的類型

　　受僱者受到競業禁止約定的限制，可分為：

(1) 在職期間的競業禁止：在職期間的競業禁止，如員工對於企業負有提供勞務、負責、保守秘密及不得從事危害或損害僱主利益的兼差或競業行為。

---

[27]　參考行政院勞工委員會，《勞工委員會簽訂競業禁止參考手冊》，2004 年版。

[28]　《民法》第 562 條：「經理人或代辦商，非得其商號之允許，不得為自己或第三人經營與其所辦理之同類事業，亦不得為同類事業公司無限責任之股東。」《公司法》第 32 條：「經理人不得兼任其他營利事業之經理人，並不得自營或為他人經營同類之業務。但經依第 29 第 1 項規定之方式同意者，不在此限。」

(2) 離職後的競業禁止：勞工對僱主負有保守工商營業秘密或不為競業的義務，原則上在勞動契約存續時存在，若員工離職或勞動契約終止時，此義務即應終了。但僱主有時為保護企業競爭優勢與利益，在員工進入公司時，也常另就離職後為競業禁止，亦即限制員工離職後的就業自由，明定離職後員工不得在一定期間內從事與僱主相同或相類似的工作，若有違背，則該員工應該賠償一定違約金。

在職期間的競業禁止，本於勞資僱傭契約與產業倫理的拘束，本負有不得以不當方法取得、使用或洩漏有關企業秘密資訊的義務。離職後的競業禁止，雖在我國勞動法中並無明文規範，但本於契約自由與誠實信用原則，如果僱主所定條款並未違反公共秩序、善良風俗，亦未以企業經濟上的優勢地位欺壓勞工，則該競業禁止條款應為法所容許。

5-7.3 競業禁止條款是否合理的判準

勞資雙方於勞動契約中約定「競業禁止條款」(noncompetition provisions)，現行法令並未禁止，但依《民法》第 247 條之 1 的規定，契約條款內容之約定，如有以下情形，**而顯失公平者，該部分約定無效**，包括：①免除或減輕預定契約條款之當事人之責任；②加重他方當事人之責任；③使他方當事人拋棄權利或限制其行使權利；④其他於他方當事人有重大不利益。

　　所以，僱主與員工簽訂競業禁止，基於契約自由原則與私法自治，應為允許。但此競業禁止仍不得有違公序條款與法律的強制規定[29]，否則無效。根據法院有關競業禁止的判決實務，可歸納出下列幾項判準[30]：

(1) 企業或僱主須有依競業禁止特約之保護利益存在：指受僱人是否受到競業禁止條款的拘束，繫於該秘密約定部分對企業或僱主有經濟上的價值或保護的利益存在，假若約定部分對企業並無損於經濟上價值，則該競業禁止約定應屬不公平條款，理應無效。例如：受僱人曾在公司任職期間擔任銷售業務，舉凡銷售資訊、市場分布、市場競爭情形與客戶資料等，若均屬對公司營運具有重大關係而有保護的利益，則受僱人當受競業禁止條款的限制。例如：汽車經銷商有關汽車維修產品的營業價格表與客戶交易資料，屬於該汽車經營商在市場競爭有利的營業秘密[31]。

(2) 勞工在原僱主之事業應有一定之職務或地位：受僱人能夠接觸企業內部機密資訊或優勢技術與職位有相當關係。如果受僱人擔任職務不足以接觸到企業秘密，即使轉業後，對原企業公司也不致造成利益損失，當無受到不合理競業禁止的限制。

(3) 對勞工就業之對象、期間、區域或職業活動範圍，應有合理之範疇：在對象上，如企業經營管理人、董事、監察人、執行業務的股東、企業經理人及一般勞工。在期間上，雙方可依契約自由與誠信原則約定。在區域上，應該明定一定的區域，且不得構成受僱人就業及選擇職業權利的不公平限制，如果屬於企業尚未開發

---

[29] 《民法》第 71 條：「法律行為，違反強制或禁止之規定者，無效。但其規定並不以之為無效者，不在此限。」第 72 條：「法律行為，有背於公共秩序或善良風俗者，無效。」

[30] 臺北地方法院 85 勞訴字第 78 號判決參照。

[31] 臺灣高等法院 87 年度勞上字第 18 號判決參照。

的市場、將來可能發展的區域，原則上不應受到限制。在職業活動範圍上，應確定受僱人離職後所不得從事的工作或業務，以及對企業具有競爭性的行業。因此，如果約定競業禁止期間為「永遠」，或約定限制職業活動範圍為「全國」[32]，均屬無效的約定。

(4) 應有補償勞工因競業禁止損失之措施：此即所謂「代償措施」，指**僱主對於受僱人因為不得從事競業行為所受損害的賠償措施**。競業禁止約定此項條款目的在維護受僱人的生存權，因為競業禁止往往有一定限制期間，使受僱人無法從事原本熟知領域的技術專長，擇業自由既受到限制，僱主理應提供代償措施[33]。代償措施或於受僱人任職期間，分別情況給予較高薪資，或是離職後給予相當薪資，但是否果真屬於代償措施的實質補貼，仍應由法院依據具體情況判斷。

(5) 離職勞工之競業行為，是否具有顯著背信或違反誠信原則之事實[34]：行使權利，履行義務，應依誠實及信用方法。受僱人與僱主簽訂競業禁止條款，自然也受到此誠信原則的拘束。例如：離職員工對於原僱主的客戶、情報等大量竊奪，或其競業的內容具有惡質性，或明顯違背公平競爭等誠信原則。但，如果是可歸責於僱主，如員工被公司無故解僱而另謀他職時，則尚難構成是對競業禁止的違背。

(6) 違約金是否合理：競業禁止的法律效果，除了受僱人不得為約定的競業行為外，僱主與員工可能事先協議違約金的損害賠償條款，但無論是事先固定損害賠償額或依實際損害負擔賠償費用，

---

[32] 最高法院 94 年度臺上第 1688 號判決參照。

[33] 不過，這種代償措施係參考德國商法而來，在我國並無法律依據，主要是由法院形成實務見解。

[34] 2000 年 8 月 21 日(89)勞資二字第 0036255 號函。

原則上均應合理。違約金額的多寡，應視具體個案、社會客觀事實、受僱人違約的社會經濟情況、受限制期間、企業受損害程度、是否有代償措施來加以衡量。違約金額過高者，法院得減至相當之數額（民 252）。法院實務上對於約定之對違約金額約定不合理者，以判決或為無需支付、倍數酌減、或酌減為 1 至 2 個月薪資，或為離職前 1 年薪資所得，或為離職當月份薪資全額的 24 倍為合理的違約金。

僱主以定型化契約使員工簽下競業禁止條款，可依據《民法》第 247 條之 1 的規定，視該定型化競業禁止條款是否有顯失公平者。同時，為避免契約偏重僱主利益而嚴重剝奪員工在《憲法》上應所保障的工作權，是否逾越合理與必要範圍，仍須由法院依照具體情況予以衡量[35]。

2015 年《勞動基準法》修正，將競業禁止條款納入第 9 條之 1 規範：「未符合下列規定者，雇主不得與勞工為離職後競業禁止之約定：

一、 雇主有應受保護之正當營業利益。

二、 勞工擔任之職位或職務，能接觸或使用雇主之營業秘密。

三、 競業禁止之期間、區域、職業活動之範圍及就業對象，未逾合理範疇[36]。

---

[35] 《勞動基準法》第 12 條第 1 項第 5 款規定：「故意耗損機器、工具、原料、產品，或其他僱主所有物品，或故意洩漏僱主技術上、營業上之秘密，致僱主受有損害者。」僱主得不經預告終止契約。

[36] 《勞基法施行細則》第 7-2 條：「本法第九條之一第一項第三款所為之約定未逾合理範疇，應符合下列規定：一、競業禁止之期間，不得逾越雇主欲保護之營業秘密或技術資訊之生命週期，且最長不得逾二年。二、競業禁止之區域，應以原雇主實際營業活動之範圍為限。三、競業禁止之職業活動範圍，應具體明確，且與勞工原職業活動範圍相同或類似。四、競業禁止之就業對象，應具體明確，並以與原雇主之營業活動相同或類似，且有競爭關係者為限。」

四、 雇主對勞工因不從事競業行為所受損失有合理補償[37]。

前項第四款所定合理補償，不包括勞工於工作期間所受領之給付。

違反第一項各款規定之一者，其約定無效。

離職後競業禁止之期間，最長不得逾二年。逾二年者，縮短為二年。」

離職後競業禁止之約定，應以書面為之，且應詳細記載《勞動基準法》第 9 條之 1 第 1 項第 3 款及第 4 款規定之內容，並由雇主與勞工簽章，各執一份（《勞基法施行細則》7-1）。

5-7.4　保密協議

「保密協議」(confidentiality agreement)或稱「不揭露契約」(non-disclosure agreement, NDA)**指企業要求員工或與企業具有契約關係的第三人，不得洩漏任職或執行職務所獲取的營業秘密。**例如：受僱人如因職務上知悉或可得知悉或持有公司所有之客戶資料或其他經標示為機密、限閱或其他同義字樣等資料時，於受僱期間及離職後，非經公司書面同意，不得以口頭、影印、印刷、借閱、交付、文字發表或他法，洩漏於相競爭或從事相類行業的競爭者。簡言之，即是雙方協議承諾對於營業秘密之資訊加以保密的契約。

原則上，即使公司與員工未有保密協議，仍能依照《刑法》第 317 條，使員工因業務知悉或持有工商秘密，具有保密的義務。但如

---

[37] 《勞基法施行細則》第 7-3 條：「本法第九條之一第一項第四款所定之合理補償，應就下列事項綜合考量：一、每月補償金額不低於勞工離職時一個月平均工資百分之五十。二、補償金額足以維持勞工離職後競業禁止期間之生活所需。三、補償金額與勞工遵守競業禁止之期間、區域、職業活動範圍及就業對象之範疇所受損失相當。四、其他與判斷補償基準合理性有關之事項。前項合理補償，應約定離職後一次預為給付或按月給付。」

果特別針對《營業秘密法》中的受保護的客體，如方法、技術、製程、配方、程式、設計或及他可用於生產、銷售或經營的資訊，且符合秘密性、價值性、採合理保密措施者，當能主張依《營業秘密法》請求損害賠償。

REFERENCES

1. 毛浩吉，〈新專利法架構下民事救濟制度〉，《智慧財產權月刊》，66 期，2004 年 6 月，頁 55-68。

2. 王世仁，《智慧財產權》，臺北：全華，2007 年 12 月。

3. 王世仁、王世堯，《智慧財產權剖析：論生物科技專利策略與實務》，臺北：全華，2003 年 6 月。

4. 司法院行政訴訟及懲戒廳，《智慧財產案件審理法新制問答彙編》，2008 年 6 月。

5. 余信達，〈論基因技術之可專利性：以人本價值與思維為中心〉，《智慧財產權月刊》，67 期，2004 年 7 月，頁 52-82。

6. 冷耀世，《專利實務論》，臺北：全華，2005 年 9 月。

7. 吳兆琰，〈從國外案例談軟體漏洞資訊公布與著作權防盜拷措施〉，《科技法律透析》，2005 年 6 月，頁 9-12。

8. 吳永乾，〈學術著作抄襲的現況檢視與行為本質〉，《法令月刊》，59 卷 11 期，2008 年 11 月，頁 4-16。

9. 吳嘉生，《智慧財產權之理論與應用》，臺北：五南，2002 年 10 月。

10. 李素華，〈由美國科技立法研析科學技術基本法第六條及其子法之技術移轉法制〉，《科技法律透析》，13 卷 5 期，2001 年 5 月，頁 18-43。

11. 李素華，〈智財權人拒絕授權構成優勢地位濫用—歐洲法院確立判斷標準〉，《科技法律透析》，16 卷 7 期，2004 年 7 月，頁 11-16。

12. 李復甸，〈智慧財產法院現制檢討之建議〉，見 http://fuldali.blogspot.com/2009/10/blog-post.html。

13. 何畫瑰譯，Davaid B. Resnik 原著，《科學倫理的思索》(The Ethics of Science)，臺北：韋伯文化，2003 年 1 月。

14. 周天等，《科技管理與法律對策》，臺北：財團法人資訊工業策進會科技法律中心，2000 年 11 月。

15. 周天主編，《2001 年台灣網域名稱爭議處理案例彙編》，臺北：書泉，2002 年 4 月。

16. 林志潔、林益民，〈營業秘密法刑罰化後之成效—兼論 2017 年部分條文修正草案〉，《萬國法律》，214 期，2017 年 8 月，頁 11-12。

17. 林恆志，〈真品平行輸入及其銷售相關法律問題之研究〉，《立法院院聞》，335 期，2001 年 3 月，頁 84-95。

18. 林洲富，〈顏色、立體及聲音商標於法律上保護—兼論我國商標法相關修正規定〉，《月旦法學雜誌》，120 期，2005 年 5 月，頁 101-126。

19. 林洲富，《商標法：案例式》，臺北：五南，2008 年 8 月。

20. 林洲富，《智慧財產權法》，臺北：五南，2007 年 8 月。

21. 林盛富，〈專利資訊與專利檢索〉，載於周天主編，《專利管理高手》，臺北：資策會科法中心，2000 年 8 月。

22. 金延華，〈專利授權契約協商時應注意事項〉，《專利管理高手》，2000 年 8 月。

23. 侯慶辰，〈由威盛商業間諜案看幾個智慧財產法上的問題〉，《法令月刊》，55 卷 6 期，2004 年 6 月，頁 26-36。

24. 洪淑敏，〈簡介顏色商標〉，《智慧財產權教戰手冊》，2004 年版。

25. 胡佐超，《專利管理》，北京：知識產權出版社，2002 年 12 月。

26. 徐振雄，〈企業專利管理與法律對策〉，《立法院院聞》，34 卷 7 期，2006 年 7 月，頁 29-49。

27. 徐振雄，《資訊網路法導論》，臺北：藍海文化，2011 年 6 月。

28. 徐振雄，〈學術倫理與著作權有關的法律與道德問題探討〉，建國科技大學第 11 屆提升職業倫理與職業道德教育研討會，2014 年 5 月 30 日。

29. 張仁平，〈專利侵害鑑定基準修正紀要〉，《萬國法律》，143 期，2005 年 10 月，頁 6-21。

30. 許忠信，〈著作之原創性與抄襲之證明（下）－最高法院 97 年度台上字第 1214 號判決評析〉，《月旦法學雜誌》，172 期，2009 年 9 月，頁 238-257。

31. 許皋毓，〈論專利侵權處理〉，《月旦法學雜誌》，101 期，2003 年 10 月，頁 217-228。

32. 許雅雯，〈專利法上之先發明主義與先申請主義〉，《智慧財產權月刊》，50 期，2003 年 2 月，頁 37-58。

33. 陳文吟，《我國專利制度之研究》，臺北：五南，2002 年 10 月。

34. 陳文吟，《商標法論》，臺北：三民，2005 年 2 月。

35. 陳匡正，〈商標戲謔仿作之合理使用判斷-評智慧財產法院 100 年度行商訴字第 104 號行政判決及智慧財產法院 103 年度刑智上易字第 63 號刑事判決〉，《月旦法學雜誌》，243 期，2015 年 8 月，頁 212-242。

36. 陳建銘，〈企業的專利管理〉，《萬國法律》，129 期，2003 年
　　6 月，頁 26-32。

37. 陳建銘，〈如何成功迴避設計避免專利侵權〉，《萬國法律》，
　　2006 年 4 月，146 期，頁 58-66。

38. 陳建銘，〈專利侵害鑑定要點釋疑現行侵害鑑定之爭議〉，《萬
　　國法律》，143 期，2005 年 10 月，頁 2-5。

39. 陳建銘、浦莉平，〈發展生物科技的專利情報〉，《萬國法
　　律》，124 期，2002 年 8 月，頁 2-8。

40. 陳益智、陳宏志，〈運用 TIPS 建立全面智財管理制度〉，《智慧
　　財產權月刊》，106 期，2007 年 10 月，頁 5-23。

44. 陳達仁、黃慕萱、楊牧民，〈從美國專利看臺灣企業科技創新競
　　爭力〉，《政大智慧財產權評論》，2004 年 10 月，2 卷 2 期，
　　頁 1-24。

42. 陳龍昇，〈淺論電腦軟體之商業方法發明於我國法之保護〉，
　　《萬國法律》，145 期，2006 年 2 月，頁 67-78。

43. 章忠信，〈九十三年新修正著作權法之析疑〉，《萬國法律》，
　　139 期，2005 年 2 月，頁 91-103。

44. 章忠信，《著作權法的第一堂課》，臺北：書泉，2004 年 8 月。

45. 章忠信，《線上音樂與影片之著作權問題》，臺北：經濟部智慧
　　財產局，2008 年 3 月。

46. 郭雨嵐、林俐瑩，〈由 Rosetta Stone v. Google Inc.案淺論關鍵
　　字廣告之商標法上爭議〉，《萬國法律》，185 期，2012 年 10
　　月，頁 35-44。

47. 曾陳明汝，《兩岸暨歐美專利法》，高雄：復文，2004 年 2 月。

48. 曾勝珍，〈營業秘密權益歸屬之探討（上）〉，《法令月刊》，
　　56 卷 1 期，2005 年 1 月，頁 75-87。

49. 曾勝珍，〈我國營業秘密法修正芻議之探討〉，《嶺東學報》，38 期，2015 年 12 月，頁 71-111。

50. 馮達發，〈淺談專利權、工業標準與公平交易法〉，《萬國法律》，127 期，2003 年 2 月，頁 33-39。

51. 馮達發，〈關於生物相關發明專利審查之淺論〉，《萬國法律》，126 期，2002 年 12 月，頁 57-62。

52. 馮震宇，〈從國際專利申請趨勢談企業專利申請策略〉，《萬國法律》，130 期，2003 年 8 月，頁 21-34。

53. 馮震宇，《了解營業秘密法：營業秘密法的理論與實務》，臺北：永然，1998 年 6 月。

54. 馮震宇，《智慧財產權發展趨勢與重要問題研究》，臺北：元照，2003 年 10 月。

55. 黃三榮，〈醫療行為與專利戰略〉，《萬國法律》，127 期，2003 年 2 月，頁 61-68。

56. 黃文儀，〈我國企業的專利策略〉，載於智慧財產局編印，《智慧財產權教戰手冊》，93 年版。

57. 黃文儀，〈新型形式審查概述〉，《智慧財產權月刊》，63 期，2004 年 3 月，頁 5-14。

58. 黃文儀，〈新專利法架構下專利說明書之撰寫〉，《智慧財產權月刊》，2004 年 6 月，66 期，頁 39-54。

59. 黃銘傑，〈公平交易法第二十條第一、二項表徵之意義及其與新式樣專利保護之關係（上）〉，《萬國法律》，2004 年 4 月，134 期，頁 2-12。

60. 黃銘傑，〈專利集管(Patent Pool)與公平交易法—評行政院公平交易委員會對飛利浦等三家事業技術授權行為之二次處分案〉，《月旦法學雜誌》，87 期，2002 年 8 月，頁 122-148。

61. 黃銘傑，〈智慧財產侵害警告函與公平交易法之適用—專利權權利行使之意義與界限〉，《臺大法學論叢》，32 卷 5 期，2003 年 9 月，頁 119-169。

62. 黃銘傑，〈著作權法與學術倫理面面觀〉，《人文與社會科學簡訊》，12 卷 2 期，20112 年 3 月，頁 4-13。

63. 黃慕萱，〈專利資料庫介紹〉，《智慧財產權月刊》，70 期，2004 年 10 月，頁 12-26。

64. 經濟部智慧財產局，《立體、顏色及聲音商標審查基準》，2004 年版。

65. 經濟部智慧財產局，《商標法第 30 條第 1 項第 11 款著名商標保護審查基準》，2012 年版。

66. 經濟部智慧財產局，《商標法逐條釋義》，2005、2013、2021 年版。

67. 經濟部智慧財產局，《商標識別性審查基準》，2009、2012 年版。

68. 經濟部智慧財產局，《專利侵害鑑定要點》，2005、2016 年版。

69. 經濟部智慧財產局，《專利審查基準》，2004、2005、2009、2020 年版。

70. 經濟部智慧財產局，《混淆誤認之虞審查基準》，2004、2012、2021 年版。

71. 經濟部智慧財產局，《地理標示申請證明標章註冊作業要點》，2004 年版。

72. 詹炳耀，《智慧財產權新論》，臺北：華立圖書，2005 年 6 月。

73. 趙晉枚等，《智慧財產權入門》，臺北：元照，2008 年 9 月。

74. 劉孔中，〈公平法與智慧財產權法的衝突與調和〉，《月旦法學雜誌》，104 期，2004 年 1 月，頁 93-111。

75. 劉江彬、黃俊英，《智慧財產權管理總論》，臺北：華泰，2004年 2 月。

76. 劉尚志、王俊凱、張宇樞，〈美國國際貿易委員會專利紛爭之案例分析與因應策略〉，《萬國法律》，142 期，2005 年 8 月，頁10-22。

77. 劉國讚，〈有關專利實體審查之行政訴訟判決之研究〉，《智慧財產權月刊》，2004 年 9 月，69 期，頁 5-23。

78. 劉博文，《智慧財產權之保護與管理》，臺北：揚智文化，2002年 7 月。

79. 蔡如琪，〈著作權法上平行輸入影碟出租問題之研究〉，《法令月刊》，57 卷 2 期，2006 年 2 月，頁 72-87。

80. 蔡明誠，〈智慧財產權的概念〉，載於陳家駿等，《智慧財產權管理教戰守則》，臺北：資策會科法中心，2000 年 8 月。

81. 蔡明誠，《發明專利法研究》，臺北：春風煦日論壇，2000 年 3月。

82. 鄭中人，《智慧財產權法導讀》，臺北：五南，2004 年 4 月。

83. 鄧振球，〈顏色商標法律保護之評議〉，《月旦法學雜誌》，98期，2003 年 7 月，頁 205-220。

84. 鄧穎懋等，《智慧財產權管理》，臺北：元勝，2005 年 10 月。

85. 盧文祥，〈著作採用創新授權機制衍生價值共享之探討〉，《政大智慧財產評論》，5 卷 1 期，2007 年 4 月，頁 1-28。

86. 蕭雄淋，《著作權法論》，臺北：五南，2001 年 9 月。

87. 賴文智、王文君，〈Web 2.0 環境對著作權法制的再思考〉，《智慧財產權月刊》，119 期，2008 年 11 月，頁 5-20。

88. 錢逸霖，〈論美國專利法下之均等論與禁反言—深入剖析美國 Festo 案〉，《智慧財產權月刊》，2004 年 10 月，70 期，頁 55-72。

89. 薛寅莊，〈協助中小企業運用及管理智慧財產權—以喬霖科技導入智慧財產權管理制度為例〉，《電子檢測與品管》，62 期，2005 年 4 月，頁 80-86。

90. 謝銘洋，《智慧財產權之基礎理論》，臺北：作者自版，2001 年 6 月。

91. 羅明通，《著作權法論》，臺北：台英國際商務法律事務所，2002 年 1 月。

92. Hawke, Constance D. Computer and Internet Use on Campus: A Legal Guide to Issues of Intellectual Property, Free Speech, and Privacy (San Francisco: Jossey-Bass, Inc., 2001).

國家圖書館出版品預行編目資料

智慧財產權概論/徐振雄著. -- 九版. -- 新北市：新文京
開發出版股份有限公司, 2023.11
　　面；　公分

　ISBN　978-986-430-988-7（平裝）

　1.CST：智慧財產權　2.CST：法規

553.433　　　　　　　　　　　　　　　112018625

智慧財產權概論（第九版）　　　　（書號：E363e9）

作　　　者	徐振雄	
出　版　者	新文京開發出版股份有限公司	
地　　　址	新北市中和區中山路二段 362 號 9 樓	
電　　　話	(02) 2244-8188（代表號）	
F　A　X	(02) 2244-8189	
郵　　　撥	1958730-2	
初　　　版	西元 2010 年 08 月 30 日	
五　　　版	西元 2018 年 08 月 15 日	
六　　　版	西元 2020 年 01 月 01 日	
七　　　版	西元 2021 年 05 月 10 日	
八　　　版	西元 2022 年 08 月 01 日	
九　　　版	西元 2023 年 11 月 20 日	

法律顧問：蕭雄淋律師
ISBN　978-986-430-988-7

New Wun Ching Developmental Publishing Co., Ltd.
New Age · New Choice · The Best Selected Educational Publications — NEW WCDP

新文京開發出版股份有限公司

新世紀‧新視野‧新文京 — 精選教科書‧考試用書‧專業參考書